JN050692

世界の経済・政治・社会問題の知識と英語を身につける

植田一三＝編著

由良毅・寺田秀雄・上田敏子・浦勇樹＝著

ベレ出版

プロローグ

皆さんお元気ですか。Ichy Uedaです。私は、英語学校アクエアリーズを発足してから38年間、**英語学習において最も重要な3つの要素は、「世界の問題を含む人生の問題（human life problems）についての見識（awareness and knowledge）を高め、物事を合理的に判断する力（critical thinking ability）を養い、それらを明確で正確に英語で言い表す表現力・アーギュメント力を身につけることである」**と述べ、その一環として38年間、資格検定試験対策指導を行ってきました。

また、『英語で意見を論理的に述べる技術とトレーニング（2004）』や『英語で経済・政治・社会を討論する技術と表現（2013）』に加えて、英検対策でも3級から1級へとそのスキルをステップアップさせていく、『英検ライティング大特訓』、『面接大特訓』シリーズを10冊出版し、さらPBT・iBT TOEFLライティング対策や、大学向けの社会問題アーギュメント力テキストとして、『Global Dynamics』、『Pros and Cons』、『Take a Stance』などを出版してきました。かくして『社会問題論理的発信力UPシリーズ』計20冊を執筆し、そのうち13冊はヒット、5冊は大ヒットとなり、英語教育界に大きな影響を与え、リードしてきたと信じています。

ところで、最近重要性を増している**「クリティカルシンキング」**とは、**「個人の思い入れや常識からくる思い込みや私利私欲にとらわれず、合理的に現状や真実を分析・評価し、解決策や結論を出すこと」**です。それはすべての職業や学問的研究に重要な要素で、特に、リーマンショックやパンデミックなどに見られる乱世を生き抜くには重要な能力です。そしてネット時代に様々なメディアに翻弄されずに世界情勢を読み解く上で極めて重要なスキルです。

これを背景に、日本では2022年から、全国の高校の国語・英語の授業においても、カリキュラムに**「論理国語」「論理・表現」**を加え、論理的スピーキング・ライティングトレーニングを通して、物事を多面的にとらえ、多様な論点や異なる価値観を考慮しながら、論拠を明確に示し、自分の意見を述べたり、反論したり、反対者を説得したりするためのクリティカルシンキング力の育成を重視するようになりました。とりわけ英語の授業では、グローバル時代に対応するために、実社会や実生活に関する問題の中から、自ら課題を発見し、英語のスピーチ、プレゼン、ディベート、ディスカッションなどを通して、クリティカルシンキング力と表現力を高め、さらに強化することを最重要目標にするようになって来ました。

こういった社会問題やビジネスにおける論理的発信力 UP のニーズに応えるべく制作された本書は、以下の9つの章で構成されています。第1章では、資本主義の功罪や格差問題などについて歴史的・世界的見地からメスを入れ、第2章から4章では、宗教、イデオロギー、領土、核兵器などをめぐる国際関係・紛争を歴史的、地政的見地から鋭く分析し、第5章では国連の役割と取り組みについて、第6章では地球温暖化や自然災害など、様々な環境問題について、第7章では AI や宇宙開発など、様々な先端技術について歴史的見地から見識を深め、第8章では教育格差問題を始めとする様々な教育問題や、性差別問題を鋭く分析し、第9章では感染症や終末期医療をはじめとする様々な医療問題の実情について見識を深めます。

そして本書は、社会問題の様々の分野の各テーマを、英語で発信する力を効果的に UP できるように、それぞれのキーワードや重要表現の英訳を記し、かつ分野別英語表現を厳選してリストアップしています。また、「アーギュメント力 UP」のためのパースペクティブを養うために、重要トピックにはその賛成と反対意見（Pros & Cons）を載せ、メリットとデメリットがどちらが大きいかのトピックで、特に重要な経済・ビジネスに関するものは、その理由と考え方を記しています。

最後に、2年間にわたる本書の制作にあたり、惜しみない努力をしてくれたアクエアリーズスタッフの由良毅氏（1章・6章執筆）、寺田秀雄氏（2～4章執筆）、上田敏子氏（全体企画・校正＆8章ジェンダー・全分野社会問題アーギュメント力 UP・発信力重要表現マスター執筆）、浦勇樹氏（5章執筆）、星野隆子氏（7章執筆）、杉原千夏氏（8章執筆）、EMIKO 氏（9章執筆）、安芸優人氏（リサーチ協力）、および本書の刊行を可能にしてくださったベレ出版のスタッフの皆さん、参考文献の著者の方々には、心から感謝の意を表したいと思います。それから何よりも、我々の努力の結晶であるこの著書を愛読してくださる読者の皆さんには、心からお礼を申し上げます。それでは皆さん、明日に向かって英悟（えいご）の道を

Let's enjoy the process!（陽は必ず昇る）　植田一三（Ichy Ueda）

CONTENTS

第2章 国際関係と核問題
International Relations and Nuclear Weapons

第3章 国際関係と中東・アジアの紛争
International Relations and Conflicts in the Middle East and Asia

第5章 世界平和と国連
World Peace and the United Nations

第6章 世界の環境問題
Environmental Issues in the World

第7章 テクノロジー Technological Development in the World

第8章 世界の教育・ジェンダー問題 Education & Gender Issues in the World

第9章 世界の医療
Medical Issues in the World

第1章

世界の経済と格差問題

The World Economy and Economic Problems

世界経済と日本経済の現状（The World Economy and the Japanese Economy）

■ **世界経済の歴史とは!?**

19世紀初頭までは、GDPは**農業生産（agricultural production）**が主で、多くの人口を養える農業生産高の高いインドや中国がずっと1位か2位であった。日本は、西暦1000年頃から1700年頃までほぼ**農業国（an agricultural country）**だったが、明治時代に入ると**工業生産（industrial production）**で欧米に圧倒され、危機感から工業化・**富国強兵政策（the policy of increasing wealth and military power）**を取ったおかげでGDPが伸長した。その後、敗戦で急低下するものの、戦後の**高度経済成長（high economic growth）**で再びGDPを伸ばした。

1700年に入ると、イギリスが羊毛と**毛織物産業（the woolen industry）**でGDPを増し、18世紀後半に始まる**産業革命（the Industrial Revolution）**で一気に**工業国（an industrial country）**として成長し、少し遅れてドイツとアメリカが工業国として急激に成長した。**欧米列強（the Western powers）**は工業化とともに大量の**近代兵器（modern weapons）**を造り、農業国のままであった中国やインドなど、アジアやアフリカの国々を支配した。しかし、1900年以降、過去の資産で**福祉国家（a welfare state）**となったイギリスは、世界中の植民地が同時に**独立運動（independence movements）**を起こし、**スエズ運河（the Suez Canal）**をエジプトに奪われ、香港も手放し、衰退して行った。

中国は、**鄧小平（Deng Xiaoping）**が1978年に打ち立てた「**改革開放政策（the post-revolution policies）**」で先進国の資本と技術を呼び込む「**世界の工場（the world's factory）**」に乗り出し、急速に経済を拡大してきた。2010年には中国はGDPで日本を追い越し、**世界第2位の経済大国（the second most powerful economy in the world）**になった。さらに、**習近平（Xi Jinping）**は「**中国製造2025（Made in China 2025）**」を発表し、「アメリカを先端技術でも追い越し、かつての**中華帝国（the Chinese Empire）**の座を取り戻す」と宣言し、それに対してトランプ元大統領は、NDAA（国防権限法）、FIRRMA（外国投資リスク審査現代化法）、IEEPA（国際緊急経済権限法）、ECRA（輸出管理改革法）などの法案を作って中国を徹底的に叩き、**米中貿易戦争（the US-China trade war）**が続いている。

■ マクロ経済学的な分析と予測とは!?

世界全体のGDPは、1960年と比較すると60年で約**60倍の規模へと成長（a sixtyfold increase）**している。近年のGDPの推移を見ると、1980年、世界のGDPが約11兆ドルだった頃、日本は世界の10分の1の約1.1兆ドル、アメリカは4分の1で2.9兆ドル、中国は0.3兆ドル、インドは0.2兆ドルと、日本 はアメリカの3分の1、中国は10分の1、インドは15分の1であった。

そして、1990年、世界のGDPが約22.5兆ドルになると、日本は世界の約7分の1の約3.2兆ドル、アメリカは約4分の1の5.2兆ドル、中国は0.4兆ドル、インドは0.3兆ドルであった。また、10年間の成長率で、日本が3倍、アメリカが2倍となったのと比べて、中国・インドはあまり伸びなかった。

ところが、2000年に世界のGDPが33.9兆ドルになると、日本は約5兆ドルで世界の約7分の1、アメリカは約3割の10.3兆ドル、中国は28分の1の1.2兆ドル、インドは約70分の1の0.5兆ドルとなった。10年間で日本は1.5倍、アメ リカは約2倍、中国は3倍、インドは1.7倍となった。

その10年後の2010年に世界のGDPが66.1兆ドルになると、日本は5.8兆ドルで世界の約11分の1、アメリカは約4分の1の15兆ドル、中国は日本を逆転して6兆ドルと世界の約11分の1、インドは1.7兆ドルと39分の1となり、10年間で日本は1.2倍、中国は5倍、インドは3.4倍となった。

そして2020年に世界のGDPが84.4兆ドルとなると、日本は5兆ドルと「**the lost decades（失われた数十年）**」と言われるように下がり、世界のGDPの17分の1、アメリカは21兆ドルと約4分の1、中国は14.7兆ドルと6分の1、インド は2.7兆ドルと31分の1となり、10年間で日本はマイナス1割以上、中国は2.4倍、インドは1.6倍となった。

ユーロ圏では、ドイツの2000年のGDPは日本の約40%だったが、2020年には約80%までUPしている。とにかく中国の伸びが著しく、ランキングは2000年の7位から2010年には2位となっており、日本を抜き世界第2位となった。その後も同国のGDPは拡大し続け、2020年時点で日本の約3倍となっている。GDPの規模は2000年の約1.2兆ドルから2020年には14.7兆ドルと約12倍となっており、2019年には**ユーロ圏合計（the EU total）**を上回った。

現在の予想では2030年までに中国がアメリカを抜き、名目GDPで世界1位になると言われている。中国の人口はアメリカの4倍以上なので、**生産性（per capita GDP）**の伸びが多少減少しても、アメリカを超えることは間違いないと考えられている。**アメリカが中国を牽制（the US attempt to restrain China）**するのは**世界一の経済大国の地位（its status as the most powerful economy in the world）**を奪われることの懸念が大きいと思われる。

このように中国やインドの経済の伸びが凄まじく、**ゴールドマン・サックスの予測（Goldman Sachs' projections）**では、2050年までに**上位トップ3（the Top 3）**は、現在のアメリカ・中国・日本から、中国・アメリカ・インドとなり、中国がアメリカの約1.7倍、インドが1.5倍で、日本は中国の7分の1ぐらいになると言われている。

■日本の経済が沈滞した理由と打開策とは⁉

ではどうして日本の経済がそんなに**沈滞（recession）**してしまったのか。その理由は5つある。まず、1. **金融のグローバル化（financial globalization）**によって**円高（yen's appreciation）**となり、1985年の**プラザ合意（the Plaza Agreement）**以後、日本商品の輸出が以前より難しくなったにもかかわらず、2. 教育研究にイノベーションや**創造性（creativity）**を重視しておらず、**独自性のある技術が足りない（lack of innovation）**ことがある。

次に致命的なのが3. **デフレスパイラル（deflation spiral）**である。デフレになると、**貯金（saving）**に走り、**企業は投資をして事業を拡大せず（reluctance in investment in business expansion）**、**内部留保（internal reserve）**として現預金を溜め込もうとするので、**需要（demand）**、**消費（consumption）**と**投資（investment）**はさらに縮小して、デフレがさらに悪化するという**悪循環（a vicious circle）**に陥る。消費の減少が**マーケットの縮小（market shrinking）**を引き起こし、それが企業の売上減少と**赤字（deficit）**や**倒産（bankruptcy）**、労働者の**給料減（pay cuts）**、**仕事の喪失（job loss）**につながり、その結果、現役世代も将来世代も貧困化するという「**資本主義の死（death of capitalist functions）**」から日本は20年以上も脱却できなくなっている。

さらに、4.**少子高齢化（rapid aging with declining birthrates）**が進んだことも日本の体力を失わせている。そして5.個人も国家も**financial literacy（資産運用能力・金融管理能力）**が欠如していることが挙げられる。バブルで誰もが投資に走って、それがはじけると一気に投資熱が冷めたり、政府の財政政策が失敗したりと、国民全体がこのリテラシーに欠けているのである。

日本では、スティーブ・ジョブズのような**アントレ・発明家（entrepreneur/inventor）**や**投資家（investor）**が少ない。事実、日本の**自営業（self-employed business）**の比率は、アメリカの7％に対して12％であるにもかかわらず、アントレ比率はアメリカの12％に対して4〜5％となっている。これは家業を継ぐことは多いが、自分で会社を立ち上げることが少ないということを物語っている。しかし、**リストラ（business restructuring）**や**希望退職（voluntary resignation）**勧誘などの**肩たたき（pressure to retire）**や**超高齢化（super-aging）**が進む中、**日本の経済を活性化（revitalize the Japanese economy）**するためにも、**venture business**を立ち上げるアントレスピリットや投資マインドなどの、「**起業家・投資家・発明家精神（entrepreneur/investor/innovator spirit）**」が重要性を増している。

そこで本章では、世界の経済やビジネスの問題を歴史的にとらえ、英語でそれらの見識を養うことによって、その分野の諸問題について英語でディスカッションがエンジョイできるようになっていただきたいと思う。

2 グローバル化の光と影（The Pros and Cons of Globalization）

就任式に望むバイデンアメリカ大統領

2021年1月20日、**就任演説（the inauguration address）**で、**バイデンアメリカ大統領（President Biden）**は、広がる**経済格差（income disparity）**、**中流階層の再建（rebuilding the middle class）**、**万人の医療保障（healthcare security for all）**に言及しながら、アメリカ国民に**団結（unity）**を呼びかけた。**冷戦の終結（the end of the Cold War）**以降、自由主義経済体制のもとで**科学技術の進歩（scientific and technological development）**によって社会の**生産性は飛躍的に向上（a dramatic productivity increase）**したが、世界各国が直面している多くの課題の根底に「経済格差」の問題がある。

■ 世界的な資本主義経済への移行の波

1989年12月、**ソビエト連邦（the Soviet Union）**の**ゴルバチョフ（Gorbachev）**書記長とアメリカの**ブッシュ（Bush）**大統領が**マルタ島で会談（the Malta summit）**し、**冷戦の終結を宣言（the declaration of the end of the Cold War）**した。2年後の1991年、**ソビエト連邦は崩壊（the collapse of the Soviet Union）**し冷戦は事実上の西側資本主義陣営の勝利に終わった。**旧東側共産主義陣営の国々（the Eastern Bloc nations）**は資本主義経済へ移行し、**中国も1970年代末から独自の経済改革（Chinese economic reform / the opening of China）**を進めていたので、1990年代の末には、世界のほぼすべての国で資本主義、ないしは資本主義的な経済体制が確立した。

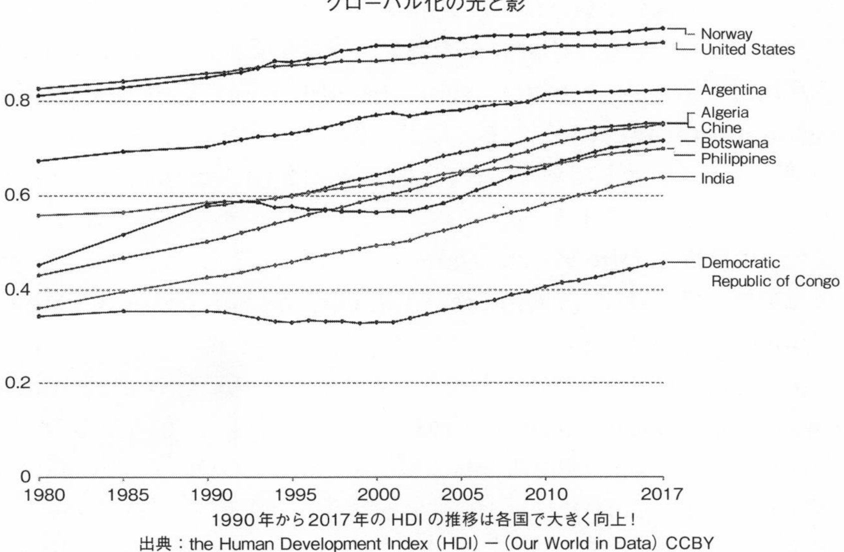

1990年から2017年のHDIの推移は各国で大きく向上！
出典：the Human Development Index（HDI）―（Our World in Data）CCBY

政治経済学者の**フランシス・フクヤマ（Francis Fukuyama）**は、その著書『**歴史の終わり（*The End of History and the Last Man*）**』で、民主主義と自由経済の勝利を宣言した。同じ経済体制の各国は、制度上、1つの共通の市場を形成することが可能になり、**情報通信や交通輸送技術の急速な進歩（the rapid advancement of communication and transportation technology）**と相まって、経済のグローバル化が進んだ。**ヒト、モノ、カネ、情報が国境を越えて移動（a free flow of people, goods, capital, and information across borders）**し、**世界経済の一体化（the integration of the global economy）**が加速した。

■ グローバル化の恩恵とは!?

グローバル化は世界の多くの人に**経済的な恩恵（economic benefits）**をもたらした。**インフレの抑制（inflation reduction）**、**貿易の促進による新たな産業や技術の育成（the promotion of trade and the fostering of industries and technology）**などがその恩恵として挙げられ、また、グローバル化は世界の貧しい国々、貧しい人々を助けるとされた。**国際連合開発計画（the United Nations Development Programme[UNDP]）**

が発表する**人間開発指数（the Human Development Index[HDI]）**はこれを裏付している。HDIは**平均寿命、教育を受ける期間、1人当たりの国民所得（life expectancy, years of education, and per capita gross national income）**をもとに計算される数値だが、1990年からの30年間で大きく向上しており、中でも**開発途上国（developing nations）**における上昇は顕著である。

また、**世界銀行（the World Bank）**の統計によると、発展途上国の**貧困率は近年大幅に減少（a significant decline in the poverty rate of developing countries）**している。これらの国では、携帯電話が広く普及し、**水、電気も以前よりは行きわたり、衛生条件も向上（greater access to water, electricity, and sanitation）**している。10億人以上の人口をかかえる中国では、1990年から2007年にかけてGDPが1.9兆元から25兆元に躍進し、2020年には100兆元を超えると予想される。1981年には国民の53％が**貧困線以下の生活（living below the poverty line）**をしていたのが、その割合は2016年には3.3％にまで低下した。世界経済の未来は明るいように見える。

■コラム■

世界銀行は、各国を所得（指標は**国民総所得［GNI］**）に基づいて4つのカテゴリーに分類し、2030年までに**国際貧困ライン（the international poverty line）**である1日1.90ドル未満で生活する人々の数を、世界人口の3％以下にするという目標を掲げている。

分類	1人当たりのGNI（US$/年）	主な構成国
Low income countries（低所得国）	**1,035未満**	アフガニスタン／スーダン／ハイチ／ルワンダ／ソマリア
Lower-middle income countries（下位中所得国）	**1,036以上～4,045以下**	ネパール／ボリビア／タンザニア／フィリピン／ベトナム
Upper-middle income countries（上位中所得国）	**4,046以上～12,535未満**	アルゼンチン／インドネシア／南アフリカ／タイ／イラン

High income countries (高所得国)	12,535以上	日本／アメリカ／チリ／シンガポール／イスラエル／カタール

出典：世界銀行（https://datahelpdesk.worldbank.org/knowledgebase/articles/906519-world-bank-country-and-lending-groups）をもとに作成

■ グローバル化に反対する世界的な動き

しかし一方、2000年前後から、グローバル化に反対する動きが世界的に起きるようになった。1999年、シアトルで開催された**世界貿易機関（the World Trade Organization[WTO]）**の会議は、激しい市民の抗議活動のために、宣言文をまとめないまま閉会した。2016年に当選したアメリカのトランプ大統領は**環太平洋連携協定（the Trans-Pacific Partnership Pact）**を否定し、同年、イギリス国民は**欧州連合（the European Union）**からの**離脱（Brexit）**を選択した。いずれも、ヒト、モノ、カネの自由移動に逆行することから、グローバル化への反動ととらえることができる。こういった**グローバル化への反発（anti-globalism）**の大きな要因として、**経済格差の拡大（growing economic inequality gaps）**が挙げられる。

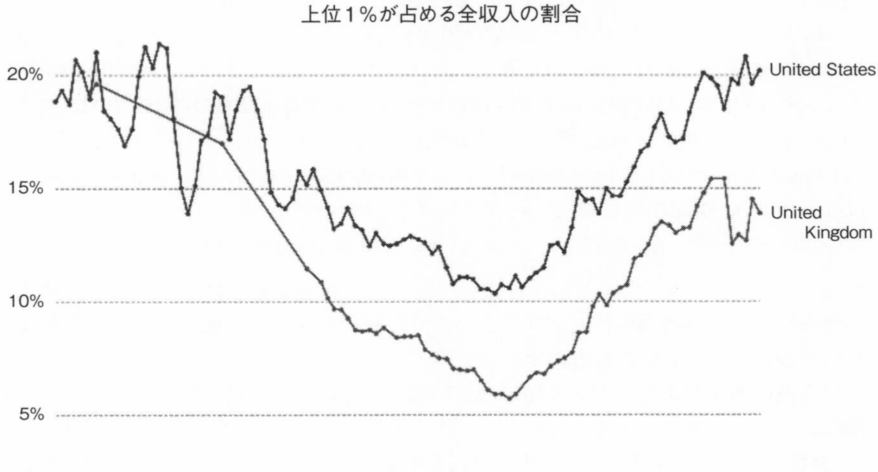

過去100年にわたるアメリカおよびイギリスでの収入の推移（2012年ドル価値に換算）。特に1990年以降上位1%の収入が大きく伸びている。 出典：Income Inequality-Our World in Data CCBY

事実、先進国では富裕層が成長の恩恵を独占し、中間層以下の人々の所得は伸びず、むしろ低下している。*World Inequality Database* によると、**アメリカでの純資産保有者上位1％層（the top 1% of net worth holders in the US）**のシェアは、1980年代の10％代から今日まで大きく伸びている。グローバル化はまた、先進国での失業と**中流層の没落（decline of the middle class）**、無秩序な産業推進による世界的な**環境破壊（environmental degradation）**を引き起こしているとも言われる。グローバル化は善か悪か？ このまま資本主義経済のグローバル化を進めるべきか、それとも他の道を模索すべきか？ 進むべき道とは何か？

■ 発信力 UP ① ■グローバル化のメリットはデメリットに勝るか？

ではここでグローバル化について、利点と欠点を述べてみよう。またどちらが勝り、その理由は何かのポイントを考えてみよう。

争点：Do the benefits of globalization outweigh its disadvantages）（グローバル化のメリットはデメリットより大きいか？）
The benefits of （① global economic development through free trade and investment）, （② promotion of world peace and stability through global economic interdependence）, and （③ enhancement of the quality of life through cultural diversity and enrichment） **outweigh the disadvantages of** （① more income disparity and unemployment） and （② environmental degradation through increased industrial activities under keener global competition） **because of** a great need （① for economic growth to support ballooning global population） and （② for global peace and stability.
解説 この問題の争点は、グローバル化による**（①自由貿易と投資による世界経済の発展）**、**（②世界経済の相互依存による世界の平和と安定の促進）**、**（③文化の多様性と豊かさによる生活の質の向上）**などのメリットは、それによって生じる**（①増大する所得格差と失業）**、**（②世界の激しい競争下での産業活動の活発化による環境悪化）**などのデメリットより大きいかという点で、世界情勢を歴史的に俯瞰すれば、（**①世界人口の急増を支えるための経済成長の必要性が強い**）のと（**②核時代（the nuclear age）において）世界の平和と安定の必要性が非常に重要**）という現状から、メリットの大きさを証明することができよう。

▶自由貿易に関する日本人の意識調査では、賛成が約5割、反対が約2割となっている。

発信力UP重要表現をマスター！「経済」①

☐ 頭脳流出　**a brain drain** ⇔ 頭脳流入　**a brain gain**
☐ 保護貿易主義　**protectionism**（「貿易自由化」は **trade liberalization [free trade]**）
☐ 排他的経済水域　**the exclusive economic zone [EEZ]**
☐ 自給自足経済　**a subsistence economy**（生活物資を主に天然資源でまかなう非貨幣経済。消費に見合った生産を行う）
☐ 食料自給率　**food self-sufficiency rate**（国内の食料消費がどの程度国産のものでまかなえているかを示す割合）
☐ 地産地消　**local production for local consumption**
☐ デカップリング論　**decoupling**（アメリカ経済が減速しても、中国・インドなど新興国の高成長により、世界は経済成長を続けていくという考え方）
☐ 実店舗　**physical stores**（⇔「ネット店」は **online stores**）
☐ 中小企業　**small-and-medium-sized businesses**
☐ ニッチ産業　**the niche industry**（「隙間産業」とも。既存の企業がまだ進出していない小さな市場で成立する産業）
☐ 製品の原材料調達から生産・販売を経て消費者に届く全過程　**a supply chain**
☐ 緊急事態宣言　**emergency declaration**（「国家緊急事態」は **national emergency (state of emergency)**）
☐ 外出禁止令　**a stay–at-home order**
☐ 無観客で　**behind closed doors**（「無観客配信ライブ」は **a no-audience livestream show**）
☐ ニューノーマル　**the new normal**（世界大戦、金融危機、同時多発テロ、パンデミックなどの危機後に落ち着く、以前とは異なる社会の状態）
☐ 産業空洞化　**industrial hollowing-out**
☐ 共同事業［企業］体　**consortium**（特に開発途上国に対する国際借款団を指す）
☐ 第一次産業　**the primary sector**（「第二次産業」は **the secondary sector**、「第三次産業」は **the tertiary sector**）
☐ ジニ係数　**the Gini coefficient**

3 資本主義と格差問題（Capitalism and Income Disparity）

■ 産業革命までの資本主義、限りなく広がる格差は不可避か？

資本主義（capitalism）とは、**物財、ビジネス、産業、生産手段（property, business, industry, means of production）**を**資本家（capitalists）**が**私有（private ownership）**する経済体制である。資本家が私有する資本を自由に活用し、**自由な市場（the free market）**で競争しながら利益を追求することから、**自由主義経済（the liberal economy）**とも呼ばれる。財産の私有は古代から存在したが、中世までは王侯貴族が経済社会を支配する**封建制（feudalism）**の世の中で、その崩壊とともに、資本主義は16世紀のヨーロッパで始まり、18世紀のイギリスで**産業革命（the Industrial Revolution）**と同時に本格的に展開した。

封建制のもとでは王や貴族の城や宮殿、聖堂の建設に使われていた資本が、鉄道や工場などに、さらに生産を高めるために使われるようになった。すでに15世紀には、**ベネチア（Venice）**や**フィレンツェ（Florence）**の商人が貿易によって大きな富を蓄え、メディチ家は**国際的な金融帝国（an international financial empire）**を築いた。しかし、国家によって**通貨制度（a monetary system）**や**法律制度（a legal system）**が整備されると、経済の発展がさらに加速し、その主役も王や貴族から個人、すなわち**資本家（capitalists）**になった。

チャールズ・ディケンズ
19世紀イギリスの小説家

産業革命（the Industrial Revolution）によって生産技術が飛躍的に向上し、**土地、機械、工場（land, machines, and factories）**を持つ資本家は**莫大な利益（huge profits）**を上げたが、当初から資本主義は**不平等（inequality）**を伴っていた。**市場競争（market competition）**では、皆が同様の利益を上げることはなく、生産手段を持つ資本家と、労働を商品として売る労働者との間に**経済格差（economic disparity）**が生じる。産業革命が進むと、**大量の労働者が農村から都市に流入（an influx of workers into the cities）**したが、19世紀前半のイギリスの**一般労働者（the working class）**の生活は、**チャールズ・ディケンズ（Charles Dickens）**の小説にも描かれているように、大変厳しいものであった。

Das Kapital.
Kritik der politischen Oekonomie.
Von
Karl Marx.
Erster Band.
Hamburg
Verlag von Otto Meissner.
1867.

マルクスの著書「資本論」

カール・マルクス（Karl Marx）は、この**経済的な不平等（economic inequality）**は資本主義では不可避であると主張した。『**共産党宣言（*The Communist Manifesto*）**』や『**資本論（*Capital: A Critique of Political Economy*）**』で次のように述べている。「労働者、**プロレタリアート（proletariats）**はより高い賃金を求めるが、資本家は**利益の最大化（maximize profit）**のために賃金を抑えようとする。故に、事業の**利益が増大（a profit increase）**しても**労働者の賃金（a workers' pay）**は増えず、利益はすべて資本家のものになる。また、豊かな労働者階級は資本家階級に脅威となるので、資本家は**安い労働力を求めて労働者を搾取（the exploitation of workers for cheap labor）**し、利益を上げ続ける。自由を奪われた労働者は**社会的に疎外（social alienation）**され、資本家と労働者の対立は**階級闘争（a class struggle）**となり、いずれ資本主義社会は終わる」。

■ 20世紀前半、格差は縮小に向かう

しかし、19世紀の後半には賃金が上昇し始め、**生産性の向上（a productivity increase）**によって**社会全体が豊か（an affluent society）**になり、資本家だけでなく、すべての人々の生活がよくなってきた。マルクスが予想した**労働者の革命（the workers' revolution）**は、資本主義が進んでいたイギリスやフランスではなく、むしろ産業革命がようやく始まったばかりの1917年のロシアでしか起きなかった**（the Russian Revolution）**。

20世紀になると、マルクスとは異なり、資本主義を肯定的にとらえる学者が出現する。代表的なのは、1971年に**ノーベル経済学賞（the Nobel prize in Economics）**を受賞した**サイモン・スミス・クズネッツ（Simon**

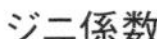

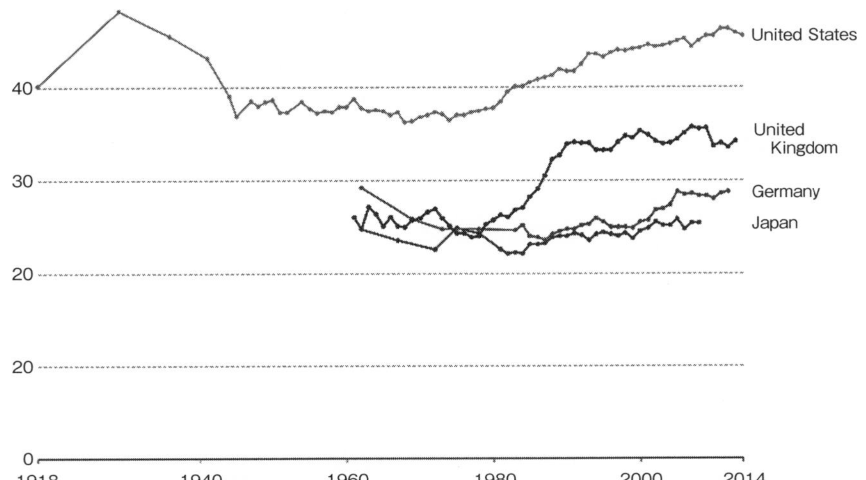

ジニ係数の推移。国どうしの比較は困難だが、1970年代まではジニ係数が低下、または横ばいであったのに対して、それ以降、上昇していることが読み取れる。 出典：Income Inequality - Our World in Data CCBY

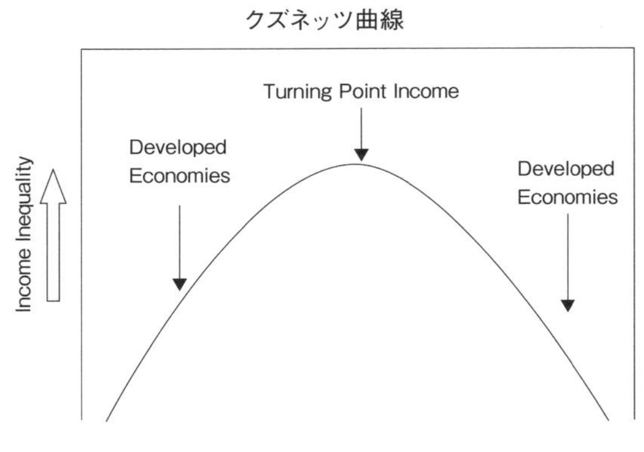

Smith Kuznets）だ。**所得税の申告データ（income tax return data）**などを解析した結果、クズネッツは、資本主義の発展は、最初は**不平等（inequality）**を広げるが、その格差は自然に縮小して行き、やがてなくなると主張した。

横軸（a horizontal axis）に1人当たりの**国内総生産（per capita gross domestic product）**、**縦軸（a vertical axis）**に**ジニ係数（the Gini coefficient）**のような不平等を計る指標、**クズネッツ曲線（the Kuznets curve）**をとると、**逆U字（an inverted U curve）**を描く。経済が成熟すると、**労働力の過剰（an excess of labor）**はなくなり、**高等教育を受けた労働者（highly educated workers）**が賃金の高い仕事に就くようになり、平均賃金は上昇する。「**上げ潮は船をみな持ち上げ**

る（**A rising tide that lifts all boats**）」、すなわち経済が発展すると皆がその恩恵を享受するという考えだ。実際、1950年代から1960年代にかけて**先進工業国（advanced industrial nations）**では、あらゆる階層で所得が上昇し、中でも低所得層の上昇率が一番高く、クズネッツが予測した通り、格差は縮小しているかのように見えた。

■ 再び広がる格差：1970年代〜現代

しかし、1970年代に入ってから再び格差が広がってきた。アメリカでは、1980年から2014年にかけて、**上位1％の実質所得（the real income of the top 1％）**は169％上昇し、アメリカの総所得に占める割合は10％から21％になった。一方、**中流層の所得（the income of the middle class）**の伸びはわずか11％に過ぎなかった。労働者の生産性、教育レベルの向上にもかかわらず、**経済成長の恩恵（economic gains）**は、ほとんど**高所得層（high income households）**に流れている。また、1978年から2013年にかけて、上位1％が所有する資産の割合は25％弱から40％以上になった。上位1％の世帯は平均的な世帯の165倍の資産を所有しているのだ。この傾向は、アメリカだけでなく、ヨーロッパや日本でも見られた。

トマ・ピケティ（Thomas Piketty）は著書『**21世紀の資本（*Capital in the Twenty-First Century*）**』で、マルクスと同じく、資本主義において経済格差は不可避であると唱えた。ピケティは、長期的には**資本収益率（a return on capital）**rが**経済成長率（the economy's growth rate）**gに勝るので（r＞g）資本家は賃金労働者よりも財産を増やし、**経済格差は増幅される（amplified inequality）**と主張している。格差が資本主義の本質とする研究者は、20世紀の中頃までの格差の縮小は世界大戦や**大恐慌（the Great Depression）**などに起因する一時的な現象だと見なした。

アメリカは、**トリクルダウン理論（trickle-down economics）**に基づいて、格差を容認する傾向がある。1980年代、**レーガン政権（the Reagan administration）**は**減税政策（a tax cut policy）**を推進した。**減税（tax cuts）**によって民間の経済活動が刺激され、結果として政府の**税収（tax revenue）**も増す、すなわち上位富裕層・資産家に優位な経済政策を取ることにより、経済が豊かになり、その恩恵はいずれ中間層

や低所得層にも **"trickle down"** するという考えである。この経済政策でアメリカは1980年代の不況を乗り切ったが、**連邦政府の財政赤字（federal deficits）**が約3倍に膨らみ、富の配分が上位層に偏った。

ロナルド・レーガンアメリカ大統領

一方、ヨーロッパ諸国は一部トリクルダウン的な政策を採用しながらも、**税制（tax system）**や**社会福祉（social welfare）**によって**所得の再分配（income redistribution）**を行うような政策にも力を入れた。

2000年代以降、**格差の拡大（widening income disparities）**は多くの国の重大な問題となった。**2020年のアメリカ大統領選（the 2020 United States presidential election）**でも、経済格差は大きな争点となった。トランプ大統領も減税など、トリクルダウン的経済政策を進めたが、反対派は、減税が**雇用（employment）**・**消費（consumer spending）**・税収の増加につながらず、経済格差を広げるだけだと主張した。社会に大きな利益をもたらす資本主義経済に代わる経済体制がない以上、それを維持しつつ、いかに経済格差を是正していくかは世界経済の大きな課題だ。

■発信力UP②■資本主義のメリットはデメリットに勝るか？

ではここで資本主義について、利点と欠点を述べてみよう。またどちらが勝り、その理由は何かのポイントを考えてみよう。

争点：**Do the benefits of capitalism outweigh its disadvantages?** （資本主義のメリットはデメリットより大きいか？）
The benefits of （① more economic growth through innovation），（② higher business efficiency），（③ great consumer benefits） **outweigh the disadvantages of** （① more income disparity and unemployment），（② worker exploitation） and （③ less global financial stability） **because of** （① increasing need for economic growth to support ballooning global population） and （② the great advantage of capitalism over socialism（in the mixed economy））.

解説 争点は、資本主義は（①**イノベーションによる経済成長の拡大**）、（②**ビジネス効率の向上**）、（③**消費者への大きな恩恵**）などの**メリットは**、（①**所得格差と失業の増加**）、（②**労働者の搾取**）、（③**世界経済の安定性の低下**）**というデメリットを上回る**かで、メリットの方が大きい理由は、（①**急増する世界人口を支えるための経済成長の必要性が増大していること**）、（②**混合経済において社会主義が資本主義に太刀打ちできないこと**）**が挙げられる**。ただし、その度合いは、社会的に不利な立場にある人々（the socially disadvantaged）へのセーフティネット（福祉）のレベルによって変わってくる。それが無ければピケティの言う資本主義の危機が訪れる可能性は否めない。

発信力 UP 重要表現をマスター！「経済」②

- □ 大きな政府　**Big government**（公共事業や社会福祉に大金を使い民間企業に口を出す政府）
- □ 自由放任主義　**laissez-faire**（自由な経済活動を擁護し、政府の市場経済への介入に反対する資本主義の原則）
- □ 監視資本主義　**surveillance capitalism**（企業が営利目的で個人の消費傾向などの情報を収集し利益を得る経済の仕組み）
- □ 救済支援金　**bailout money**
- □ 共有経済　**the sharing economy**（物やサービスなどをシェアする仕組み）
- □（労働組合の）抗議行動　**job action**（**industrial action** とも）
- □ 1人当たり年間所得　**a per capita annual income**
- □ 景気刺激策　**an economic stimulus package**（「呼び水政策」は **pump-priming measures**）
- □ 基準割引率及び基準貸し付け利率（公定歩合）　**official discount rate**（「超低金利」は **rock-bottom interest rate**、「ゼロ金利政策」は **a zero-interest-rate policy**）
- □ 公的資金注入　**injection of public funds**
- □ 公平な成長　**an equitable growth**（どんな産業で働く人にも公正な利益分配のできる経済成長。**an inclusive growth** ともいう）
- □ 財政負担　**a fiscal burden**
- □ 金融緩和　**credit relaxation[expansion]** ⇔ 貸し渋り　**a credit squeeze**
- □ 金融破綻　**a financial meltdown**（「金融危機」は **a financial crisis**、「不良債権」は **non-performing loans**）

国際通貨制度の進展 (The Development of International Monetary Systems)

■ ブレトン・ウッズ体制の形成から崩壊まで

資本主義機能に密接に関わる**通貨制度（a monetary system）**、戦後通貨体制の大枠を決めたのは、**ブレトン・ウッズ協定（the Bretton Woods Agreement）**である。1944年、アメリカのニューハンプシャー州ブレトン・ウッズで開かれた**連合国通貨金融会議（the United Nations Monetary and Financial Conference）**で締結された協定だ。第二次世界大戦中、連合国の勝利を確信し、集まった44か国は**戦後の金融体制（postwar financial systems）**について話し合った。戦前の経済問題対策として生まれた**ブロック経済圏（the bloc economy）**が戦争の一因となったことを反省し、戦後の復興を促進するために新たな体制を築いたのだ。

ブレトン・ウッズ通貨金融会議

各国は協力して**通貨価値の安定（currency stability）**、**貿易振興（promotion of trade）**、**開発途上国（developing countries）**の開発に務めるとし、そのために2つの国際機関、**国際通貨基金（the International Monetary Fund[IMF]）**と**国際復興開発銀行（the International Bank for Reconstruction and Development[IBRD]）**を設立した。そして、米ドルを世界の**基軸通貨（key currency）**とし、**金1オンスは35米ドルと固定（the pegging of the US dollar to gold）**され、各国通貨は米ドルに対して交換比率を定め、**固定相場制度（a fixed or pegged exchange rate system）**を発足させた。

貿易促進のためにもう1つの国際機関、**国際貿易機関（the International Trade Organization[ITO]）**の創設も考えられたが、そのための条約は批准されなかった。代わりに、1947年署名開放された条約が**関税及び貿**

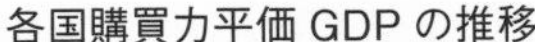

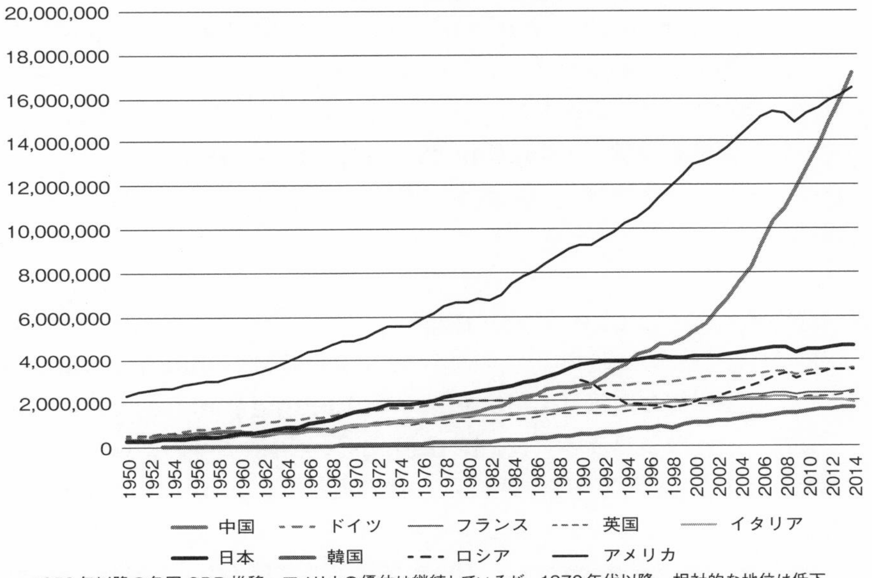

1950 年以降の各国 GDP 推移。アメリカの優位は継続しているが、1970 年代以降、相対的な地位は低下 。

易に関する一般協定（the General Agreement on Tariffs and Trade [GATT]）だ。その後、1995年の**ウルグアイラウンド（the Uruguay Round）**でGATTは改組され、**世界貿易機関（the World Trade Organization[WTO]）**に引き継がれた。ブレトン・ウッズ体制は**戦後の復興（postwar reconstruction）**に大きく貢献し、世界経済は大きく進展した。しかし、戦争直後圧倒的に優位な立場にあったアメリカ経済も、ヨーロッパの各国や日本が復興を進め、経済力、生産力をつけるにつけ、**その相対的な優位性（America's relative economic power）**は弱まっていった。

アメリカでは**財政赤字（fiscal deficits）**と**インフレーション（inflation）**が進み、**国際収支（international balance of payments）**は赤字となり、1971年にはついに**貿易収支（trade balance）**も初めて赤字になった。アメリカの**金保有量（gold holdings）**は**ドルの金換金（conversion of the dollar into gold）**に応じられないまでに減少し、もはやドルを**基軸通貨（key currency）**とするブレトン・ウッズ体制の維持は不可能になった。通貨危機に直面したアメリカの**ニクソン大統領**

(President Nixon)は1971年8月に**米ドル紙幣の金との兌換一時停止(the suspension of the convertibility of the dollar into gold)**を宣言した。他国に事前通知することなくこの転換を発表した「**ニクソンショック(the Nixon shock)**」である。その後、1973年にはほぼすべての先進国が**変動相場制(a floating exchange rate system)**に移行し、これはアメリカが世界経済で圧倒的に優位な地位を占めていた時代の終焉を物語っていた。

■ 赤字が膨れあがっていくアメリカ経済

1980年代、レーガン政権のアメリカは**インフレ抑制(inflation control)**のために**金融引締め政策(a monetary tightening policy)**を実行し、ドル高で、大幅な**貿易赤字(trade deficits)**と財政赤字の累積で苦しんでいた。インフレが沈静化した後も、**金融緩和(a monetary easing policy)**を進めたことで貿易赤字はさらに膨らんだ。不安定なドル相場の中、各国は**ドル危機(the dollar crisis)**の再発を恐れた。ニクソンショック以降、協力して通貨体制を維持していた各国は1985年9月、協調的な**ドル安(depreciation of the dollar)**路線の「**プラザ合意(the Plaza Accord)**」を行った。この合意は、ニューヨークのプラザホテルで開催された**先進5か国(the Group of Five[G5])蔵相・中央銀行総裁会議(the Finance Ministers and Central Bank Governors Meeting)**で発表されたことからプラザ合意と呼ばれる。

1985年プラザ合意の会場となったプラザホテル

発表の翌日、ドル円交換レートは1ドル235円から約20円下落し、1年後には150円台まで**円高が進んだ(a decline in the exchange value of the dollar against the yen)**。他の主要通貨もドルに対して強くなり、ドル安が進んだ。日本では、アメリカとの貿易で大きな利益を得ていた企業が大きな打撃を受け、日本政府は**公共投資(a public investment)**の

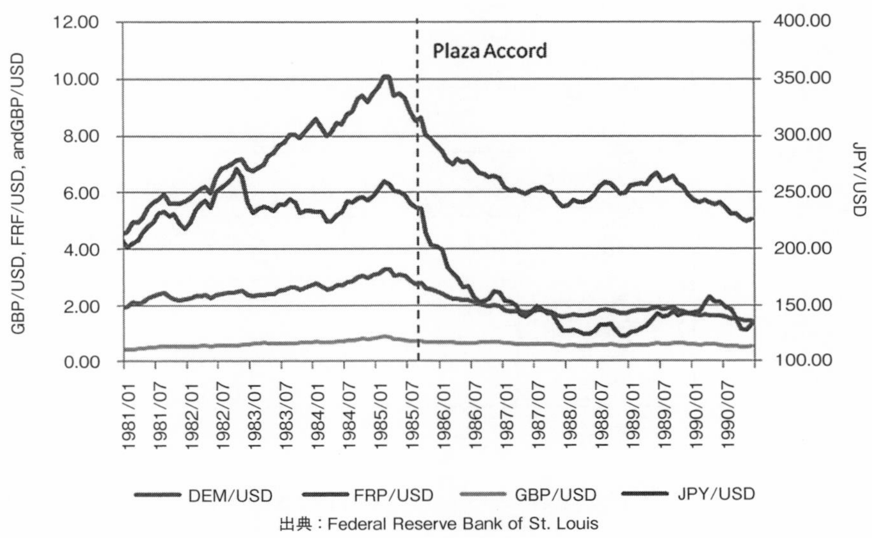

拡大と**金融緩和政策（an easy monetary policy）**を実施した。これが、その後の**バブル経済（the bubble economy）**を誘発したとも言われる。

■ アジア通貨危機と機関投資家の台頭

戦後の通貨体制はまずアメリカを中心に発足し、その後、ヨーロッパや日本の経済が成長するにつれ、先進国が協調して管理する体制に移行した。しかし1990年代に入り、発展途上国も目覚ましい経済成長を遂げると、**アジア通貨危機（the Asian currency crisis）**が起こった。1990年代当初、**タイ（Thailand）**、**マレーシア（Malaysia）**などアジアの多くの国は自国の通貨を安定させ、**海外からの投資（capital inflow from overseas）**を促すために、**自国通貨と米ドルの為替レートを固定する（currencies pegged to the US dollar）**「**ドルペッグ制（a dollar peg system）**」を採用していた。一方、1995年以降アメリカは**強いドル政策（a strong dollar policy）**を展開し、ドルは高めに推移していた。ドルに連動していたアジアの通貨も高くなり、輸出が伸び悩むようになった。

欧米の**ヘッジファンド（hedge funds）**などの**機関投資家（institutional investors）**はそこに目をつけ、1997年の5月頃から、アジア各国の通貨

暴落したアジアの通貨

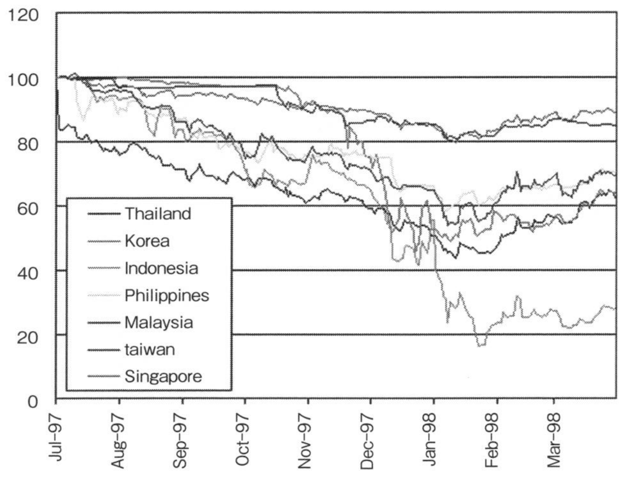

1997年7月のドル交換レートを100とした時の各国通貨レートの推移
出典：The Asian Financial Crisis of 1997 a Decade On: Two perspectives Chris Giles et al.

に**空売り（short selling）**を仕掛けた。高い値段で売り、値が下がったときに安く買い戻して利益を得る方法だ。自国通貨が大量に売られた国は、**ドルペッグを維持（supporting the dollar peg）**するためにドルを売って**自国通貨を買い（buying back the nation's own currency）**、買い支えられなくなると自国の通貨が暴落し、**経済は崩壊（economic collapse）**寸前にまで追い詰められた。

タイでは、1ドル24.5**バーツ（Baht）**が1ドル56バーツに暴落。**ドル建ての債務（dollar denominated debt）**返済が困難になり、**経営破綻（bankruptcy）**や**不良債権（bad loans）**が激増。1998年の経済成長率は－7.6％、IMFの支援対象になる。マレーシア（Malaysia）では、1ドル2.9**リンギ（ringgit）**から4.5リンギまで暴落、1998年の経済成長率は－7.4％。**インドネシア（Indonesia）**では、**政府債務（a public debt）**、**民間の債務（a private debt）**も激増、多くが**返済不能（insolvent）**となり、**暴動（widespread rioting）**も発生し、**スハルト政権（the Suharto administration）**が崩壊した。**韓国（South Korea）**では、1ドル850**ウォン（won）**から1700ウォンまで下落。**財閥系企業が破綻（bankruptcy of conglomerate companies）**し、IMFから210億ドルの**資金援助（a**

bailout package）を受ける。その後、各国は数年をかけて経済回復したが、アジア通貨危機はいかに通貨体制が不安定になっているかを如実に示した。

■ 今度は欧州で債務危機！

2007年の世界金融危機の結果、各国で**緊縮財政（fiscal austerity）**が行われていた。ヨーロッパでは、特に**ポルトガル（Portugal）**、**アイルランド（Ireland）**、**イタリア（Italy）**、**ギリシャ（Greece）**、**スペイン（Spain）**（PIIGS諸国）の財政が厳しい状況にあった。2009年、ギリシャ政府は**財政収支の虚偽報告（false reports of fiscal balance）**の事実を公表し、**巨額の財政赤字（huge fiscal deficits）**の隠蔽が発覚した。ギリシャの**債務不履行（a debt default）**の可能性が噂される中、スペイン、イタリアも財政が危機的状況にあることが明るみに出た。これらの国の**国債金利（the interest rate of government bonds）**は急上昇し、**国債価格（bond prices）**は暴落、ギリシャ国債を大量に保有していた大手銀行が経営破綻した。

PIIGS諸国は**ユーロ圏（the eurozone）**に属していたことから、**自国通貨の切り下げ（a national currency devaluation）**はできず、ユーロ圏全体の金融システムの危機を恐れた他のユーロ圏の国々によって、**欧州金融安定基金（the European Financial Stability Facility［EFSF］）**が設立され、PIIGS諸国への支援が決まった。その後、再建が徐々に進み、2018年にはギリシャが**金融支援プログラム（economic adjustment programs）**を脱却した。このように、世界の通貨制度は各国の協調によって安定が維持されているものの、度々の危機に襲われ続けている。

発信力 UP 重要表現をマスター！「経済」③

□ 消費者物価指数　**the cost-of-living index [CLI]**
□ 物価スライド制　**indexation**（物価変動に合わせて受給額を調整する年金の制度）
□ 平価　**parity**（一通貨の他の通貨に対する交換比率。公定価格）
□ 平価切上げ　**revaluation**（貿易黒字を縮小する一方、通貨の購買力を高めることで国の経済的地位の向上をもたらす通貨政策）
□ 兌換紙幣　**convertible currency**（金や世界各国の通貨と容易に交換することができる紙幣。**hard currency** は「交換可能通貨」）
□ 性差経済　**the gendered economy**（男女の賃金格差、女性の昇進を阻む「ガラスの天井（**glass ceiling**）」が根強い社会）
□ 早期退職優遇制度　**an early-retirement incentive plan**（「希望退職」は **voluntary retirement[resignation]**）
□ 役員会議　**a board meeting**（**a board of directors** は「理事会」、**a representative director** は「代表取締役」）
□ 従業員の搾取や酷使　**exploitation and abuse of employees**
□ 社用の昼食、豪華な昼食　**three-martini lunch**
□ 中途採用　**mid-career recruiting**（**percentage working** は就労率）
□ 仕事と家庭を両立できるように女性従業員に配慮した労務政策　**maternalism**（デイケア、フレックスタイムなど）
□ 解雇手当　**a severance pay**（**a retention bonus** は「残留特別手当」）
□ 減速生活　**downshifting**（過度な出世競争や長時間労働などを脱し、条件の悪い仕事に就くなどの生活上の変化）
□ 景気の波　**a boom-and-bust cycle**（economic fluctuation のこと）
□ 景気の変動　**economic fluctuation**
□ 寡占市場　**the oligopoly market**（少数の大企業が大半を支配している市場）
□ 複占、2社独占体制　**duopoly**（デジタル広告業界のグーグルとフェイスブック、スマホ OS 業界のアップルとグーグルなど）
□ 資産と負債　**assets and liabilities**
□ 産学官　**industry-academia-government**

拡大する所得格差の要因（Causes of Widening Income Disparity）

■どんどん広がっていく所得格差！

資本主義体制では、労働者が豊かになるには、**高付加価値の賃金が高い仕事（highly-valued well-paying jobs）**を確保することが必須である。20世紀の中ごろまで縮小していた所得格差は1970年代から再び広がり始め、アメリカでは、1970年代の初頭には**上位1％層の所得の国民総所得に占める割合は10％以下であった（the income of the top 1% accounted for less than 10% of a gross national income[GNI]）**が、2010年にはその割合が20％を超えた。**全国消費実態調査（the National Survey of Family Income and Expenditure）**によると日本でも、1979年に

各国で上昇するジニ係数

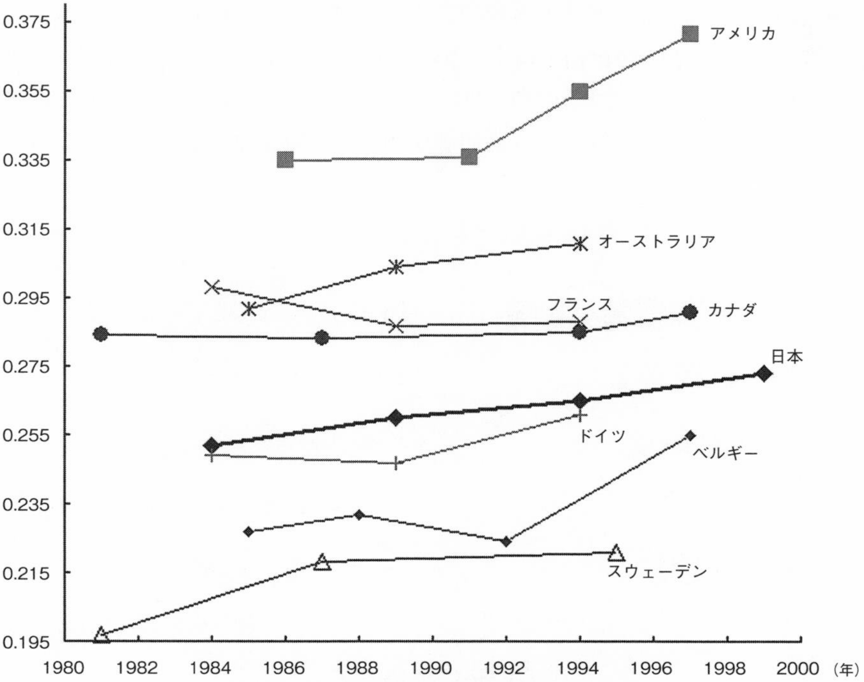

アメリカ
オーストラリア
フランス
カナダ
日本
ドイツ
ベルギー
スウェーデン

0.375 0.355 0.335 0.315 0.295 0.275 0.255 0.235 0.215 0.195

1980 1982 1984 1986 1988 1990 1992 1994 1996 1998 2000（年）

出典：総務省統計局全国消費実態調査

は約0.240だった年間収入の**ジニ係数（the Gini coefficient）**が2014年には0.281に上昇しており、収入格差が拡大している。

ITなど技術が進歩するにつれ、高収入の仕事は増え、アメリカでは1970年以降、大卒以上の収入は向上し続けている。しかし、一方でいわゆる**ブルーカラー（blue-collar workers）**の賃金はほとんど変わっていない。このような傾向は多くの国で見られ、高校卒業者の賃金を100とした場合、大卒者の賃金はアメリカやドイツ、イギリスで150から170である。日本では150ほどであり、1980年代の初頭では約125であったことから、確実に差は拡大している。多くの国で**高卒者と大卒者（college and high school graduates）**の**所得格差（income gaps）**が広がっている。

■ 高収入の仕事は増えていないのか!?

高収入の仕事（high-income jobs）は増え、高い教育を受けた人はその恩恵を被る一方、**自動化（automation）**や**人工知能（artificial intelligence）**の進歩とともに専門知識を必要としない仕事は減っている。OECDの調査は、自動化による職種の46％の喪失の可能性を示唆しており、**製造業（the manufacturing industry）**では、1980年代の初頭は、先進国で全就労者の23％が同業種に携わっていたが、2010年には13％に減少した。自動化によって多くの**低付加価値の仕事（low value work）**がなく

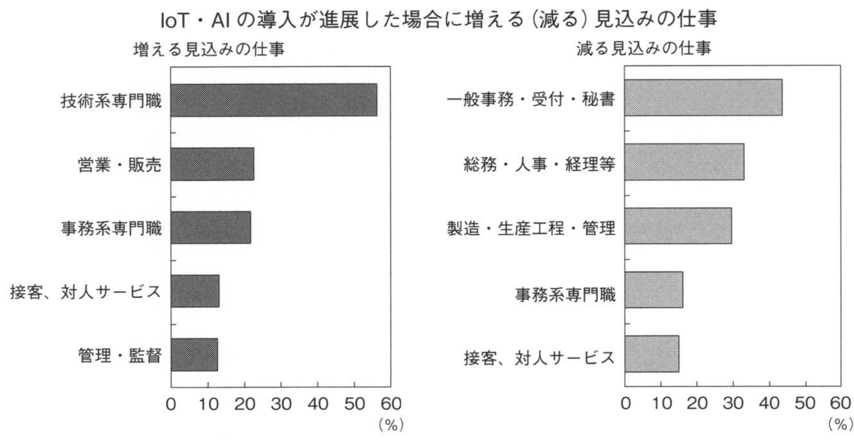

AIで増える仕事、減る仕事
出典：2018年経済財政白書

なり、**中間・低所得層（the low and middle income bracket）**は所得が伸びず、仕事自体が失われ始めている。また、**技術革新（technological innovation）**によって生まれる新しい仕事の数はまだ少なく、収入の高い仕事を見つけられない高学歴者がいる。

カナダの経済学者**ポール・ボードリー（Paul Beaudry）**らはアメリカの大卒社員の職場での**認知機能の活用度合い（use of cognitive skills）**を調べた。その結果、1990年での活用度を100とした場合、2000年までは103まで向上したが、それ以降低下し、2011年には99まで下がってしまったことが明らかになった。研究者の解釈では、2000年まではITの**インフラ（infrastructure）**が設定される前で、社員に高度の能力が求められたが、2000年代に入りインフラが完備すると、技術を有する人のニーズは低下したとしている。多くの高度な教育を受けた人は、**自分の能力を完全に活用（full utilization of their skills）**しない仕事に従事し、低所得に甘んじている。人類学者**デヴィッド・グレーバー（David Graeber）**は著書『**クソどうでもいい仕事の理論（*Bullshit Jobs*）**』で、ホワイトカラーの仕事の半分はほとんど無意味なものになったと主張した。自動化が進んでもそれがなくならないのは、経営者が**封建主義的な管理方法（managerial feudalism）**に取りつかれ、自分の**取り巻き（flunkies）**の人数を増やしたいがために、ただ無意味な書類などを作成する管理部門を維持するためだと著者は述べている。

高収入の職業が少ない理由の1つとして、**「1人勝ち」現象（a winner-takes-all situation）**がある。これは各分野のトップにいる少数が**利益を独り占め（monopolize the profit）**し、残りの多数は同じ内容の仕事をしても高収入を得られない状況、あるいは国内でも一部の勝ち組地域に高収入の仕事が偏在する現象である。アメリカでの2005年以降の**技術革新産業の職種（innovation-sector jobs）**の増加の9割は**ボストン、サンフランシスコ、サンノゼ、シアトル、サンディエゴ（Boston, the San Francisco Bay Area, San Jose, Seattle, and San Diego）**で起きており、一方、残りの都市圏の内、**343都市圏（metro areas）**ではむしろハイテク職種は減少している。

■ 教育でも広がる格差の実態とは!?

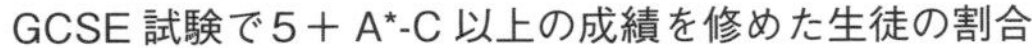

GCSE 試験で5＋ A*-C 以上の成績を修めた生徒の割合

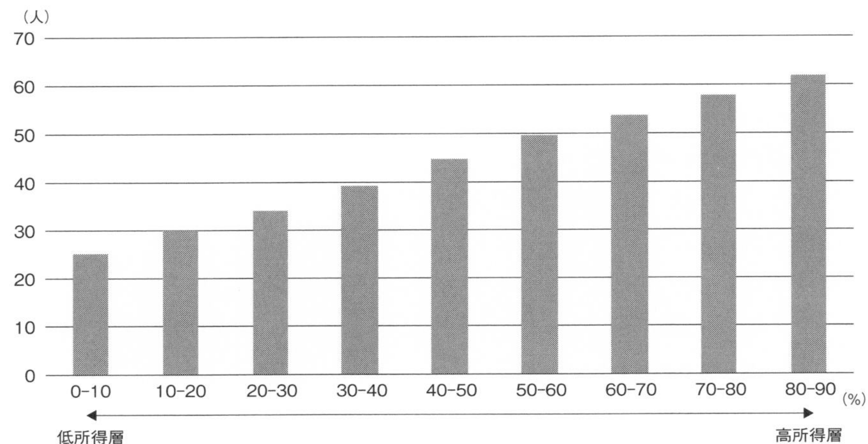

イギリスのこの統計は、16歳で受けるGCSE 試験（General Certificate of Secondary Education）の成績が家庭の収入に比例することを示している。

元来、教育は**格差を克服する有力な手段（the great equalizer of society）**と見なされ、貧困家庭に生まれた子どもでも教育を受けることで、豊かな生活ができるようになるはずである。しかし近年、豊かな階層の子弟がより良い教育を受け、結果として、**階層間の流動性（class mobility）**がなくなっていると懸念されている。例えば、**ハーバード大学では新入生の15％（15 % of Harvard University's first-year students）**は、**所得で上位1％（the top 1% income bracket）**に位置する家庭の子弟だ。高所得の家庭で育った者は、有名な大学に入学し、卒業後、高収入の仕事に就く可能性が高く、その結果、中低所得層の人間は高所得層へ昇ることが困難になり、格差が固定化されてしまう。

■ 年齢も格差の要因だ！

雇用で格差が生じるもう1つの要因は、**年齢による格差（age-based inequality）**だ。高齢者の雇用には機会が限られており、**年金に収入を頼る（dependence on pensions for income）**ことが多く、結果として所得は低くなる。また**高齢者間の格差（disparity among elderly people）**が大きいのも特徴である。アメリカでは通常、中年期に収入が最大になる。**世帯主が45歳から54歳の世帯（households headed by 45- to 54-**

year-olds）の**平均収入**（**the medium income**）が7万7000ドルであるのに対して、世帯主が65歳から74歳の世帯の平均収入は4万5000ドルである。日本でも高齢者世帯の平均所得は約300万円で、高齢者を除いた世帯の平均所得660万円の半分以下である。高齢者世帯の半数以上は年金を**唯一の収入源**（**the sole source of income**）としている。

高齢者間の格差も大きく、年齢別にジニ係数を比較すると、75歳以上の年齢層で最も高く、0.35である。それに対して、非高齢者の年齢層では、ジニ係数はおおむね0.30以下である。65歳以上の層が**全労働人口に占める割合**（**the percentage of elderly workforce**）は近年増加しているものの、まだ13％ほどであり、**65歳から69歳の年齢層でも就業率**（**the employment rate of people aged 65－69**）は50％以下である。**高齢者の人口に占める割合**（**the percentage of elderly population**）が増加する今日、就労を望む**高齢者には雇用の機会を確保**（**employment security for senior citizens**）することが必須である。しかし、政府の様々な促進政策にもかかわらず、高齢者の雇用の確保、特に高収入職種の確保は依然として困難なままだ。

■コラム■

ハラスメントの種類と実態とは!?

harassmentとは、他者に対して不快感を与えたり実質的な損害を与える行為である。有名なのがセクハラであるが他にも以下のようなものがある。

- **パワーハラスメント**（**power harassment**）：**職権を悪用**（**power abuse**）した上位にある者から下位にある者への暴力、暴言、仲間はずれ、過大・過少要求、**プライバシーの侵害**（**privacy invasion**）など。
- **エイジハラスメント**（**age harassment**）：「おばさん」や「おじさん」などの年齢を強調する呼称を使ったり、会話の中で「まだ若いから、年だから」と言ったり、年齢に関連したプライベートな話題に踏み込んだり、年齢を過度に意識して仕事の割り振りを決めたりすること。
- **ドメスティックバイオレンス**（**DV**）：自身の子どもに手を上げたり、性的虐待などの**児童虐待**（**child abuse**）から、全く子どもについて興味がないネグレクトなどまで。配偶者同士の暴行や傷害、無視、言葉や態度での精神的な嫌がらせ。
- **マタニティハラスメント**（**maternity harassment**）：妊婦への職場での嫌がらせ⇔**パタニティハラスメント**（**paternity harassment**）：育児休暇を取得する男性への嫌がらせ。

・アルコールハラスメント（**alcohol harassment**）：一気飲みの強要など。
・スモークハラスメント（**smoke harassment**）：受動喫煙防止を怠ったり、受動喫煙対策を求めた者への不当解雇や嫌がらせ。
・ブラッドタイプハラスメント（**blood type harassment**）：血液型による差別。
・カラオケハラスメント（**karaoke harassment**）：カラオケで強制的に歌わせること。
・テクノロジーハラスメント（**technology harassment**）：IT関連の知識が高い人が低い人に対して取る非常に横柄な態度。
・ロジカルハラスメント（**logical harassment**）：相手の気持ちを考えずに、正論を相手にぶつけて論破し、相手を精神的に追いつめること。
・ハゲハラスメント（***hage* harassment**）：薄毛を笑いの種にすること。
・ネットハラスメント（**net harassment**）：2ちゃんねるに代表される匿名掲示板で、誹謗中傷を繰り返し、プライバシーの侵害や名誉毀損などをすること。
・マンスプレッディング（**men's leg-spreading**）：公共交通機関における男性の開脚座り。

■ 年功序列も実は格差の原因？

高齢者の就業を困難にする要因の1つが**年功序列制度（a seniority-based wage system）**で、これも日本の所得格差の要因になっている。**大卒時に一括採用（hiring new graduates en masse）**された社員は、若いときには**雇用が保証（ensured employment）**される代わりに**賃金が低く抑えられ（suppressed wages）**、年齢が進んでから高収入を受ける。**実績（performance）**よりも**年功（years of service）**が収入を決める。**戦後の復興期（the postwar reconstruction period）**には**雇用を安定化（stabilized employment）**させる利点があったこの制度も、今日では弊害が目立つ。**優れた業績（an exceptional performance）**をあげた社員は報われず、**実績を上げていない（a mediocre performance）**社員も等しく報酬を受ける。このような**悪平等（bad egalitarianism）**は経済の足かせになっている。

年功序列は他国でも見られるが、日本では伝統的に根強く残っている。また、給与が年齢に比例する結果、高齢者の給与は、その能力に関係なく高くなり、結果として高齢者の就労を困難にしている。実際、**国税庁（the National Tax Agency）**が行った調査によると、日本のサラリーマンの平均年収は19歳の142万円から54歳の649万円まで年齢に比例して上昇

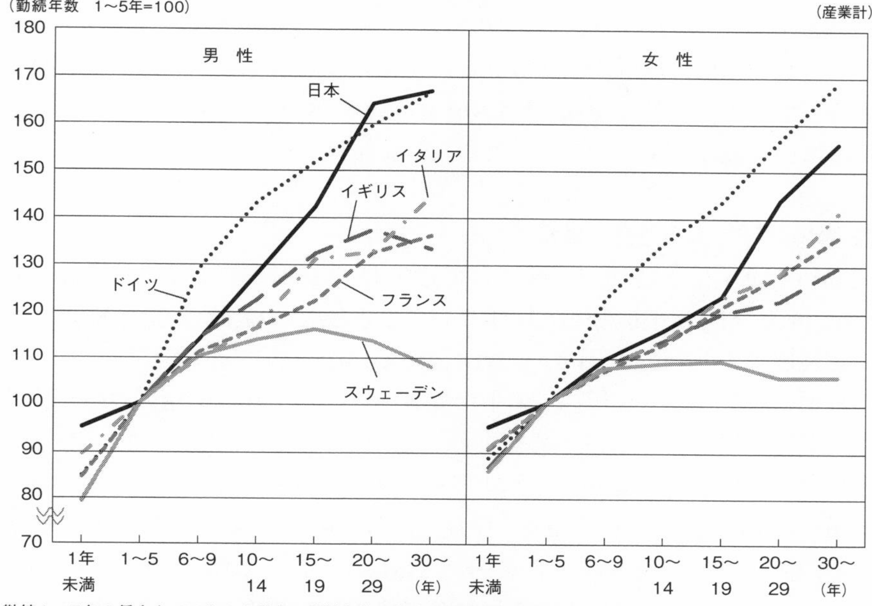

勤続1－5年の賃金を100とした場合の勤続年数と賃金の関係、各国比較
日本とドイツにおける男性社員の年功序列的傾向が顕著　出典：労働政策研究・研修機構

していく。そして55歳から59歳まで若干低下し、60歳以降大幅に低下する。一方、アメリカでも**年齢とともに給与が上昇（a salary increase with age）**する傾向が見られるものの、**所得のピーク（the peak earning years）**は40代の中頃である。

また、アメリカでは給与は年功に基づいて決まるのではないので、個人により大きく異なる。これが顕著に表れるのは**社長と一般社員の給与格差（the ratio of CEO pay to average worker pay）**で、日本では社長の報酬が一般社員のおよそ数十倍であるのに対して、アメリカでは**平均で約300倍（300 times the annual income of an average worker）**といわれる。ヨーロッパは日本とアメリカの中間に位置する。

一方、日本で顕著なのは勤続する**企業の規模（a company size）**による賃金格差だ。**労働政策研究機構（the Japan Institute for Labor Policy）**の調査によると、大企業の賃金を100とした場合、**中小企業（small and medium size companies[SMCs]）**の賃金は日本では69。対して、イギリスは99、その他ヨーロッパ諸国でも90から100で、**企業規模による**

賃金格差（company size-based wage differences）はほとんどない。例外的に日本に近い格差を示すのは、アメリカの61とドイツの69である。また日本では年齢が上がるほど勤続企業の規模による賃金格差が顕著になるが、これは**新卒採用（hiring of new college graduates）**で大企業に長く残り年功を積むことを重視した結果である。

■ 雇用形態による格差とは!?

勤める企業による格差と関連して近年着目されているのが、**雇用形態（the type of employment）**、すなわち**正規雇用（regular employees）**、**非正規雇用（short term or part-time contracts）**間の格差だ。2018年の日本の統計では、正規社員の**平均賃金（an average wage）**が月32万円に対して、正規社員以外の従業員はその2/3の21万円だった。20代の若年層では格差が少ないが、**年功序列で格差が広がっていき（widening gaps with age）**、50代後半の男性正規社員の平均は44万円、非正規は約24万円である。企業が**人件費削減（labor cost reduction）**のために非正規社員の採用を推し進めるにつれて格差は広がるものと思われる。実際、1985年には非正規社員は全雇用者の16％であったのが、近年では35％以上になっている。

欧米でも雇用形態による格差が出現しているものの、その様相は日本と異なる。アメリカでも**パートタイムで働く人（part-time workers）**の割合は増しており、全勤労者の3割以上を占め、**フリーランスやアウトソーシング（freelancing and outsourcing）**など長期的な雇用を保証しない**"contingent employment（臨時雇用）"**と呼ばれる雇用形態もある。近年導入された制度なので若年層に多い形態で、2007年の経済危機の際、**OECD国での失業率（the unemployment rate in OECD countries）**は若年層で14.2％、より年配の勤労者の失業率は4.9％であった。これは、若者の方が当時導入されたばかりの**柔軟な雇用契約（a flexible employment contract）**を結んでいたため、以前の雇用契約を結んでいた高い年齢層の従業員に比べ、解雇されやすかったからだ。

一方、イギリスで問題になっているのは**ゼロ時間契約（a zero-hour contract）**である。雇用主は事前通告なく、従業員の労働時間を指定、変更できる。雇用主が従業員に**定期的に仕事を保証する義務はない（no**

obligation to provide any regular work）ことから、ゼロ時間契約と呼ばれる。この制度は雇用の柔軟性を増すことから、**失業率を低く抑える効果（the effect of holding down the unemployment rate）**があると言われるが、従業員の収入は不安定となり、イギリスでは社会問題となった。そこで2017年、イギリス・マクドナルドは11万5000人の従業員をゼロ時間契約から**固定時間契約（fixed contracts）**に切り替えると表明した。

■コラム■

有効求人倍率で見る人手不足と人余りな職業とは!?

人手不足（labor shortages）で、**仕事の口（job openings）**がいくらでもある、いわゆるワーカーの**売り手市場（the seller's market）**であるか、**仕事不足（job shortages）**で、企業の**買い手市場（the buyer's market）**であるかの指標として、**有効求人倍率（a jobs-to-applicants ratio）**というのがある。これは1人の**求職者（job seekers）**に対する求人（仕事）の数で、1未満なら**job shortages**、1以上なら**labor shortages**となる。

歴史的にみると、日本では、バブル直前の1986年に0.6であったのが、1990年のバブル経済のピークでは1.43まで上がり、バブルの終焉とともに1992年の1から1999年には0.49まで落ち込んだ。その後、徐々に回復していき1.06にまでなったが、リーマンショックで0.45まで落ち込み、その後また回復していき、2018年には1.62まで跳ね上がった。しかし、コロナ禍で2020年はまた1.18まで落ち込み、2021年4月には1.09となっている。

職業別に見ると2018年には、1位は**建設工事者（construction workers）**の9.62、2位は**警備（security guards）**の6.89、その他、**医師・薬剤師（doctors and pharmacists）**は6.73、**介護（nursing-care workers）**は2.9、**看護師（nurses）**は2.56、**営業（sales promotion work）**は1.63であった。これに対して1を割る低い職業は、**清掃・包装（cleaning and packing workers）**の0.2、**一般事務（clerical workers）**の0.3などであった。これが2021年には、建設工事9.3、警備6.7、医師・薬剤師4.4、介護3.4、営業1.93、清掃1.18、一般事務0.26、デザイナー0.2となっている。このことから、建設工事はまるで人手が足りないのに対して、一般事務職では人手が余って非常に仕事に就きにくく、ドクターの仕事は減ったといえ、依然需要の高い安定した職種であることがわかる。

■ 発信力 UP ③ ■日本の定年制のメリットはデメリットに勝るか?

ではここで日本の定年制について、利点と欠点を述べてみよう。またどちらが勝り、その理由は何かのポイントを考えてみよう。

争点：**Do the benefits of mandatory retirement outweigh its disadvantages in Japan?** **（日本における定年退職制のメリットはデメリットより大きいか？）**
The benefits of （① saving labor costs for Japanese companies' survival by eliminating unproductive but highly-paid elderly workforce), （② providing more job opportunities for young and middle-aged people for their survival） and （③ increasing work productivity and efficiency by hiring young and middle-aged workers） **outweigh the disadvantages of** （① making difficulty of maintaining the welfare system), （② a waste of elderly workforce), （③ age discrimination), （④ possibility of labor shortage） and （⑤ undermining elderly people's mental and physical abilities） **because of** （① great financial burden on companies from a high salary for elderly workers under the seniority system） and （② the advantage of the reemployment system that can compensate for a labor shortage).
解説 この問題の争点は、定年退職制度は、（①**人件費の削減**）（②**若者や中年層への仕事の機会創出**）（③**労働の生産性や効率 UP**）などのメリットが、（①**高齢ワーカーの能力が活かされないこと**）（②**年金・健康保険などの福祉制度を維持しにくくなること**）（③**年齢差別**）（④**労働力不足の可能性**）（⑤**高齢者の知的肉体的能力を退化させる**）、などのデメリットよりも大きいかどうかである。そうすると国際ビジネスで企業が生き残るには（①**年功序列での年配労働者への高給与は企業に大きな財務負担となる**）人件費の問題は致命的であり、次の世代に仕事を与えられなければ社会は回っていかないし、（②**再雇用制度があれば労働不足は解消できる**し、有能な高齢者だけを雇えるので企業にとっても都合がいいので、デメリットが5つもあってもメリットに負けてしまうわけである。

意識調査では、多少の格差を生んでも経済成長は必要という意見に、賛成が47％、反対は40％であった。また、生活保護対策予算増加に関しては、賛成が46％、反対が40％であった。

発信力UP重要表現をマスター！「経済」④

□ 働き方改革　**a work-style reform**
□ 独立業務請負人　**gig workers（independent contractors、contract firm workers、on-call workers、temporary workers** の総称）
□ 必須労働者　**essential workers**（医療関係者や清掃業者などインフラ維持に不可欠な仕事の従事者）
□ 有給休暇　**a paid vacation[holiday]**
□ 付加給付　**fringe benefits**（「役得」は **perquisites**）
□ 内定　**an informal job offer**
□ 販売経路、販売ルート　**a sales channel**
□ 平社員　**rank and files**
□ 能力給　**a performance-based pay system**
□ 派遣社員　**temporary workers**（「契約社員」は **contract workers**）
□ 不完全雇用の　**underemployed**（学歴や職歴から考えると能力を発揮できない、畑違いの仕事に従事していること）
□ 離職率　**employee turnover rate**
□ 昇進コース　**a career track**
□ 常習的欠勤　**absenteeism**
□ 実地訓練　**hands-on training**（「見習い期間」は **a probation period**）
□ 待機児童　**children on daycare waiting lists**（保育施設に入れず待機リストに載っている児童）
□ 退職手当　**a retirement allowance**（「失業手当」は **an unemployment allowance**）
□ 単身赴任　**a job transfer away from one's home**
□ 通勤手当　**a commuting allowance**（「配偶者手当」は **spouse allowance**）
□ 過剰人員や非生産的労働者　**redundant or unproductive workforce**
□ 勤務評定　**performance appraisal[evaluation / review]**
□ 栄転　**a promotion transfer**（「左遷」は **demotion transfer**）
□ 応募者選考　**applicant screening**
□ 自国や近所で休暇を過ごすこと　**staycation（holistay** とも。「自宅付近で休暇を過ごす人」は **staycationers**）
□ Z世代　**Generation Z**（Baby Boomers［1946－64生まれ］、Generation X［1965－80］、Generation Y / Millenials［1981－96］に続く世代［1997－2012］のこと）

6 各国の社会福祉と税制度（Social Welfare and Tax Systems in the World）

これまで、資本主義と経済格差の関係、雇用問題と経済格差について述べてきた。資本主義では**格差が不可避（inevitable inequality）**であるとしても、それに代わる**経済体制（viable alternatives）**がない以上、そのシステムの中でいかに格差をできるだけ解消するかが課題となる。ここでは、各国政府の政策、特に**財政政策（a fiscal policy）：国の財政の歳入・歳出の管理（the management of government revenue and spending）**と、その経済格差是正策について述べていこう。

■ 社会保障の歴史とは⁉

19世紀の半ばまで、欧米諸国では国家の**税収入（a tax revenue）**が**国の収入（a national income）**に占める割合は10％以下と低かった。これは政府の**経済活動への直接介入（direct intervention in the economy）**が少なく、税は主に軍事、外交、警察や一般の行政に使われていた。中でも**軍事費（military spending）**の割合は高く、予算の半分以上を占めることもしばしばであった。

今日の**社会保障（social security）**は、かつては**教会（the Church）**や民間の**慈善団体（charities）**が担っていた。しかし、19世紀後半から、国も社会保障に乗り出し、ドイツの**宰相ビスマルク（Chancellor Bismarck）**は**社会保障制度（a social security system）**を歴史上初めて創設した。この政策の背景には、産業革命の進行に伴って都市部に流入した労働者の**経済的な困窮（economic hardship）**と不満があった。その解決策として、**年金制度（the pension system）**を整え、1884年には**労災（industrial accidents）**や病気への保障を

鉄血宰相オットー・フォン・ビスマルク

導入した。**社会保険への加入は強制的（mandatory participation in social insurance）**で、労働者、雇用者、そして政府が保障を負担した。

政府による社会保障制度はヨーロッパの他の国にも広がった。イギリスでは20世紀の初頭、後に首相となった**ロイド・ジョージ（David Lloyd George）**が**大蔵大臣（the Chancellor of the Exchequer）**として、様々な社会保障制度を確立させた。1908年には老齢による貧困を救済する**老齢年金制度法（the Old Age Pension Act）**、1911年には労働者に病気、労災、失業の保障を与えた**国民保険法（the National Insurance Act）**を制定した。この制度は、政府の**税収・歳出の増加（an increase in tax revenue and spending）**を招き、第一次大戦後、税収入の国内総生産（GDP）に占める割合は増え始め、19世紀中頃の10％弱から大きく増加した。今日、スウェーデンやフランスなどのヨーロッパ諸国では大体50～60％であり、イギリスや日本では45％、アメリカは低く、30％ほどである。

イギリスの政治家
デイビッド・ロイド・ジョージ

100年にわたるこの上昇の内訳をみると、従来の軍事費などの割合は変わらず総生産の10％以下である。増加したのは、**医療、教育（health and education）**に使用される税金と**所得の保障・再分配（replacement income and transfer payments）**として使われる税金である。医療、教育を政府が支援負担するのは、すべての国民に等しく**医療と教育を受ける権利（the right to health care and education）**があるとする考えに基づくものだ。医療と教育にかけられる税金は国の総収入の約10～15％、税収の約30％である。**初等・中等教育（a primary and secondary education）**は、ほぼすべてのOECD諸国で無償、すなわち**国が全額を負担（full funding through government spending）**するが、高等教育はOECD諸国でもばらつきがあり、ヨーロッパ大陸では**高等教育無償（a free higher education）**の国が多い一方、イギリスや、特にアメリカでは個人の負担が大きい。

医療保険に関しては、ヨーロッパではすべての国民が保障されるのに対

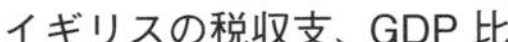

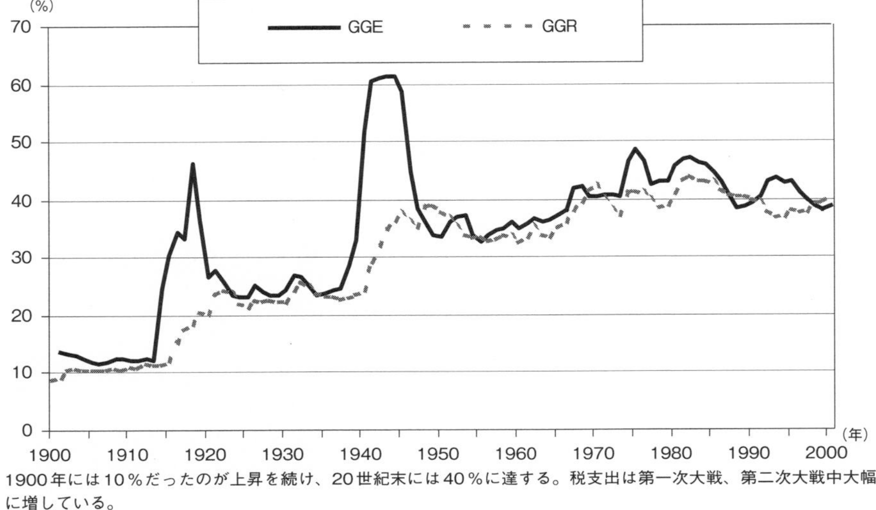

1900年には10％だったのが上昇を続け、20世紀末には40％に達する。税支出は第一次大戦、第二次大戦中大幅に増している。
出典：「Long-Term Trende in British Taxation and Spending」Tom Clank et al.

して、アメリカでは国による保障は高齢者や貧困層に限られている。**メディケア（Medicare）**は**65歳以上のすべてのアメリカ市民に提供される保険制度（health insurance for Americans aged 65 and older）**であり、**メディケイド（Medicaid）**は州政府が管理する**低所得層向けの医療救済制度（supporting healthcare costs for people with limited income）**である。

一方、**所得の保障（a guaranteed income）**および**再分配（income redistribution）**とは、政府が徴収した税収入を必要とする国民に支給、再分配する仕組みであり、年金、**失業保険（unemployment insurance）**や各種の**手当（benefits）**が含まれる。所得の保障・再分配はGDPの10～20％、多くて税収の約40％で、**年金（pensions）**がこの大半を占める。ヨーロッパ大陸では、年金がGDPに占める割合は12～13％だが、イギリスやアメリカでは年金額が抑制されており、6～7％である。しかし、それでも大きな金額であり、いずれの国でも**年金制度（the pension system）**が、労働によって収入を得るのが困難な高齢者の経済格差を縮小するのに大きな役割を果たしていることは明らかである。

アメリカにおける**GDPに占める税の割合（the tax-to-GDP ratio）**

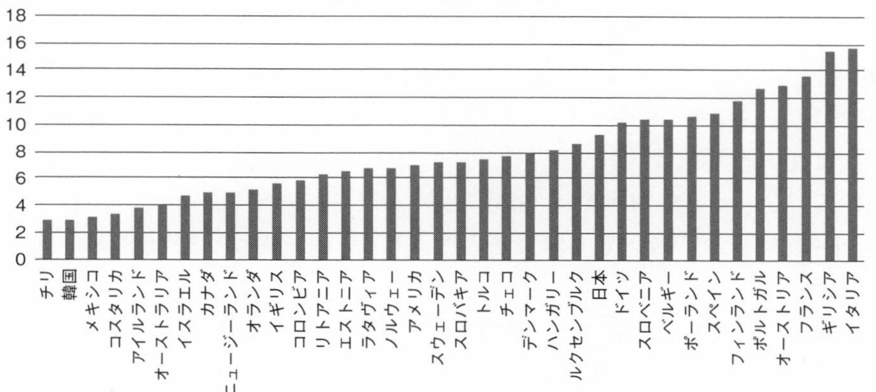

は約32％であり、OECD 37か国中32位とかなり低い。8.4％が社会保障負担であり、やはり他国と比べて低い。税収の課税方法を見ると、**個人所得税（an individual income tax）**が12.8％を占め、**法人所得税（a corporate tax）**の割合は1.3％と少ない。**消費税（a consumption tax）**は5.5％と他国に比べて少なく、**資産課税（property taxation）**

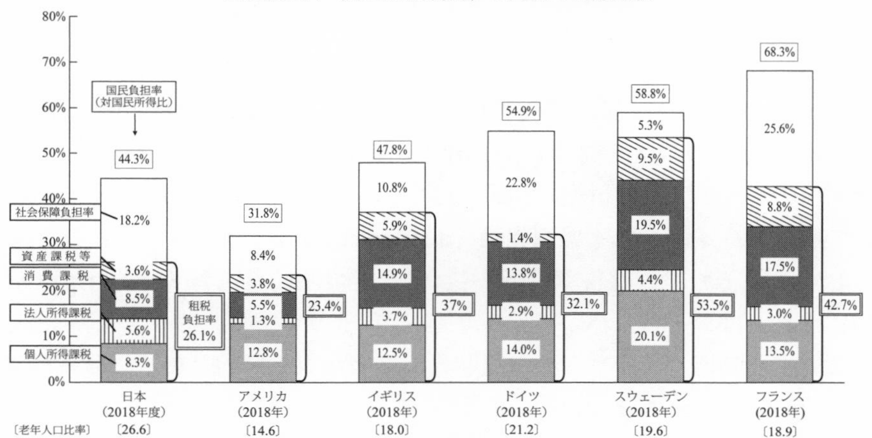

（注）1．日本は平成30年度（2018年度）実績、諸外国は、OECD "Revenue Statistics 1965-2019" 及び同 "National Accounts" による。
2．租税負担率は国税及び地方税の合計の数値である。また所得課税には資産性所得に対する課税を含む。
3．四捨五入の関係上、各項目の計数の和が合計値と一致しないことがある。
4．老年人口比率については、日本は2015年の推計値（総務省「人口推計」における9月15日時点の人口）、諸外国は2015年の推計値（国際連合 "World Population Prospects: The 2019Revision Population Database" による）である。なお、日本の2021年の推計値（国立社会保障・人口問題研究所「日本の将来推計人口」（平成29年（2017年）4月推計）によるでは）29.1％となっている。

は3.8％である。

ヨーロッパ大陸型を代表するフランスはGDPに占める税の割合は約68％と極めて高い。課税方法では、消費税が17.5％で一番大きく、個人所得税は13.5％と逆に低い。イギリスはアメリカとフランスの中間に位置し、GDP比率は47.8％、課税方法では消費税が14.9％、個人所得税が12.5％を占める。日本ではGDP比率が44.3％と比較的低く、消費税＋個人所得税の比率は16.8％で法人所得税の占める割合が5.6％と高いのが特徴だ。

社会が高齢化するにつれ、**医療・年金の負担（fiscal costs linked to health care and pensions）**は増すものと予想される。さらに、1970年代以降、拡大していると言われている経済格差に対処する意味でも、財政政策の改良が求められる。特に格差の解消に関連して議論されるのは**税金の累進性（progressive taxation）**と資産に対する課税、それに**UBI（a universal basic income）**である。

■ 累進課税は経済格差解消の有力な武器か？

所得税を最初に課した国はイギリスで、1799年、**ナポレオン戦争（the Napoleonic Wars）**の戦費調達のために導入した。その後、19世紀を通してヨーロッパ各国で採用されるようになり、日本では1887年に、そしてアメリカでは1913年に導入された。当初、所得税は所得額に関係なく、一律に課せられる**比例税（a proportional tax）**、**一律所得税（a flat tax）**であったが、20世紀の初頭にはすべての国で、所得額が大きくなるにつれて税率が高くなる**累進課税（a progressive tax）**が採用された。

しかし、それでも課税率は低く、1910年頃の**最高税率（the highest tax rate）**はヨーロッパ、アメリカでも2〜3％だった。第一次大戦以降、戦費と復興の資金を賄うための税収入の増収を主な目的として、**最高税率（the maximum tax rate）**は大きく引き上げられ、1970年代にはイギリスやアメリカでは90％を超えるまでになった。ヨーロッパ大陸でも、最高税率は50％以上だった。

1980年代に入り、イギリス、アメリカの最高税率は約40％へ大幅に下げられた。イギリスでは**サッチャー政権（the Thatcher administration）**、アメリカでは**レーガン政権（the Reagan administration）**が経済を発展

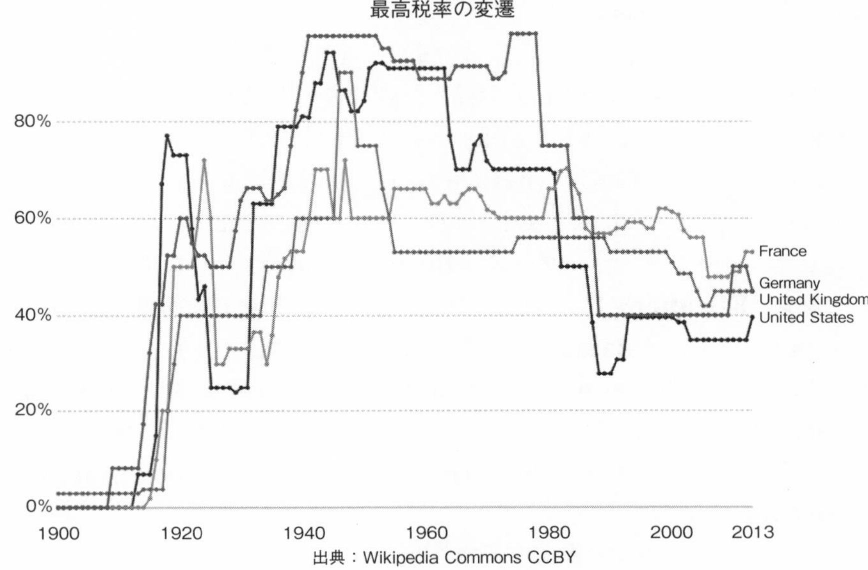

出典：Wikipedia Commons CCBY

させる方法として、**トリクルダウン理論（trickle-down economics）**に基づく政策を採用した結果である。高所得者と低所得層の格差の拡大が始まったのもこの1980年代であることから、**累進課税制度（a progressive taxation system）**と社会における経済格差は深く関係しているものと考えられる。

しかし、低い累進性以上に格差を広げているのは、**資産に対する課税（a property tax）**の問題である。**高所得層（high income households）**は**資産からの収益（capital gains）**が多く、**給与所得の占める割合は低い（a low dependence on salary income）**のに対して、中低所得層は給与所得への依存が大きい。そして、資産への課税や資産からの収益に対する課税は低く、または課税されない場合もある。その結果、全所得に対する課税率が逆転する現象、**逆進税（a regressive tax）**が生じている。アメリカ有数の富豪である**ウォーレン・バフェット（Warren Buffett）**の課税率が彼の秘書の課税率より低いのは有名な話だ。バフェットの総資産は1兆ドルを超えるが、主に**配当金や資本からの利得（dividends and capital gains）**で所得を得ているので、課税率は17％ほどであるのに対して、**給与収入（a salary income）**に頼る秘書の課税率は33％なのだ。

■ 富裕税導入の賛否はいかに？

このような不均衡を是正するには、税の累進性を増すだけでは不十分で、そこで**富裕税（a wealth tax）**の導入が議論されている。**資産にかけられる税金（a tax on the value of assets owned）**である富裕税は、総資産から総負債を引いた**純資産（net assets）**に課税されるもの。フランスやスイスなど主にヨーロッパ諸国で実施されている。2020年アメリカ大統領選では、**バーニー・サンダース（Bernie Sanders）**や**エリザベス・ウォーレン（Elizabeth Warren）**などの**有力な民主党の候補者（leading Democratic candidates）**が富裕税の導入を提案した。その理由は、**不平等を減らし（the reduction of inequality）**、**税収を増し（revenue increase）**、そして富が偏在することによる**富裕層の過度な政治的な影響力を抑えること（control wealthy people's excessive political influence）**である。

ウォーレン上院議員の提案する富裕税は5000万ドル以上の純資産を有する層に2～3％の富裕税を課すものであり、この税によって**税収入が2.1兆ドル増す（a tax revenue increase by 2.1 trillion dollars）**と試算している。しかし、富裕税には反対意見もあり、1つは資本家が**所有する事業の評価が困難なこと（difficulty in assessing the value of privately owned business）**で、もう1つは**税の回避（tax avoidance）**である。富裕税を避けるため資産を海外へ移す**（a transfer of assets overseas）**可能性があるのだ。また資産に課税すると資本家の投資意欲がそがれ、**起業家精神が衰退する（crushing the entrepreneurial spirit）**と恐れる人もいる。賛否両論があるが、富裕税が格差を軽減する手法であることは間違いない。

■ 最低所得保障は格差是正の決め手か？

富裕税と並んで格差の軽減で論じられているのが、**最低所得保障（a universal basic income）**である。すべての人々に、**無条件で一定額の給付金を支給する（the unconditional provision of a set amount of money）**制度である。2020年のアメリカ大統領選で、民主党の**アンドリュー・ヤン（Andrew Yan）**が**公約（a campaign pledge）**として掲げた。古くからある考えだが、近年広がる格差、**技術革新（technological**

innovation）に取り残された**中低所得層（low and middle income earners）**の窮状から議論されることが多くなった。AIなどの技術が進むにつれ、高度な専門知識を必要としない仕事の多くは**自動化（automated）**され、職業としては消えると予想されている。

職を失う層と専門職に従事する者との経済格差が拡大する中、最低所得保障は弱者を助ける制度となり、**最低限の所得が保障されている（a guaranteed minimum income）**ことから、**失敗を恐れずに新たな起業に挑戦しやすくなる（promotion of venture business）**とか、**報酬を受けない家庭での仕事に報酬を与える（remunerate unpaid housework）**ことなどのメリットがある。だが一方、最低所得を保障すると、**勤労意欲がそがれる（disincentive to work）**、**政府の経済的負担が大きすぎる（excessive fiscal costs）**などのデメリットもある。政府がいかに財源を確保するかが最大の問題で、解決策として現行の社会保障制度から資金を移行することが考えられるが、同時に増税も避けられない。

発信力UP重要表現をマスター！「経済」⑤

□ 厚生年金　**an employee pension**（「社会保険庁」は**the Social Insurance Agency**、「国民年金」は**a national pension**）
□ 年金掛け金　**pension contributions[premiums]**
□ 国債発行残高　**an outstanding government bond**（「赤字国債」は**a deficit-covering bond**）
□ 自由貿易協定　**FTA [Free Trade Agreement]**（アメリカとカナダ間で1988年に締結）
□ ダボス会議　**the Davos Forum**（世界各国の政策当局者や有力企業の経営者が参加する経済フォーラム）
□ ドーハ開発ラウンド　**the Doha Development Round**（**WTO**による多角的貿易自由化交渉）
□ トリクルダウン政策　**trickle-down economics**（大企業優先の経済政策）
□ 基礎的所得　**a basic income**（複雑な社会福祉制度維持と貧困解消のため、国家が全国民に行う「**富の再分配（redistribution）**」）**a universal basic income(UBI)**
□ マイクロファイナンス　**microfinance**（貧困層・低所得者層のための金融サービス）
□ ソルベンシーマージン　**a solvency margin**（保険会社の支払い能力の指標）

☐ 特許権、印税　**royalty**（「独占契約」は **an exclusive contract**）
☐ 富裕税　**a wealth tax**（1％の最富裕層の中でも上位10％の超富裕層だけに課税する財産税）
☐ ふるさと納税　**a hometown tax donation program**
☐ 地方交付税　**a local allocation tax**
☐ 即減税、後で返済　**cut-now, pay-later**（まず減税を行い、資金不足は国債などの借金で埋め、後に返済、という財源が確保されていない減税策）
☐ 累進課税　**progressive taxation** ⇔ 逆進課税　**regressive taxation**
☐ 付加価値税　**a value added tax**（VAT）（日本の消費税やヨーロッパの物品サービス税など、付加価値に対して製造・卸売・小売の各取引段階で課税された税）
☐ 税逃れの場所　**a tax haven**（「脱税」は **tax evasion**、「不正資金浄化」は **money laundering**）
☐ 在外投資信託　**offshore funds**（税制上の優遇を受けるため租税回避地（タックスヘイブン）に本拠地を置いた投資信託）
☐ 特恵関税　a **preferential tariff**（「報復関税」は **a punitive[retaliatory] tariff**）、「非関税障壁」は **a non-tariff barrier**）
☐ 税優遇措置　**a tax break**
☐ 配偶者［扶養家族］控除　**tax deduction for spouse[dependents]**
☐（国や自治体の）債務上限　**debt ceiling**
☐ 経済封鎖　**economic blockade**（**embargo** は「通商禁止」）
☐ 金融引締め政策　**a tight-money policy / belt-tightening**

7 投資は格差を広げるのか (Private Investment and Income Disparity)

先に述べたように、トマ・ピケティは**資本収益率（a return on capital）**rが**経済成長率（the economy's growth rate）**gに勝るので（r＞g）資本家は賃金労働者よりも財産を増やし、**経済格差の増幅（amplified inequality）**が起こると主張している。**投資から得た利益にかかる税金は一般に低く抑えられている（lower tax rates on capital gains）**ので、投資家は二重に得をする。投資は経済発展に必要不可欠であるが、同時に格差を広げているのだろうか。ここでは、いくつかの投資手段について考える。

■ 資本主義の根幹である株

投資ですぐ思い浮かぶのは**株（stocks and shares / equity）**だ。株式制度は資本主義の根幹であり、歴史も長い。**株式市場（the stock market）**には変動があるものの、**長期的に保有する（long-term holding）**ことで確実に利益を得ることができると言われている。実際、アメリカでは、1997年から2016年の約20年で、平均株価は約3倍になっている。しかし、個人

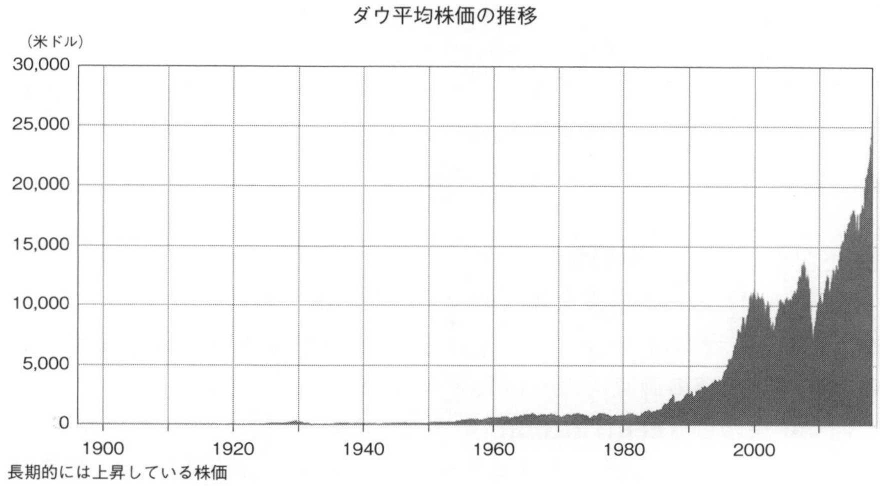

長期的には上昇している株価

が株式投資をするには**余裕資金（extra money or leftover budget money）**が必要で、株が高所得層の人々に有利な投資と言われるゆえんだ。日本では、**年収1000万円以上の世帯（households with an annual income of more than 10 million yen）**の46％が株式を保有しているのに対して、年収500～700万円の層では20％が保有し、年収500万円未満ではその比率がさらに低下する。株は優良な投資の対象であるが、高所得者が恩恵を受ける傾向が見られる。

■ ローリスクローリターンの国債

国債（government bonds）は株と並ぶ代表的な投資対象だ。株より**リスクが低いがリターンも低い（low-risk low-return investments）**と言われているが、株と同じような利益をもたらすこともある。そして、株と同様、投資にはまとまった余裕資金が必要なことから、高所得層に優位な投資になってしまう。

■ 投機性の高い先物取引

先物取引（futures）は投資対象ではなく取引の形態である。投資の対象は様々だが、本来はリスクを抑えるための手法で、**未来のあらかじめ定められた期日（a specified time in the future）**に、**あらかじめ決められた価格（predetermined prices）**で**対象となる商品の取引（buy or sell a product）**を決めるものだ。不確定な未来の取引を確定することから、**投機性が高い（highly speculative）**。アジア通貨危機を引き起こしたのも、アジア通貨の先物取引と言える。そこでは一部の**機関投資家（institutional investors）**が莫大な利益を上げる一方、アジアの多くの人々が長年経済不況に苦しむ構図が見られた。

■ 不況やインフレに強い金

金（gold）はその**希少価値（a rarity value）**ゆえに古代より富の象徴とされ、投資の対象であった。**金本位制（the gold standard system）**においては**紙幣の価値（the value of currency）**の源泉として、各国政府や**中央銀行（central banks）**が金を保有した。他の多くの投資と異なり、金そのものは**利息を産まない（generate no yield）**が、**換金性**

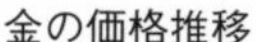

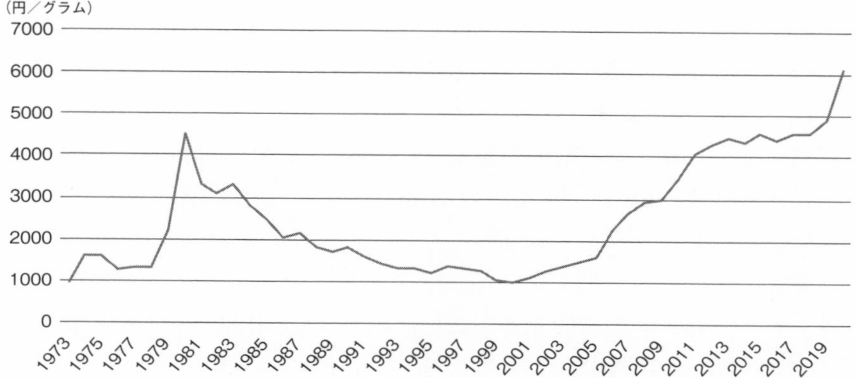

(liquidity) を失うことはなく、政治経済の混乱や**インフレに強い資産(an inflation hedge)** とされる。金価格はその時の**需要と供給(supply and demand)** バランス、政治経済状況などにより変動する。2000年以降金の価格は上昇しており、これは主に**中国やインドなどの新興国の富裕層からの需要の伸び(an increasing demand from emerging countries like China and India)** によって起こっている。

■ ビットコインは投資の対象になり得るのか？

古い歴史を誇る金とは対照的に、最近開発されたのが**ビットコイン(bitcoin)** だ。ビットコインは2008年に発明された**暗号通貨**

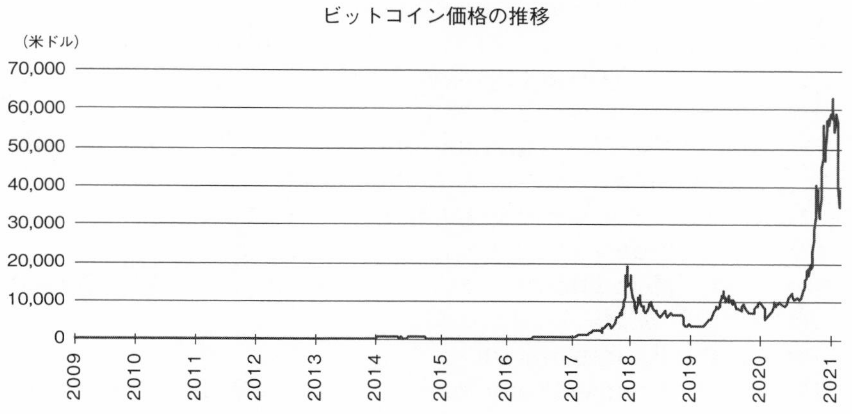

(cryptocurrency) であり、現実の通貨と異なり、**中央銀行（a central bank）**のような**単一の管理者（a single administrator）**を有しない。2017年以降、**価格が激しく変動（drastic price fluctuation）**し、2018年には一時1万8000米ドルを超えたがその後急落、2019年からまた徐々に価格が上がり始めた。**投機の対象（a speculation target）**になっているが、**投資対象（an investment target）**としての評価はまだ定まっていない。ビットコイン自体は株や債券と違い、所有者に何ら現金収入をもたらさず、コインの価格上昇のみがリターンをもたらす。金や不動産と異なり、**ビットコインの価値を客観的に決める（an objective evaluation of the value of bitcoins）**ことも難しく、供給に限りがあるわけでもない。また、現実通貨に代わって使用するには**変動幅が激しすぎ（excess volatility）**、将来が不透明な投資手段である。

発信力 UP 重要表現をマスター！「経済」⑥

- □ 普通株式　**equities**（「社債」は **debenture**、「優良株」は **blue chips**）
- □ 優良債権　**a gilt-edged bond**（**bellwether** は「主要株、主要指標［数］」、**the Dow Jones average** は「ダウ平均」）
- □ 機関投資家　**institutional investors**
- □ 上場株　**listed stocks**（**unlisted stocks** は「非上場株」、**over-the-counter stocks** は「店頭売買株」）
- □ 新規株式公開　**IPO（initial public offering）**（非公開企業が新たな資金調達のため、初めて株式を一般に公開すること）
- □ ヘッジファンド　**a hedge fund**（金融派生商品、債券、外国為替などの市場に投資し、高い運用パフォーマンスをめざす投資信託）
- □ ネットで少額寄付を大勢に募り資本を調達すること　**crowdfunding**
- □ 株式公開買い付け　**TOB[a takeover bid]**（買収対象の株式を時価より高い価格で市場を通じて買い取るという宣言）
- □ オープンエンド型投資信託　**mutual funds**（いつでも自由に換金できる投資信託。**a trust fund** は「信託預金」）
- □（株式などの）資産売却所得　**capital gains**（「配当」は **dividend**）
- □ さや取り　**arbitrage**（相場などの利ざやで儲けること）
- □ 庶民の暮らし　**Main Street**（株式投資で大きく稼ぐウォール街（**Wall Street**）の富裕層に対する概念）
- □ 先物市場　**the futures market**
- □ 住宅担保貸付　**a home equity loan**（家を担保にして借りるローン）

□ 貸し渋り **a credit crunch**
□ 不労所得 **an unearned income**（賃料や預貯金の利子など雇用以外からのあらゆる収入）
□ ヨーロッパの株式市場 **bourse**
□ 東証マザーズ市場 **Mothers［Market of the High-Growth and Emerging Stocks］**
□ ニューヨーク証券取引所 **the Big Board**（株価を示す巨大な掲示板があることから）
□ アメリカの財務省長期証券 **a treasury bond**（「財務証券」は **a treasury bill**）
□ 連邦準備銀行 **the Federal Reserve Bank［FRB］**（アメリカの中央銀行である連邦準備制度の中枢機関。「準備金」は **reserve**）
□ 円高 **the yen's appreciation / a strong yen** ⇔ 円安 **the yen's depreciation / a weak yen**）
□ 換金作物 **a cash crop**（売ることを目的として作る農産物）
□ 土地投機 **a land speculation**（「投機家」は **speculators**）
□ 資本利得 **capital gains**（債権、株式、不動産等の資産を購入原価よりも高値で売却することにより得られる差益）
□ 社員の株式購入権 **a stock option**（自社の株式を一定期間内にあらかじめ決められた価格で購入できる権利）
□ 社債 **debenture**（大企業が資金を集めるために固定金利で発行する中長期の債券で、株式と違って借入れとなる）
□ 信用取引 **margin trading**（現金や株式などの委託保証金を証券会社に預けることにより、その評価額の約3倍まで可能になる株取引）
□ 信用売り、掛け売り **a credit sale**（**a letter of credit** は「信用状」）
□ グリーンメール **greenmail**（買収対象となった会社が、仕掛人の取得した株式を高額で譲り受けること）
□ 金融派生商品 **derivative**（株式などの価格を基準に価値が決まる金融商品。**futures**（先物）や取引権利売買の **options**（オプション）など）

8 国際企業倫理の低下とCSRの重要性（A Decline in Corporate Ethics and the Importance of CSR）

古典的な資本主義の理論では、資本家・企業が自由市場で自らの利益を最大化することは経済発展につながると考えられていたが、1883年、イギリスの経済学者、**ウィリアム・ロイド（William Lloyd）**は「**共有地の悲劇（the tragedy of the commons）**」と呼ばれる概念を提唱した。それは**自分の利益を最大化しよう（maximization of self-interests）**とする多数者が共有の**資源を乱獲（overuse of resources）**し、全体が大きな損失を被るという考え方で、**公共の利益（the common good）**を考えて行動しなければ、最終的には自分の利益も損なってしまうというものである。

■ 企業の社会的責任の重要性の高まり

19世紀以降、自由主義経済のもとで生産性は著しく向上し、経済は豊かになったが、経済格差や**環境破壊（damage to the environment）**などの問題ももたらし、これらの問題の解決は、各企業が単純に**自己の利益を追求している（the self-interested pursuit of their own profits）**だけでは解決されない。そこで近年、**企業倫理（corporate ethics）**と**企業の社会的責任（corporate social responsibility[CSR]）**が注目されるようになった。経営者は事業に関わる決断を下す際には、ただ**収益性や株主の利益（profitability and the interests of the investors）**のみを優先させるのではなく、**倫理的な側面（ethical aspects）**も考慮しなければならない。近年、企業倫理が問われたケースとして、以下のようなものが挙げられる。

農薬大手企業の**モンサント（Monsanto）**（2018年ドイツのバイエル社によって買収、吸収された）は、**遺伝子組み換え作物（genetically modified organisms[GMO]）**種子販売の世界最大手である。大半の専門家は**遺伝子組み換え作物自体に危険性はない（no health risks associated with GMOs）**としているが、**生態系への影響（impacts on**

the ecosystem）や、同社が販売する**農薬との併用**（**use in conjunction with agrochemicals**）の是非に関しては意見が分かれている。モンサントは利益を上げており、法律に違反しているとはされないが、**GMOの表示を記載することに強く反対している**（**completely opposed to GMO labeling**）などで企業倫理が問われている。

世界最大のスーパーマーケットチェーンである**ウォルマート**（**Walmart**）は、従業員の**労働条件の悪さ**（**poor working conditions**）や**あまりにも強い競争力**（**excessive competitiveness**）、**極端に低い価格**（**predatory pricing**）が、個人商店や小規模のスーパーマーケットを倒産に追い込んでいると批判された。また、スポーツ用品大手の**ナイキ**（**Nike**）は、**製造を海外にアウトソーシング**（**outsourcing its manufacturing overseas**）し、かつ海外の委託先では、従業員が劣悪の条件下で仕事させられていると批判された。

上記の例はすべて、違法ではなく、また企業として利益を上げ続けているのであるが、企業倫理が問われた実例である。今日の企業は**社会的な責任を放棄すると、存続が危ぶまれる**（**Violation of CSR will threaten the survival of the company.**）。一方、CSRの重要性に関しては賛否両論がある。企業倫理と関連して使われる言葉が、「法令遵守」を表す**コンプライアンス**（**compliance**）である。それは法律を守るだけでなく、企業倫理、**就業規則**（**the rules of employment**）、**社内規定**（**company rules**）、そして**社会規範**（**social norms**）を遵守することを指し、またそれを可能にする企業内の体制のことを言う。

■ 企業の社会的責任の実態とは!?

企業の**社会的責任**（**corporate social responsibility[CSR]**）の重要性は今や広く認識されている。2007年にエコノミスト誌が欧米の主な企業を対象に行った調査では、6割の企業が社会的責任は**非常に重要である**（**very high or high priority**）と回答し、**まあ重要である**（**moderate priority**）を含めると、9割以上の企業がCSRは重要であると回答した。また半数以上の企業が、CSRは**ビジネスにも好影響を及ぼす**（**beneficial for business**）と回答しており、事業活動を行う上でCSRがもはや無視できないとの認識を示した。

しかし、CSRに疑問の声を上げる人々もいる。第1に労働者の**労働条件の保障（ensuring good working conditions）**や**環境の保護（environmental protection）**など、**CSRが対処する問題の多く（many issues addressed by CSR）**は本来政府が行うべきことであり、CSRで解決できるものではない。第2に**企業は自社の本来の業務を効率よく行い、利益をあげることが社会的責任（Business efficiency and profitability are corporate social responsibilities）**であり、いわゆるCSRを強調すると、企業の本来の業務がおろそかになり、**本来の責任を果たせない（fail to fulfill its responsibility as a private company）**結果となる。第3に**株主の出資した資金を使って、企業がこのような直接利益に結び付かないような活動を行うことの是非（value judgement on the use of shareholders' money for CSR）**である。一方、投資家の間にも**社会的な責任ある投資（socially responsible investments[SRI]）**の気運が高まっており、従って、企業は本来の業務とCSRとのバランスを取ることが求められる。

■ 企業の税金回避の実情はいかに!?

企業倫理と社会的責任に関連して取り上げられることが多いのが、企業の**税金回避（tax avoidance）**である。**脱税（tax evasion）**と異なり、税

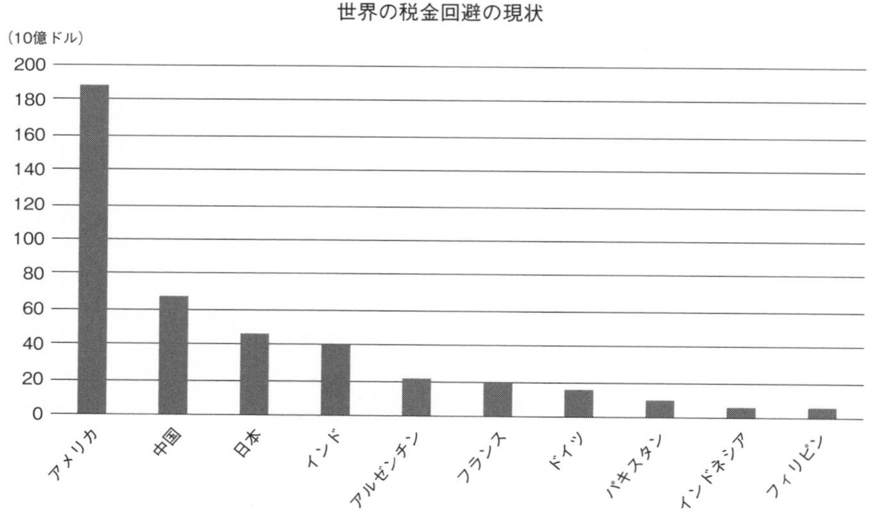

金回避は**合法（legal）**であり、昔から企業が利益を増すために使用している手法であるが、近年、その金額が大きくなっており、方法も巧妙化していることから、**各国政府税収を圧迫（a strain on a government tax revenue）**し、他の納税者の負担を増し、ひいては格差につながると問題視されている。税回避の手法としては、法人税が低い**租税回避地に本社を移すこと（relocation of the head office to a tax haven）**や、法人税が安い地域に**利益を移す（profit shifting）**ような手法が典型的である。税回避によって各国政府は年間1～2.4兆ドルの税収を逃していると計算される。

2016年、アメリカの大手製薬メーカー**ファイザー（Pfizer）**はアイルランドの**アラガン（Allergan）**と合併し、新しい会社の本社はアイルランドに設置すると発表した。アイルランドの**法人税率（the corporate income tax rate）**がアメリカよりも低いことから、この合併によってファイザーは**数十億ドルの税金を節約（save billions in taxes）**できるはずだったが、厳しい批判を受け、この合併は実現しなかった。このように、税率の低い国の企業を合併・買収し、本社をそこへ移す手法は**インバージョン（inversion）**と呼ばれる。アイルランドは、**ケイマン諸島（Cayman Islands）**のような、いわゆる税回避地ではないが、アメリカやヨーロッパの近隣諸国に比べて法人税が低いことから、税回避に利用されることが多い。

グーグル社（Google）はアイルランドやオランダに複数の会社を立ち上げ、世界中から得た**ロイヤリティー（royalty）**を複雑な経路を通してアイルランドに集約することによって、大幅に税金を節約した。これは、**ダブルアイリッシュ・ダッチサンドイッチ（double Irish Dutch sandwich）**と呼ばれたが、やはり厳しい批判を受け、同社は現在この方法は使っていない。

マイクロソフト（Microsoft）は**プエルトリコ、アイルランド、シンガポール（Puerto Rico、Ireland、Singapore）**など法人税の低い国に利益を集約し、税回避を行っていた。2018年には、この3か国で**マイクロソフト社のアメリカ以外の国で上げた収益の80％（80 percent of Microsoft's foreign income before tax）**を計上したことになり、実際に利益を上げていると思われる国、地域との乖離が指摘された。各国政府は、税回避阻止のために法律を改正し、**抜け道（legal loopholes）**を塞ごうとしているが、各国がばらばらに対処策を出し、企業も新たな方法

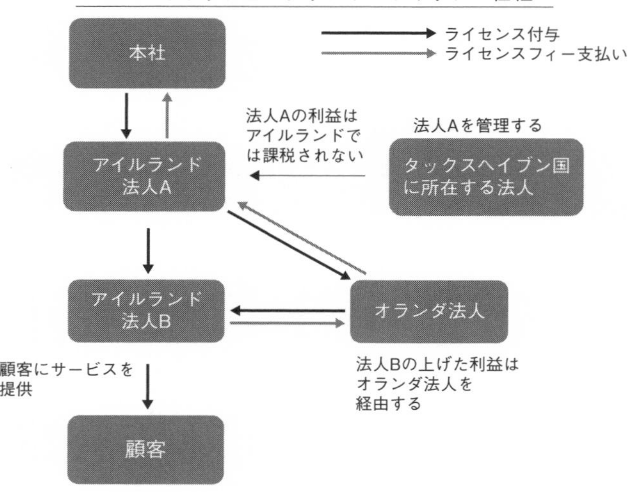

を開発し続けるので、税回避はなかなか減らない。

また一方で、政府が**多国籍企業（multinational corporations）**を誘致する目的で**法人税を低くする（lower corporate tax rates）**政策を採用している国もあり、これは税回避をむしろ奨励する効果がある。従って、解決には、各国で法人税の課税率を統一し、**統合した税体制を整備する（a unified global corporate tax regime）**必要があるとか、法人税そのものを見直さなければならないとする意見もある。

租税回避と関連して、**資金洗浄（money laundering）**という**違法行為（illegal activities）**がある。これは脱税や**粉飾決算（fraudulent accounting）**、その他の**犯罪行為によって得た資金（illegally obtained money）**を正当な手段によって得た資金であるように見せかけるものである。資金洗浄は一般に3つの段階からなる。まず**預入（placement）**によって資金を何らかの形で**金融システムの中へ組み入れる（introduction into the financial system）**。つぎに**分別（layering）**の段階で、資金を金融システムの中で**複雑に移し回し（complex transactions）**、資金の出所を隠す。そして最後の**統合（integration）**段階で**違法な資金と合法的に得られた資金を統合（integration of illegal and legal funds）**する。

資金洗浄の総額は把握しにくいが、**国連薬物犯罪事務所（the United**

Nations Office on Drugs and Crime）の推定では、年間8000億から2兆ドル、世界GDPの2～5％とされている。また近年、新たに使用されている資金洗浄の手段が**暗号通貨（cryptocurrency）**である。当局は資金洗浄を取り締まっており、いくつかの著名な銀行が最近、資金洗浄に加担したと訴えられた。2019年にはデンマーク最大の銀行である**ダンスケ（Danske）**銀行がロシアからの資金洗浄に加担したとして、デンマーク当局から訴えられている。

ビジネス問題のアーギュメント力UP！

Is technological transfer from developed countries to developing countries the key to the economic development of the latter? **（先進国からの技術移転は、発展途上国の経済発展のカギとなるのか？）**	
Pros（賛成側の主張）	
1. 技術移転により、発展途上国内の新規ビジネスの成長を促し、通信を発展させ、生産コストを削減することができる。	Technological transfer can encourage the growth of new businesses, advance communications, and reduce production costs in developing countries.
2. 技術移転は人材を育成し、それにより製造効率を向上させる。	Technological transfer can increase manufacturing productivity by developing human resources.
3. 技術移転は途上国における新しい市場を構築する一助となる。	Technological transfer can help create new markets in developing countries.
Cons（反対側の主張）	
1. 技術移転によって技術が向上することで、人手が少なくてすむようになり、被支援国での失業を招く。	Technological development through technological transfer can decrease the need for human workers, thus causing unemployment in recipient countries.
2. 支援国と被支援国の文化の違いから技術移転が受け入れられないことがある。	Technological transfer can be hampered by cultural differences between donor and recipient countries.

3. 技術移転により、支援国から被支援国への製品輸出が減り、支援国の経済が悪化する。	Technological transfer can decrease the export of products from donor countries to recipient countries, thus undermining the economy in donor countries.

発信力 UP 重要表現をマスター！「経済」⑦

□ 不渡り手形　**a bounced bill**（「不渡り小切手」は a bounced check）
□ 分割払い式販売　**installment selling**
□ 粉飾決算　**window-dressing statements**（企業会計で財務状況を良く見せるために行われる虚偽の会計処理）
□ 返済猶予期間　**a repayment grace period**
□ 通信販売　**mail-order business**（「無店舗販売」は **non-store retailing**）
□ 低価格商品　**low-end products ⇔ high-end products**（「金持ち消費者」は **upscale consumers**）
□ ロングテール商法　**long tail marketing**（あまり売れない商品をネット上のニッチな市場でターゲット顧客に効果的に販売すること）
□ 委託販売　**a consignment sale**（「抱き合せ販売」は **tie-in**）
□ 価格破壊　**price busting**（「薄利多売」は **a low-margin high-turnover**）
□ 間接費　**overheads**（製品やサービスの製造・提供に付随し発生する費用）
□ 業界再編成　**shakeout**（競争が激しい業界で数社だけが生き残ること）
□ 空売り　**shorting a security**（**short selling** とも。非所有株・商品を買戻しによる差益を目的として売ること↔**margin buying**「空買い」）
□ 計画的陳腐化　**planned obsolescence**
□ 合併買収　**mergers & acquisitions**（「借入金をてこにした企業買収」は **leveraged buyout[LBO]**）
□ 債務不履行　**default**（「支払い不能」は **insolvency**、「債権者」は **creditors**、「債務者」は **debtors**）
□ テスティモニアル広告　**testimonial advertising**（専門家や著名人などに広告商品の優秀性を証言させる形の広告）
□ オンラインニュースなどのコンテンツ有料化による収入源を確保する手法 **paywall**
□ コンビナート　**an industrial complex**
□（機械の故障・修理などによる）就業停止時間　**downtime**
□ 協力・提携関係の断絶　**decoupling**（企業間提携や国家間の同盟・条約などを断つこと）
□ 市場の買い占め　**corner the market**
□ 休業者給付支援　**salary support for employees on leave**

第2章

国際関係と核問題

International Relations and Nuclear Weapons

アメリカの一国主義的な外交政策（unilateral foreign policies of the US）、**独裁色の強い中国の新たな台頭（emergence of the authoritarian government of China）**、**復権を目指す権力主義的なロシアの政府（revival of the authoritarian regime of Russia）**、北朝鮮やイランなどに見られる**核開発（nuclear development）**、そして**イスラム過激派等（Islamic extremists）**によるテロと大規模な**難民流入（an influx of refugees）**問題などが国際秩序を動揺させている。中でも特に激化しているのが**米中貿易戦争（the US-China trade war）**で、これはアメリカの**対中貿易赤字（the US trade deficit with China）**への制裁というよりも、テクノロジーの分野などで急速に台頭してきた中国が、**覇権国（a hegemonic country）**の**アメリカに脅威を与え（threaten the US hegemony）**、アメリカと中国との**覇権競争（a hegemony war）**の様相を呈しつつあることを示している。そこで本章では、**歴史的、地政学的見地（the historical and geopolitical perspective）**から、**大国同士の国際関係（international relations between superpowers）**と世界を脅かす核問題を分析し、英語で世界情勢に関する見識を養うことにしよう。

米中関係の歴史（The History of US-China Relations）

■ 対立、和解、改革から新たな対立へ

中国は、地政学的には**陸上国家（land power）**であり、**海洋進出（maritime expansion）**の歴史はほとんどない。しかし、近年の**経済成長（economic growth）**と**軍事力増大（a rise in military power）**、**東シナ海（the East China Sea）**および**南シナ海（the South China Sea）**への進出によって、日本、フィリピン、ベトナムなどのアジア諸国との**摩擦（friction）**と**シーパワー（sea power）**大国のアメリカの強い警戒心を呼び起こしている。こういった**ユーラシア大陸（the Eurasian Continent）**の**縁海（the marginal sea）**での米中の緊張は、ニューヨークタイムズ紙などのメディアで「**新冷戦（the New Cold War）**」としばしば表現される。

この問題を深く知るために第二次世界大戦後の米中関係を見ていくことにしよう。この時期は、大別して次の4つに分類される。**①対立（confrontation）**、**②和解（*rapprochement*）**、**③改革・開放（economic reform and opening）**、そして**④新たな対立（new confrontation）**に至る4段階である。

■ 対立の20年とは!?

第1段階は、**毛沢東（Mao Zedong）**が1949年に**中華人民共和国（the People's Republic of China[PRC]）**を建国し、**ソビエト社会主義共和国連邦（the Union of Soviet Socialist Republics[USSR または the Soviet Union]）**とともに**一党制社会主義（socialism under the single-party rule）**を掲げ、アメリカの**多党制民主主義による資本主義（capitalism under multi-party democracy）**と**思想上**

毛沢東
中華人民共和国の初代最高指導者

の対立（an ideological confrontation）が生まれた時期である。

1950年に起こった**朝鮮戦争（the Korean War）**は、アメリカが**韓国（South Korea）**を、中国・ソ連が**北朝鮮（North Korea）**を支援し、1954年に起こった**ベトナム戦争（the Vietnam War）**は、北ベトナムを中国・ソ連が、南ベトナムをアメリカが支援する**代理戦争（a proxy war）**であった。また、1964年に中国は**原子爆弾（an atomic bomb）**の実験に成功し、アメリカ、ソ連、イギリス、フランスに続く**核兵器保有国（a nuclear power[weapon state]）**となった。さらに冷戦時のアメリカの主な**敵対国（adversary）**はソ連であったが、社会主義国・中国も同様に敵対国であり、この対抗は1970年前後まで続いた。

■ 和解の10年とは!?

しかし、毛沢東は**フルシチョフのスターリン批判（Khrushchev's criticism of Stalin）**を**修正主義（revisionism）**と批判し、1962年の**キューバ危機（the Cuban missile crisis）**の後のソ連の**平和共存現状維持体制（the policy of maintaining the status quo through peaceful coexistence）**が、台湾奪還を企てる中国の反感を買い、中ソ関係が1960年代初頭から悪化し始めた。こうした中ソの亀裂は米中を近づけることになる。1971年には米中の「**ピンポン外交（the ping-pong diplomacy）**」が始まり、スポーツによる交流が図られた。

この年、**米国家安全保障担当顧問（the U.S. National Security Adviser）**の**キッシンジャー（Henry Kissinger）**が、翌年1972年にはニクソン米大統領が歴史的訪中を実現させた。この訪問の最終日に、米中両国は**上海コミュニケ（the Shanghai Communiqué）**を発表し、数多くの合意がなされた。その内容は、**米国務省（the Department of State）**による米中関係資料 “Chronology of U.S.-China Relations 1784−2000” によると、「**共同してソ連に対抗すること（joint opposition to the Soviet Union）**」「**台湾から米軍を引き揚げること（the U.S. military withdrawal from Taiwan）**」

リチャード・ニクソン
第37代アメリカ大統領

「中国による台湾問題の平和的解決への米国の支持（U.S. support for a peaceful settlement of the Taiwan issue by China）」などであった。

また、1971年には中華人民共和国が**国連加盟（UN participation）**を果たし、**常任理事国（a permanent member of the Security Council）**の地位を中華民国（台湾）から受け継いだ。しかし、その後まもなく**米中和解（the Sino-America *rapprochement*）**の立役者であるニクソン米大統領は1972年の**ウォーターゲート事件（the Watergate scandal）**の後1974年に大統領を辞任し、1976年には毛沢東が死去したのである。

■ 改革と開放の30年とは!?

1978年、**鄧小平（Deng Xiaoping）**は**改革・開放政策（economic reform and opening）**を実施して中国経済を躍進させた。従来の**共産主義原理（the orthodox communism doctrines）**を捨て、**自由企業制（a free enterprise system）**を導入して市場を開放し、海外投資の受け入れと技術の発展を図ったのである。中国には、この政策変更を「**走資派（capitalist roaders）**」と呼んで批判する勢力もあったが、鄧小平は新方策を実行した。タイム誌（1983年4月4日）は鄧小平の発言を、**"A cat, whether black or white, is a good one as long as it catches mice."**（黒猫でも白猫でもネズミを捕る猫は良い猫だ）という英語で紹介している。

また、1979年にアメリカを初訪問し、通商において最も有利な待遇を受けるという「**最恵国待遇（a most-favored-nation status）**」の権利を取得、1980年には**国際通貨基金（the International Monetary Fund [IMF]）**と**世界銀行（the World Bank）**に加盟し、中国経済の国際化を図っていった。さらに1983年には、香港と台湾に対して「**一国二制度（one country, two systems）**」を提案し、中国への吸収を提唱、1997年には香港がイギリスから中国に返還された。

そして1992年、中国は**核拡散禁止条約（the Treaty on the Non-Proliferation of Nuclear Weapons[NPT]）**に、2001年には**世界貿易機関（the World Trade Organization[WTO]）**にも参加し、2008年の**北京オリンピック（the Summer Olympics in Beijing）**を成功させると、2010年には日本の**GDP [Gross Domestic Product]（国内総生産）**を超え、ついにアメリカに次ぐ世界第二の経済大国となった。つまり、

米中の経済的・軍事的対立や、香港などでの**人権問題（human rights issues）**における対立も、この改革・開放の時期に種が蒔かれたのである。

■ 新たな対立の幕開け

2012年に**習近平（Xi Jinping）**が最高指導者の地位につくと、中国は新たな成長の時代に入る。改革・開放時代の当初は、世界の**製造業者（manufacturers）**が中国の**安価な労働力（cheap labor）**を求め、**製造原価（manufacturing costs）**を落とすために利用しただけであったが、単なる**製造委託（manufacturing outsourcing）**の状態を徐々に脱却し、**付加価値（added value）**を生む力を身につけていった。この発展段階において欧米の技術を不正利用したとされ、**知的財産権侵害（intellectual property rights violation）**の問題が多発した。

しかし、現在では、5Gなどの**高速通信技術（high-speed communication technology）**や**人工知能（artificial intelligence）**の技術を独自開発し、**ドローン（drones）**の生産も世界の70％を占め、**宇宙（開発）技術（space technology）**においても、月の裏側に世界で初めて宇宙船を着陸させ、2021年には火星に**惑星探索機（rover）**を着陸させるなど技術進歩が顕著である。実際、AIと最先端の**量子コンピューター（quantum computers）**を合体した技術開発に、アメリカの1千億円の予算に対して、中国は1兆円を投入している。

さらにグローバルな経済政策として、**一帯一路政策（the Belt and Road Initiative）**を掲げ、**中東（the Middle East）**経由でヨーロッパに向う、陸上および海上の**物流（logistics）**と**流通（distribution）**のルートを確立しようとしている。そのため、**アジアインフラ投資銀行（the Asian Infrastructure Investment Bank[AIIB]）**を2014年に設立したが、港湾や鉄道建設のための資金を一帯一路のルート上の国に貸し付け、借金が返済不能になると中国が施設使用の実権を取り上げるという懸念があり、アメリカ

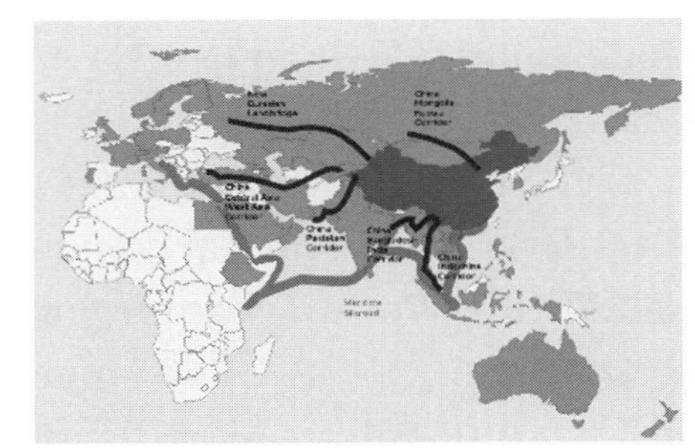

一帯一路の陸と海のルート
By Lommes / CC BY-SA 4.0

と日本は参加していない。また、ウォールストリート・ジャーナル（2020年7月30日）は、AIIBは**中国外交の一環（a part of Beijing's foreign policies）**として各国に見られていると伝えている。しかし、地政学史上、**陸上国家（land power）**と**海上国家（sea power）**が同時成立した例はなく、一帯一路政策の可能性が注目されている。

21世紀になり、中国の**海洋進出（maritime expansion）**の動きが活発になった。**九段線（the nine-dash line）**の内側を中国の**領海（the territorial waters / the territorial sea）**と主張し、東シナ海と南シナ海への海洋進出を始め、**人工島（artificial island）**を築いて、基地建設を行うなど**実効支配（effective control）**を強めているため、フィリピン、ベトナム、ブルネイ、日本、台湾など周囲の国や地域と**軋轢（friction）**を起こしている。南シナ海に対する中国の領有権主張や**人工島の建設（construction of artificial island）**などが**国際法違反（violation of international laws）**だとして、フィリピンが中国を提訴した裁判で、オランダ・ハーグの**常設仲裁裁判所（the Permanent Court of Arbitration）**は2016年、中国をとがめたが、中国は常設仲裁**裁判所の判断を拒絶（denial of the court decision）**している。

また、台湾問題に関する米中の衝突はこれまですでに3度起こっている。1954年には**第一次台湾海峡危機（the First Taiwan Strait Crisis）**が、1958年には第二次が、1996年に第三次危機が発生した。台湾では、中国との友好関係を重視する**国民党（the Chinese Nationalist Party）**と、台湾独立を目指す**民進党（the Democratic Progressive Party）**が政権を争い、政権によって友好ムードと対決ムードが交互する。

さらに中国における人権問題は、これまでに何度となく国際社会から指摘され、非難されている。1989年の**天安門事件（the Tiananmen Square incident）**では、**民主化を求める学生デモ（pro-democracy student movements）**に軍隊が武力攻撃を加えた。2019年から2020年にかけては、同じく民主化を求める香港の市民のデモを弾圧し、**香港国家安全維持法（the Hong Kong National Security Law）**を制定、中央政府に対する抗議や批判的報道を禁じ、**一国二制度（one country, two systems）**を形骸化させてしまった。また、**チベット独立運動（Tibetan independence movements）**に対する弾圧、**新疆ウィグル自治区（the Xinjiang Uygur**

Autonomous Region）で100万人にも及ぶとされるウィグル族の収容所拘束の問題もある。しかし、中国にとって、南の辺境にあるチベットと西の辺境にある新疆ウィグル自治区は、他国に陸から攻め入られるルート上にある**緩衝地（buffer zones）**として戦略上必要なので、彼らを独立させるわけにはいかず、同化させるしかない。

米国のバイデン政権は、**日米豪印戦略対話（the Quadrilateral Security Dialogue[QUAD]）**を通して日本、オーストラリア、インドとで組む同盟によって、海から中国包囲網を形成し、中国の強引な海洋進出を牽制する意思を明確に示している。アメリカはまた、**自由で開かれたインド・太平洋戦略（the free and open Indo-Pacific strategy）**の考え方のもと、**航行の自由作戦（the freedom of Navigation Operation）**と称して**航空母艦（aircraft carriers）**を南シナ海で航行させ、中国を牽制している。

国際関係問題アーギュメント力 UP！

Will the 21 st century be the Asian century? （21世紀はアジアの世紀になるか？）	
Pros（賛成側の主張）	
1. アジア経済は2050年までに世界のGDPの52％に達すると予測されており、これは非アジア諸国の経済を凌駕する。	The Asian economy is projected to reach 52 % of the world GDP by 2050, which will eclipse those of non-Asian countries.
2. 西側諸国による国際的なリーダーシップは、アジア諸国、特に中国によって徐々に引き継がれている。	Global leadership by Western countries is gradually taken over by Asian countries, especially by China.
3. 人工知能、宇宙工学、発電の分野で、中国、インド、日本主導の急速な技術開発によって、アジア圏は非アジア諸国に対して競争上優位になる。	In the field of artificial intelligence, space engineering, and power generation, rapid technological development spearheaded by China, India and Japan will give the Asian community a competitive edge over non-Asian countries.

2 米露関係の歴史（The History of US-Russia Relations）

■ ロシアとアメリカの地政学的現実とは!?

ロシアの**首都モスクワ（Moscow）**は**東ヨーロッパ平原（the East European Plain）**の中央に位置し、そのため同国はユーラシア大陸のハートランドに近い**陸上国家（land power）**で、凍結した北極海からは攻撃されにくいが、西ヨーロッパからの攻撃を受けやすいという**地政学的現実（the geopolitical reality）**がある。実際、

東ヨーロッパ平原

ロシア・ポーランド戦争（the Polish-Muscovite War[1605−1618]）ではポーランドに、1812年にはナポレオン率いるフランス軍に、1914年の**第一次世界大戦（World War I）**と**第二次世界大戦（World War II）**中の1941年にはドイツの侵攻を受けている。

1917年の**レーニン（Vladimir Lenin）**主導の**ロシア革命（the Russian Revolution）**により**社会主義国家（a socialist state）**として成立し、1991年まで続いた**ソビエト連邦（the Soviet Union / the Union of Soviet Socialist Republics）**は、このような地政学的背景から西欧の攻撃を防ぐ**緩衝帯（a buffer zone）**とするため、ポーランド、ハンガリー、チェコスロバキアといった東欧の国を東側の**衛星国（satellite states）**として自らの影響下に置いた。もう1つの地政学的要素は「**南下政策（a southward expansion policy）**」である。ソ連は大部分が**高緯度（high latitudes）**にあり、一部沿岸地域を除き、冬季にはほとんどの港が凍り付く。そのため、政治・経済・軍事戦略上、**不凍港（warm-water ports）**の獲得は常に国家的悲願であり続け、歴史的に幾度となく南下政策をとった。

地政学では南北アメリカは巨大な島と定義され、**ユーラシア大陸（the Eurasian Continent）**のみが大陸と見なされるので、アメリカは地政

学上、**海洋国家（sea power）**とみなされる。そこで、陸上国家のソ連がユーラシア大陸沿岸部への拡大を目指し、それを防ごうとする海洋国家のアメリカと衝突した**朝鮮戦争（the Korean War［1950－1953］）**や**ベトナム戦争（the Vietnam War［1954－1975］）**は地政学上の必然と言える。

■ 40年にわたる冷戦時代の米ソ対立とは⁉

アメリカは1945年、ソ連は1949年にそれぞれ初の**核実験（nuclear testing）**に成功し、その後の核兵器開発競争の結果、1986年にはソ連が核弾頭数4万発、アメリカが2万3000発を超えるにまで至った。核戦争の恐怖が最も高まったのが1962年の**キューバ危機（the Cuban Missile Crisis）**である。ソ連が、キューバに設置しようとしたミサイル基地の建設をアメリカが**偵察機（a reconnaissance plane）**によって知り、アメリカ大統領ジョン・F・ケネディが**海上封鎖（a naval blockade）**を実施、キューバへの武器関連物資を止める**強硬措置（hardline policy）**に出たことで核戦争の脅威が一気に高まった。核兵器を積んだミサイルがキューバから発射されると、数分以内にアメリカ東部に甚大な被害を与える可能性があったからだ。

ニキータ・フルシチョフ
ソ連第一書記長
By Heinz Junge / CC BY-SA 3.0

結局、当時のソ連の指導者フルシチョフが折れ、基地建設の作業は停止され、すでにキューバにあるミサイルはソ連に返送されることをケネディに通知して事なきを得た。

冷戦時代において、ソ連の率いる**社会主義陣営（the socialist camp）**とアメリカを盟主とする**自由主義陣営（the liberal camp）**の対立の象徴として挙げられるのが、**北大西洋条約機構（the North Atlantic Treaty Organization［NATO］）**と**ワルシャワ条約機構（the Warsaw Pact）**の**集団的自衛権（the right to collective**

ジョン・F・ケネディ
第35代アメリカ大統領

self-defense）に基づく同盟で、同盟の参加国のうち一国でも攻撃を受ければ加盟国全体が攻撃を受けたものとみなす**軍事機構同士の対立**（**confrontation between military alliances**）であった。NATOは1949年に設立され、冷戦時代には西側16か国が参加、またワルシャワ条約機構はNATOに対抗して1955年に設立され、東側8か国が参加した。

■ ソ連崩壊によって勢力図はこう変わった！

1989年に**ベルリンの壁**（**the Berlin Wall**）が壊され、冷戦が終結すると、1991年の**ソ連崩壊**（**the collapse of the Soviet Union**）により、社会主義陣営と資本主義陣営の**勢力構図**（**dynamics of power**）が大きく変化した。ソ連も、ソ連の衛星国も社会主義から**私有財産**（**private property**）を認める**市場主義経済**（**the market economy**）の**自由主義**（**liberalism**）に移行した。西側諸国に対抗したワルシャワ条約機構は存続の意味を失い、1991年に消滅、かつて機構に所属した8か国は、ロシア以外の7か国すべてが西側軍事機構のNATOに加盟し、ロシアとアルバニアを除く6か国がEUに加盟した。また、ソ連は崩壊後、15か国に分離したが、このうち**バルト三国**（**the Baltic states**）と呼ばれるエストニア、ラトビア、リトアニアはNATOとEUに加盟した。このようにして、かつてソビエト時代にロシアの影響下にあった東側諸国やソ連の共和国が、次々と西側の影響下に入った。

■ プーチン政権の誕生と米ロ対立新時代の到来！

ソ連が崩壊した後のロシアは混乱した。初代大統領エリツィンにより、ロシアは**社会主義から資本主義へ急速な移行**（**a rapid transition from socialism to capitalism**）が進められたが、急激な**市場経済の導入**（**introduction of the market economy**）は**ハイパーインフレ**（**hyperinflation**）や物資不足を引き起こし、一部の特権的な新興財閥のみが巨万の富を得る**寡頭体制**（**oligarchy**）の歪んだ社会構造を生んだ。**犯罪の急増**（**a surge in crime**）や**政治**

ウラジーミル・プーチン
第2代、4代ロシア大統領

腐敗（political corruption）が深刻化し、社会経済的に混乱した時代となった。

そのような背景の中、2000年にウラジーミル・プーチンが大統領に当選した。そして、**汚職の撲滅（eradication of corruption）**と**統制経済（controlled economy）**による再建を目指し、地方の知事の権限を取り上げ、大統領指名の代表者を地方に送り、メディアの**報道制限（restrictions on press freedom）**や、金融業の大物を捕えるなど強引な手法で改革を進め、2004年の大統領選挙では**圧倒的な支持を得て再選（re-election with overwhelming support）**された。初就任前、ロシアの輸出はその半分以上が**原油（crude oil）**、**石油製品（petroleum products）**、**天然ガス（natural gas）**などの**第一次産業（the primary industry）**の資源であったが、就任した2000年以降は**原油の国際価格（international crude oil prices）**が急騰、**国家の歳入（a government revenue）**の大幅増によってロシア経済が活性化した。この頃、急速に経済成長を遂げつつあったブラジル、ロシア、インド、中国の4か国はBRICsと呼ばれ、グローバルな経済現象となった。

ロシア憲法（the Russian Constitution）に従い、8年の大統領任期を務めたプーチンは2008年に一旦首相職に身を引き、**腹心（Putin's right hand）**の**メドヴェージェフ（Dmitry Medvedev）**を大統領に指名し当選させ、4年間務めさせた後、2012年に再び大統領職に戻った。しかし、国際原油価格は2016年頃から**低迷傾向（declining trends）**にあり、第一次産業に依存する経済体質から脱却しておらず、国をあげて**AI（artificial intelligence）**や**通信技術（high-speed communication technology）**を育てた中国とは異なる。プーチンがロシア国内で統治を続けるには、アメリカのような強い国に対抗している**政治的パフォーマンス（political play）**をロシア国民に見せることが必要だ。

そのためにはアメリカのような**リベラル民主主義（liberal democracy）**の権威を下げ、ロシアのような**強権的統治の正当性（legitimacy of power leadership）**を追求する必要がある。**2016年の米大統領選挙（the 2016 US presidential election）**で民主党のサーバーにハッキングを仕掛けたと言われるのもその一例と言える。

ソ連が崩壊した後、**ワルシャワ条約機構の軍事同盟国（military allies**

in the Warsaw Pact）はすべて西側軍事同盟や経済連合（EU）に移り、ソ連の共和国であったバルト三国ですらNATOとEUのメンバーになった。このような政治的背景から、プーチン率いるロシアは政権維持のために、あらゆる政治的場面で欧米の**リベラル民主主義諸国（liberal democratic countries）**に対抗する姿勢を見せ続けるだろう。

◐国際関係問題アーギュメント力UP！

Does Japan need stronger defense forces in today's world? **（日本は今日の世界でより強力な防衛力を必要としているか？）**	
Cons（反対側の主張）	
1. 唯一の被爆国として、日本は核軍縮を促進し非核世界を実現する上で極めて重要な役割を果たすべきである。	As the sole victim of atomic bombings, Japan should play a pivotal role in promoting nuclear disarmament and realizing the nuclear-free world.
2. 日本の防衛力増強は、近隣のアジア諸国との関係を緊張させる。	Japan's defense buildup will strain its relationship with neighboring Asian countries.
3. 日本は世界の平和と安定を促進するために、平和主義憲法を守る必要がある。	Japan should stick to its pacifist constitution to promote global peace and stability.

▶このトピックに関しては反対のスタンスで述べる方が強く、2019年の山猫総研の日本人意識調査では、防衛予算増大の支持者は約4割となっている。

3 日米関係の歴史 (The History of Japan-US Relations)

2020年代に入り、日米の同盟関係はこれまでになく重要性を増している。アメリカにとって最も重要な戦略パートナーはイギリスというのがこれまでの**外交上の通念（diplomatic conventional wisdom）**であったが、中国が軍事的・経済的に強大さを増している現在、アメリカは日本をも極めて重要な戦略パートナーと見なし始めた。ニューズウィーク誌（2021年5月7日）は日本を**"ally in chief"（筆頭同盟国）**と呼び、中国を封じ込め、競合するためには、もはや米英だけが特別な関係ではないと述べている。では、特別とされる日米関係は、これまでどのような過程を経てきたのだろうか。

■ 太平洋戦争終結とともに大きく変わった日米関係

1941年12月8日、日本軍の**真珠湾攻撃（the Pearl Harbor attack）**などによって始まった**太平洋戦争（the Pacific War）**は、1945年、アメリカによる広島、長崎への**原爆投下（the atomic bombings）**を経て日本が**無条件降伏（an unconditional surrender）**を受け入れ終戦を迎え、日本は米軍の管理下に入った。1951年、**サンフランシスコ平和条約（the San Francisco Peace Treaty）**と同時に、**日米安全保障条約（the Japan-US Security Treaty）**が調印されたが、これは日本が米軍に基地を提供するがアメリカは日本を防衛する義務は明記されない「**片務条約（a unilateral treaty）**」であったため、1960年に改定が行われ、アメリカに日本を**防衛する義務（a defense obligation）**が課されることとなった。これによって日本は防衛よりも経済成長に専念できるようになったのである。

■ 20年にわたる日米貿易摩擦とは!?

1960年代から1970年代にかけて日本は**高度経済成長（the high economic growth）**と呼ばれる時期に入り、**実質経済成長率（inflation-**

adjusted economic growth rate）が10％を超えることも珍しくなくなり、1968年には**国民総生産（GNP）**がドイツを抜いて世界2位となった。戦後のドル円為替レートは輸出に有利な**固定相場制（a fixed-rate system）**で、1ドル＝360円に固定されて実質円安であった。そんな中、1971年、ニクソン大統領が、米ドルと金との交換を保証していた**金本位制（the gold standard）**破棄を発表し、ドル円レートの固定相場も1ドル＝308円に変更された。さらに1973年には、ついに**変動相場制（a floating exchange rate system）**に突入することとなり、円高に向けて相場が動くことになる。

それでも1960年代半ばより着実に伸びていた輸出の勢いは止まらず、特に**石油危機（the oil crisis）**の起こった1970年代のアメリカ市場で、消費者が燃費のよい小型車を求め始めると、いち早く需要に対応した日本車が人気を博した。米自動車大手の**ビッグスリー**（**the Big Three**: Chrysler、General Motors、Fordの3社）は経営危機に追い込まれ、日本車がハンマーで叩き壊される**ジャパン・バッシング（Japan bashing）**が起こった。

1985年には、ドル高是正を目指した**プラザ合意（the Plaza Accord）**によってさらに円高に推移し、円高基調が継続的なものになると、日本企業は生産拠点を海外に移すと同時に、**合併と吸収（mergers and acquisitions[M&A]）**によって海外の企業をどんどん傘下に入れていった。特に、1989年の三菱地所のロックフェラーセンターの買収とソニーのコロンビア・ピクチャーズの買収はいずれも**アメリカの象徴的な建築と文化（America's iconic architecture and culture）**が日本に売却された例としてアメリカ人にショックを与えた。ニューヨークタイムズ（1989年10月25日）の記事によると、映画監督のMilos Formanはアメリカ議会に対して、海外のオーナーは自国の国益のために映画作りを変えてしまうのではないかという懸念をそのとき伝えている。

■ IT産業によるアメリカ経済の復活！

1990年代のアメリカは、**インターネット技術（the Internet technology）**、**コンピューターの民間利用の拡大（increasing private use of computers）**など、**情報技術（information technology[IT]）**

に根差す**新経済（the New Economy）**が急激に活性化して、経済は活気を取り戻した。一方で日本経済は、1991年から1993年にかけて**バブル崩壊（the bubble burst）**が起き、**失われた10年（the Lost Decade）**と称される経済不況の中、日米の経済摩擦は人々の話題から消えた。

■ 中国の経済的躍進によって揺れ動く日米関係

中国では、**鄧小平（Deng Xiaoping）**の**改革・開放政策（economic reform and opening）**が1980年代から本格化し、中国市場が開放されたために**海外からの投資が活発化（foreign companies' active investment in the Chinese market）**した。当初は**安価な労働力（cheap labor）**を提供する世界の工場として成長を続け、やがて技術力を身につけ、2010年にはついに日本のGDPを抜いてアメリカに次ぐ世界2位の経済大国となった。現在では、**宇宙（開発）技術（space technology）**や**人工知能（artificial intelligence）**など先端技術の進歩も著しく、BBCニュースをはじめ有力メディアは、シンクタンクのリサーチ結果として2028年にはアメリカのGDPを抜くと予想している。

ストックホルム国際平和研究所（the Stockholm International Peace Research Institute［SIPRI］）のデータによると、2019年の中国の**軍事費（military expense）**は2665億ドルでアメリカの7187億ドルの4割弱だが、GDPの増加とともに軍事費も増加させてくるだろう。その中国が、東シナ海や南シナ海など中東からの原油の海上輸送に関わる重要拠点を支配下に置こうとしたり、アフリカや中南米でも影響力を増しつつある点は、ますますアメリカの脅威になりつつある。

国際的な同盟の力を活用したいと考える**バイデン政権（the Biden administration）**は、**日米豪印戦略対話（the Quadrilateral Security Dialogue［QUAD］）**を通じた同盟によって**自由で開かれたインド・太平洋戦略（the free and open Indo-Pacific strategy）**を取り、中国を牽制する必要がある。地理的に中国に最も近い、アメリカのパートナーとして、今日本の重要性が増し、よって日米は**特別な関係（special relationships）**にあるのである。

◐国際関係問題アーギュメント力 UP！

Should Japan attach more importance to its relationships with Asian countries than that with the U.S.? （日本はアメリカよりもアジア諸国との関係を重視すべきか？）	
Pros（賛成側の主張）	
1. 経済的な見地から、近隣のアジア諸国はアメリカよりも良い貿易相手国である。	From the perspective of the economy, neighboring Asian countries are greater trade partners with Japan than the U.S.
2. 労働力確保の点では、日本はアメリカよりも近隣のアジア諸国に頼ることができるだろう。	From the perspective of its labor pool, Japan can rely more on neighboring Asian countries than on the U.S.
3. 外交の見地から、日本はアメリカよりもアジア諸国との関係に重点を置くべきだ。	From the perspective of diplomacy, Japan should put more weight on its relationships with Asian countries than those with the U.S.
Cons（反対側の主張）	
1. 日米関係は日本の安全保障を強化する。	U.S.-Japan relations will enhance Japan's security.
2. 日米の協力が科学技術のさらなる発展につながる。	U.S.-Japan cooperation contributes more to the development of science and technology.
3. 日米関係は互いへの投資を通じて経済を安定させる。	U.S.-Japan relations will promote stable economies through mutual investments.

長年アメリカ寄りだった日本の外交関係の軌道修正をする時期に来ているが、同じく世論調査では日米同盟の強化賛成派は約5割となっている。

4 日中関係の歴史（The History of Japan-China Relations）

■ 第二次世界大戦前後の日中関係とは!?

現代の日中関係を知るために、両者の過去が与える影響について知る必要がある。それは、日本が中国大陸に**軍事侵攻（military incursions）**を行った時代である。日本は、1894−95年の**日清戦争（the First Sino-Japanese War）**に勝利し、台湾などの**領土割譲（cession of territory）**を得た他、**賠償金（reparations）**を獲得した。台湾は日本にとって初めての**植民地（colony）**となり、第二次世界大戦に敗れるまで続いた。また、1937年に始まった**日中戦争（the Second Sino-Japanese War）**では、日本の**帝国陸軍（the Imperial Army）**が**南京事件（the Nanjing Massacre）**を起こし、多数の中国人を殺害した。これらの出来事が、現代の日中関係に**反日教育（anti-Japanese education）**などの形で影を落としている。

1949年になると**中華人民共和国（the People's Republic of China）**が**社会主義国家（socialist state）**として建国されるが、日本は**日米安全保障条約（the Japan-US Security Treaty）**のもとで**米軍の駐留（stationing of American troops）**を受け入れた。安全保障をアメリカに依存する立場上、アメリカと同じ**資本主義（capitalism）**の立場をとって敵対する**社会主義（socialism）**の中華人民共和国との外交も独自の判断では行えなかった。

■ 日中国交の正常化によって何が変わったか!?

しかし、1972年2月、ニクソン米大統領は訪中を行い、米中関係が緩和されたため、田中角栄首相が同年の9月に訪中し、1949年の建国以来なかった**中華人民共和国との国交の正常化（diplomatic normalization with the People's Republic of China）**を実現したのである。このとき**共同声明（joint communiques）**で発表された主な項目は次のとおりである。

(1) 日中両国の**不正常状態の終了（the end of the abnormal state of affairs）**、(2) 中華人民共和国政府が**中国の唯一の合法政府（the sole legal government of China）**であることの承認、(3) 台湾が**中国の不可分の領土（an inalienable part of the territory of the People's Republic of China）**であること、(4) 中国の**対日戦争賠償の請求権放棄（a waiver of the demand for war indemnities from Japan）**、(5) **平和五原則（the Five Principles of Peaceful Coexistence）**と**国連憲章（the United Nations Charter）**に基づき、**武力による紛争解決をしないこと（no use of force for conflict resoultions）**の確認、(6) **アジア・太平洋地域における覇権（hegemony in the Asia-Pacific region）**反対、(7) **平和友好条約（a treaty of peace and friendship）**締結、(8) **貿易（trade）**、**海運（navigation）**、**航空（aviation）**、**漁業（fishery）**などの協定締結。そして、日中共同声明の翌月10月には、中国から2頭の**パンダ（giant pandas）**が日中友好のしるしとして日本に届けられ、上野動物園で人気を博すこととなった。

田中角栄
第64、65代内閣総理大臣
By 首相官邸ホームページ / CC BY 4.0

■日中貿易の増大と中国の強大化が与えた影響とは!?

1980年代の改革・開放政策によって**外資導入（introduction of foreign capital）**や**市場経済原理（the principles of the market economy）**が取り入れられると、**日中の貿易額（a Japan－China trade volume）**も急激に増えていく。この日本から中国への輸出と中国から日本への輸入の合計は1988年には2兆5000億円であったが、2000年には9兆2000億円、2010年には26兆5000億円、2019年には33兆1000億円へと急上昇した。そして2007年以降は中国がアメリカに代わり**日本の最大の貿易相手国（Japan's biggest trading partner）**となっている。

持続的な経済成長を遂げ、2010年にGDPで日本を抜いた中国は、軍事力でも強大化し、2010年代に入って強引な**海洋進出（maritime expansion）**を行うようになった。日本とは、2010年に**尖閣諸島（the Senkaku**

Islands）の近辺で中国漁船と日本の**海上保安庁**（**the Japan Coast Guard**）の船が衝突する事件が起こり、同諸島は中国固有の領土と主張する中国と日本の間で緊張が走った。

■コラム■

2012年に中国は、初の**空母**（**an aircraft carrier**）「遼寧（りょうねい）」を就航させ、2021年には**中華人民共和国海警法**（**the Maritime Police Law of the People's Republic of China**）で海上での取り締まりを強化しようとしている。日本は、このような中国の海洋進出の動きに対し、アメリカ、オーストラリア、インドとの**日米豪印戦略対話**（**the Quadrilateral Security Dialogue**［**QUAD**］）を通した同盟によって対抗する。また、経済面では、**地域的な包括的経済連携協定**（**the Regional Comprehensive Economic Partnership**［**RCEP**］）で、中国やASEAN諸国と連携する動きも見せ、アメリカと中国の間の**バランス**（**a balancing act**）をとるべく模索している。

中国初の空母「遼寧」

発信力UP重要表現をマスター！「国際関係」

- □ 平和共存　**peaceful coexistence**
- □ 領土拡大主義　**territorial expansionism**
- □ 軍事的介入　**military intervention**
- □ 交渉力　**bargaining power**
- □ 一国主義、単独行動主義　**unilateralism**（国際問題を相手国と協議せず、一方的解決をめざす姿勢）
- □ 一国平和主義　**unilateral pacifism**
- □ 国交回復交渉　***rapprochement* talks**
- □ 代理戦争　**a proxy war**（「持久戦」は **a war of attrition**）
- □ 大量破壊兵器　**weapons of mass destruction**
- □ 核兵器保有国　**a nuclear club**
- □ 核抑止　**nuclear deterrence**（核報復兵器保持で他国の核兵器使用を抑制すること）
- □ 戦域ミサイル防衛　**the Theater Missile Defense**（**TMD**）（「米本土ミサイル防衛」は **the NMD**［**National Missile Defense**］）

☐ 複数目標弾頭 **a multiple independently-targetable reentry vehicle (MIRV)**（1発のミサイルに複数の弾頭を搭載し、それぞれの弾頭で別々の目標を攻撃する技術）
☐ 主導権、覇権 **hegemony**（長期間大きな権力と地位を持ち続けること）
☐ 条約加盟国、条約国、署名者 **a signatory**
☐ 政治的影響力 **a political clout[leverage]**
☐ 先制攻撃 **a preemptive attack**
☐ マーストリヒト条約 **the Maastricht Treaty**（EUの創設を定めて1992年2月に調印した条約）
☐ アムステルダム条約 **the Amsterdam Treaty**（欧州連合［European Union］を創設したマーストリヒト条約の改正条約）
☐ ブリュッセル **Brussels**（本部があることからEUの代名詞となっている）
☐ 悪の枢軸 **the axis of evil**（ブッシュ米大統領が2002年の一般教書演説でイラク、イラン、北朝鮮の3か国を名指しで批判する際に使った）
☐ ならず者国家 **a rouge state**（アメリカメディアがイラク、北朝鮮、イラン、スーダン、キューバ、シリア、ベネズエラなどを指して用いている）
☐ 機能主義 **functionalism**（経済や技術などの協力で国際平和を維持すること）
☐ 国家安保理 **the National Security Council [NSC]**（アメリカの最高国防会議）

以上、地政学から見る日・米・中・露の国際関係を俯瞰したわけであるが、これらに基づいて今後の展望を考えて見てほしい。それでは次に「核問題」の歴史について述べていくことにしよう。

5 核の脅威はなくなるか？（The Future of Nuclear Threats）

■ 核エネルギーはいつ発見されたか!?

核エネルギーの存在は、1939年に始まる第二次世界大戦の前年、ドイツ人**オットー・ハーン（Otto Hahn）**によって立証された。この時すでにヒトラー率いるナチスはドイツの政権を掌握しており、ヒトラーから逃れてアメリカで**永住権（permanent residence）**を得ていたアインシュタインは、1939年8月にルーズベルト米大統領に宛てた手紙で、**核エネルギー（nuclear energy）**という巨大なエネルギーの存在、その武器への転用の可能性、そのための**ウラン鉱（uranium ore）**の必要性について述べた。そしてウラン鉱の採掘が可能なチェコスロバキアをドイツはすでに領土化し、そこからのウラン輸出を止めている旨を伝え、アメリカも本格的な研究を行うよう進言している。そして、この手紙の翌月に第二次世界大戦が始まり、6年後の1945年に人類**最初の原子爆弾（the first atomic bombs）**が広島と長崎に投下されることになったのだ。

World nuclear forces, January 2020

Country	Deployed warheads*	Other warheads**	Total 2020
USA	1 750	4 050	5 800
Russia	1 570	4 805	6 375
UK***	120	95	215
France	280	10	290
China		320	320
India		150	150
Pakistan		160	160
Israel		90	90
North Korea	..	(30–40)	(30–40)
Total	3 720	9 680	13 400

出典：SIPRI YEARBOOK 2020

■ 各国はどれくらい核兵器を持っているのか!?

1945年に日本に投下された原爆は広島で14万人を、長崎で7万人を殺傷した。そしてその原爆はその後、殺傷能力を大幅に上げている。広島に投下された原爆が15キロトンであったのに比して、米海軍の原子力潜水艦のミサイルが運べる核弾頭は100キロトン前後といわれる。1961年にソ連は、5万キロトンの**水爆（hydrogen bomb）**（ツァーリ・ボンバ［Tsar Bomba］）を開発したという記録もあるほどだ。

ストックホルム国際平和研究所（the Stockholm International Peace

Research Institute[SIPRI]）によると、世界は2020年1月時点で1万3400発の原爆を保有している。このうち、アメリカとロシアの2か国が保有する核兵器は合計1万2175発で、**世界の91%が米ロに集中（near-monopoly of nuclear weapons by the US and Russia）**しているのだ。さらに、**国連の常任理事国（the UN permanent member states）**であるアメリカ、ロシア、イギリス、フランス、中国の5か国はすべて**核兵器を保有（possession of nuclear weapons）**し、それ以外の核保有国はインド、イスラエル（核保有を明言してはいない）、パキスタン、北朝鮮の4か国で、合計9か国が核兵器を保有している。核兵器は最大数を保有した1986年（6万4449）に比べると約5分の1まで削減されたが、それでも世界は一万数千発という、世界を複数回破壊できる原子爆弾を保有しているのである。

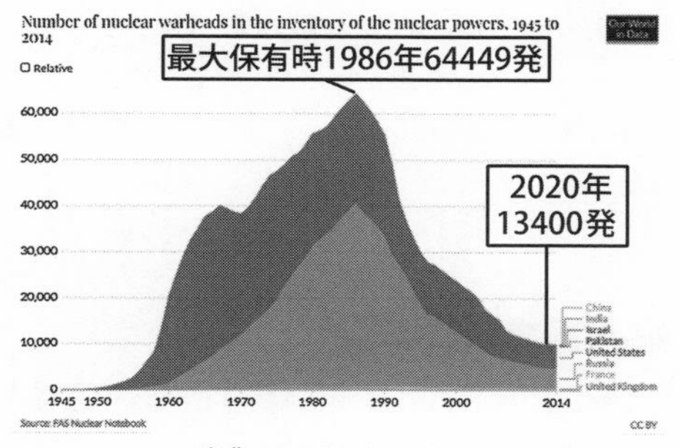

出典：Our World in Data

■核エネルギーを生み出す原理とは!?

核エネルギーを生み出す原理には、**核分裂（nuclear fission）**と**核融合（nuclear fusion）**の2種類がある。核分裂は、ウランやプルトニウムなどの**重い原子核（heavy nuclei）**が、**中性子（neutrons）**などの**照射（irradiation）**によってほぼ同程度の大きさの2個の原子核に分裂する現象で、その際放出される巨大なエネルギーを原子爆弾や原子力発電に利用する。

核融合は、水素やヘリウムなどの**軽い原子核（light nuclei）**が融合して重い原子核になる反応で、その際、中性子などと共に放出されるエネルギーを兵器に利用したのが水素爆弾だ。**重水素（deuterium）**と**3重水素（tritium）**の原子核を融合させて**ヘリウム（helium）**を生み出す際に発生するエネルギ―を利用する方法などがある。自然界にある**天然ウラン（natural uranium）**は、そのままでは原子力エネルギーを取り出すことができない。天然ウランの場合、ウラン238（uranium-238）が99.3%で大半を占め、ウラン235（uranium-235）

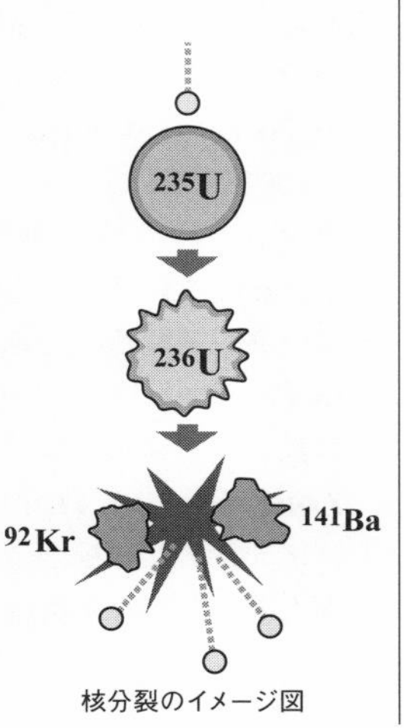

核分裂のイメージ図

が0.7％で微小だが、**軽水炉（light-water reactor）**を使った原子力発電用にはウラン235の濃度を3〜5％までにし、核兵器の材料として使用する場合は遠心分離機を使って90％以上に上げる「**ウラン濃縮（uranium enrichment）**」が必要である。

■ 核軍縮条約はこれだ！

2021年5月現在で発効している核兵器禁止に関する条約は次の9条約である。

◎世界条約

・**核拡散防止条約（the Treaty on the Non-Proliferation of Nuclear Weapons［NPT］）**：米、ロ、英、仏、中の核保有5か国を含む189か国が参加。北朝鮮は脱退。インド、パキスタン、イスラエルは非署名。

・**部分的核実験禁止条約（the Partial Test Ban Treaty［PTBT］）**：米、ロ、英、仏、中の核保有5か国を含む189か国が参加。北朝鮮は脱退。インド、パキスタン、イスラエル、南スーダンは非署名。

・**核兵器禁止条約（the Treaty on the Prohibition of Nuclear Weapons）［TPNW］**：核兵器を保有する9か国（イスラエルについては推測）はすべて非署名。

◎二国間（米ロ）条約

・**新戦略兵器削減条約（the New Strategic Arms Reduction Treaty［New START］）**：2011年2月5日にアメリカ合衆国とロシア連邦の間で発効した核兵器の軍縮条約。

◎非核地帯条約：非核地帯は世界に5か所ある！

・**ラテンアメリカ及びカリブ核兵器禁止条約（the Treaty for the Prohibition of Nuclear Weapons in Latin America and Caribbean）**：中南米33か国の非核地帯条約。

・**アフリカ非核兵器地帯条約（the African Nuclear Weapons Free Zone Treaty）**：アフリカ40か国の非核地帯条約。

・**中央アジア非核兵器地帯条約（the Treaty on a Nuclear Weapon Free Zone in Central Asia）**：中央アジア5か国の非核地帯条約。

・**東南アジア非核兵器地帯条約（the Southeast Asia Nuclear-Weapon-Free Zone Treaty: Treaty of Bangkok）**：東南アジアのASEAN加盟10か国が非核化を定めた非核地帯条約。

・**南太平洋非核地帯条約（the South Pacific Nuclear Free Zone Treaty）**：南太平洋13か国の非核地帯条約。

■ 核兵器禁止条約は核廃絶に向けた切り札となるか？

2021年1月22日に発効した**核兵器禁止条約（the Treaty on the Prohibition of Nuclear Weapons[TPNW]）**は、**核兵器の開発、実験、生産、保有、使用を禁じる初の国際条約（the first international treaty that bans the development, testing, production, possession and use of all nuclear weapons）**である。122か国・地域が賛成し、2017年7月に国連総会で賛成多数で採択された。核不拡散条約（NPT）では、米ロ英仏中5か国に核保有を認めているが、核兵器禁止条約では、核兵器そのものが非人道的で不法とするため、**核保有国（nuclear-weapon states）**や日本など**「核の傘」に依存する国々（countries depending on "nuclear umbrellas"）**は批准しておらず、批准していない国への**法的拘束力はない（not legally binding）**。なお当条約の国連総会への採択を含め、条約の推進に貢献した「**核兵器廃絶国際キャンペーン（ICAN [the International Campaign to Abolish Nuclear Weapons]）**」は2017年10月6日に**ノーベル平和賞（the Nobel Peace Prize）**を受賞した。

国際関係問題アーギュメント力 UP！

Is there a justifiable war? （正当な戦争は存在するか？）	
Pros（賛成側の主張）	
1. 正当防衛のために起こされたものであるなら、戦争は正当化できる。	War can be justified if waged in the cause of self-defense.
2. あらゆる外交手段の後に、最終手段と見なされるときには、戦争は正当化できる。	War is justifiable when considered as a last resort after every means of diplomacy fails.
3. 人権侵害を阻止するための戦争は正当化できる。	War can be justified to stop human rights violations.
Cons（反対側の主張）	
1. 憎しみは憎しみを生むので、戦争は争いと暴力を永続させる。	War perpetuates conflict and violence as hatred begets hatred.
2. 戦火に巻き込まれた罪なき一般市民の死を正当化することは決してできない。	War can never justify the deaths of innocent civilians caught in the crossfire.
3. 戦争はしばしば少数の政治的、経済的な利益のために行われる。	Wars are often waged for political and economic interests of the few.

同じく2019年の日本人意識調査によると、日本の核保有に対しては賛成が15％、反対が74％となっており、日本国民の核兵器保有反対意識は強い。

6 紛争解決のメカニズムとは？（The Mechanism of Conflict Resolution）

■ 紛争発生から鎮静までのプロセスとは⁉

世界各国で起こっている紛争解決に重要な役割を果たす国連は、どのようなプロセスで解決しようとしているのだろうか。これを考えるために、まずは紛争が発生して激化し、その後鎮静化していくプロセスで何が起こるのか、またどのような手段で鎮静化するのかを、プロセスチャートで見てみよう。

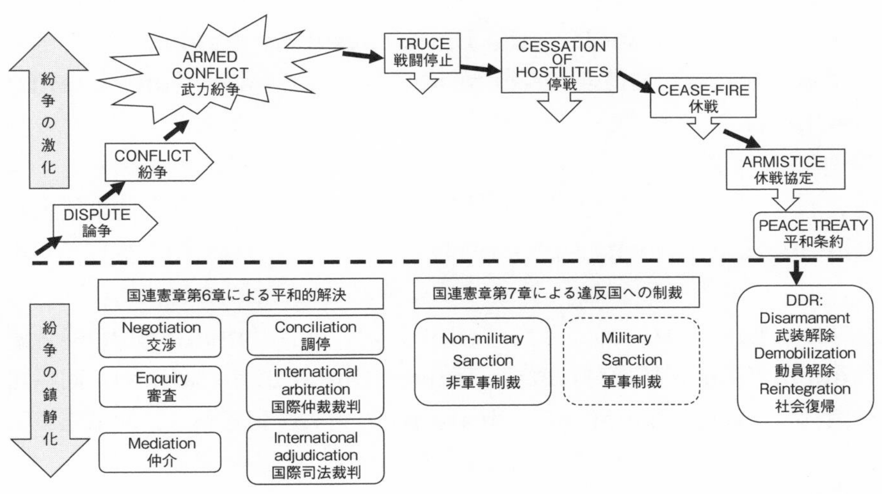

紛争とは「**複数の当事者（multiple parties）**が、**相反する目的（incompatible goals）**を追求する際に発生する争い」と定義づけられている。チャートの上半分は、紛争の当事者たちが**論争（dispute）**の状態から**紛争（conflict）**に過激化し、さらに発展して**武力紛争（armed conflicts）**になった後、そこから鎮静化して、**戦闘停止（truce）**、**停戦（cessation of hostilities）**、**休戦（cease-fire）**、**休戦協定（armistice）**、

そして**平和条約（a peace treaty）**を結ぶまでを描いている。しかし、平和条約が結ばれた後も、兵士を無事社会復帰させるまでは、紛争が解決したとは言えない。この兵士の社会復帰プロセスは**DDR（disarmament: 武装解除、demobilization: 動員解除、reintegration: 社会復帰）**と呼ばれる。

チャートの下半分は**紛争解決（conflict resolution）**のために国連が行う手段と対策を示しており、解決策には国連憲章第6章に基づく**平和的解決（a peaceful settlement）**と、国連憲章に反して国際社会の平和と安全を脅かす行為を行った違反国に対する**制裁（sanctions）**がある。国連憲章第7章に基づく制裁には**非軍事制裁（non-military sanctions）**と**軍事制裁（military sanctions）**があり、軍事制裁は集団安全保障の考え方に基づく最終手段である。

国連は**安保理（the UN Security Council）**を通して、加盟国に対して国際紛争の平和的解決を義務づけ、他国に対する**武力行使（use of force）**を禁止している。**国連総会（the UN General Assembly）**は、**紛争に対する行動に対して勧告（recommendations on actions against conflicts）**はできるが、行動の決定は安保理にしかできない。さらに安保理が紛争問題を取り扱っている間、総会はその問題についての勧告すら許されないので、紛争の認識も対応策の決定も安保理に**最上位の優先権（the highest priority）**が与えられている。安保理は紛争の存在を認知した後、国連憲章第6章に従い、まず紛争の平和的解決を模索する。つまり**交渉（negotiation）**、**審査（enquiry）**、**仲介（mediation）**、**調停（conciliation）**、**国際仲裁裁判（international arbitration）**、**国際司法裁判（international adjudication）**などの手段があり、紛争当事国にこれら平和的解決手段を採ることを勧告するのだ。

紛争の平和的解決手段とは？

手段	内容
交渉（negotiation）	紛争当事者国の話し合いで、第三国を交えない。二国間交渉が多いが、多国間交渉もある。
審査（enquiry / 米 inquiry）	紛争当事国の合意によって設立された**国際審査委員会（the International Judging Committee）**が、紛争に関する事実審査を行う。

仲介（mediation）	紛争当事国以外の第三国が、交渉内容に立ち入り交渉を援助。仲介国によって提示された解決案は、**紛争当事国を拘束しない（a non-binding settlement proposal）**。
調停（conciliation）	紛争当事国の合意によって設置された**国際調停委員会（the International Mediation Committee）**が、紛争当事国が受け入れうる解決案を提示する。紛争当事国でない第三国が解決主体となる。
国際仲裁裁判（international arbitration）	国際裁判のうち、事案ごとに設置される臨時の国際裁判所によって行われるもので、**判決の法的価値（the legal value of the ruling）**は国際司法裁判のものより低い。
国際司法裁判（international adjudication）	国際裁判のうち、あらかじめ選任された裁判官からなる常設の裁判所によって行われる。国際司法裁判所による裁判が代表的。

■ 違反国への制裁：平和的解決手段が効かない場合の最終手段とは⁉

国連憲章第6章による平和的解決手段が有効でないと判断された場合、安保理は、憲章第7章に従って違反国に対して制裁を実行できる。**非軍事制裁（non-military sanctions）**には、**経済制裁（economic sanctions）**や**武器の禁輸（an arms embargo）**、**渡航禁止（bans on traveling abroad）**、**資産の凍結（freezing of assets）**などがあり、1990年に**クウェート（Kuwait）**に侵攻したイラクや、2006年に**核実験（nuclear testing）**を行った北朝鮮に対してなど、これまでに30例が発動されている（2021年1月現在）。一方、**軍事制裁（military sanctions）**は、非軍事制裁では**国際平和と安全（global peace and security）**が実現できないと安保理が判断した場合に行うもので、安保理の下に**軍事参謀委員会（the Military Staff Committee［MSC］）**を置き、その指令下に加盟国の軍隊が配置され、違反国に軍事的攻撃という制裁を加えるものだ。これは**集団安全保障（collective security）**の考え方に基づくものだが、安保理による軍事制裁はこれまでに一度も行われたことがなく、今後も行われることがないと言われている。その理由は後に述べるが、その前に、国際社会が歴史上、平和の維持のために採用した「**勢力均衡**

(balance of power)」と「**集団安全保障**」の2種類について説明しよう。

■「勢力均衡」の原理とは⁉

ナポレオン戦争（the Napoleonic War［1799－1815］）の戦後処理のためにヨーロッパ各国が集まって開催した**ウィーン会議（the Congress of Vienna［1814－1815］）**では、**政治的現状維持（maintain the political status quo）**をめざす**保守主義（conservatism）**が優勢になった。ここで平和維持のために取り入れられた考え方が「**勢力均衡（balance of power）**」である。これは、ある国家や国家群が**優越的な地位（superior positions）**を占めることを阻止し、各国が相互に均衡した力を有することによって**相対的な平和維持（relative peacekeeping）**を実現しようとする思想である。ヨーロッパではどの陣営も強大な勢力を持たぬよう、勢力の劣る陣営に支援を寄せる**バランサー（balancer）**としてイギリスの果たした役割が大きく、20世紀の初めまで続いたこの勢力均衡は**ウィーン体制（the Vienna system）**と呼ばれる。この体制における勢力均衡は**平和維持装置（a peacekeeping system）**として一定の効果があったが、**勢力均衡のための軍拡競争（arms race for balance of power）**に各国が走ることになり、第一次世界大戦を引き起こしたため、国際平和維持の方法としては通用しないと判断された。

■集団安全保障の実態とは⁉

集団安全保障（collective security）とは、**複数国家（states）**の加盟する集合体が他国への侵略を行わないことを互いに約し、もし**他国に侵略する国（an aggressor against any one state）**が現れた場合は、**他の加盟国全体に対する侵略者（an aggressor against all other states）**と見なして、集合体全体で**侵略者（aggressor）**を撃退するシステムのことである。この集団安全保障を国際連盟と国際連合の2つのケースで見てみよう。

第一次大戦後、勢力均衡方式に代わる考え方として、国際連盟が採用したのが集団安全保障だ。しかし、**国際連盟規約第16条（Article 16 of the Covenant of the League of Nations）**で定められる集団安全保障の内容は機能しなかった。なぜなら、国際連盟の集団安全保障は**すべての加盟**

国の同意（consent of all member states）が必要で、各国が拒否権を持っているに等しく、違反国に対し集団で**制裁行動（sanctions）**を起こすのは非現実的であった。また**アメリカの国際連盟への不参加（non-participation of the US in the League of Nations）**、**ソ連の除名（expulsion of the Soviet Union from the League of Nations）**、**ドイツ、日本、イタリアの脱退（withdrawal of Germany, Japan and Italy from the League of Nations）**など、大国が連盟国からいなくなったことも、集団安全保障が機能しなかった理由だ。

国際連合（the United Nations）も集団安全保障の考え方のもとでの平和維持を基本としている。国連の集団安全保障の発動は、全加盟国の同意ではなく**安保理の常任理事国5か国と非常任理事国10か国（the Five permanent and the ten non-permanent members of the UN Security Council）**に決定を一任している点が国際連盟と異なる。国連憲章の内容に沿って集団安全保障に基づく**武力行使（the use of armed force）**を完全に行う場合、理論上は次の13段階を経る。

〈the Process for the UN to Exercise the Collective Secutity〉

①国連の目的は、国際平和と安全の維持（第1章1条）。

②加盟国には、武力による威嚇やその使用の禁止（第1章2条4項）。

③**係争者（disputants）**は平和的解決を探らねばならない（第6章33条）。

④**安保理（the Security Council）**は、平和に対する**脅威（threats to the peace）**、**平和の破壊（breach of the peace）**、**侵略行為（acts of aggression）**の有無を決定する（第7章39条）。

⑤安保理は武力行使を伴わない手段を決定する（第7章41条）。

⑥41条が機能しない場合、安保理は武力行使を用いる手段を取ってもよい（第7章42条）。

⑦全加盟国は、安保理に武力を提供するものとする（第7章43条1項）。

⑧全加盟国は、緊急用空軍部隊を提供するものとする（第7章45条）。

⑨安保理は**軍事参謀委員会（the Military Staff Committee[MSC]）**の助力を得て、割当部隊の内容を決定するものとする（第7章45条）。

⑩安保理は軍事参謀委員会の助力を得て、兵力使用の決定をするものとする（第7章46条]。

⑪軍事参謀委員会設立（第7章47条1項）。

⑫軍事参謀委員会は、安保理常任理事国5か国の参謀総長で構成（第7章47条2項）。

⑬軍事参謀委員会は、安保理の下で戦略的指導について責任を負う（第7章47条3項）。

しかし、国連は上記①〜⑬のすべての段階を経た集団安全保障を実現させたことはない。なぜなら、実現させた場合、各国軍隊は常任理事国5か国の参謀総長の配下につくことになり、安保理決定であるとしても、自国の軍隊が他国の軍隊の指揮下に入ることに抵抗を覚えるからだ。**中立国スイス（a neutral state, Switzerlad）**はその点を懸念して当初国連に加盟せず、結局そのような国連軍組織が形成されることが現実には起こらないことを理解したうえで、2002年にようやく国連加盟国となった。

これまでに行使された国連の集団安全保障は、前述の①〜⑥を経た段階、つまり「**安保理が武力行使を決定する（The Security Council may take action using armed forces）**」ところまでで終わり、軍の招集は適宜、そのときの事情に応じて行われ、全加盟国に強制されたことはない。国連の集団安全保障に基づく**武力制裁（military sanctions）**の例は、1950年の北朝鮮による韓国への侵攻（安保理決議82）と、1990年のイラクによるクウェートへの侵攻（安保理決議678）に対しての2つである。

国連の創設に際して、**ルーズヴェルト（Roosevelt）**米大統領が望んだのは、**国際連盟（the League of Nations）**では実現しなかった効果的な**集団安全保障（collective security）**を、加盟国への参加義務として法的に課して実現することであった。国連憲章の構想段階では、**国連常備軍（the UN standing army）**の設置も検討されたが、「極めて特殊な状況下でしか組織されない軍の常備は無駄」という考えが強く、常備軍は設立されなかった。よって、国連の集団安全保障は、部分的にしか実現されていないのが現状である。

国際関係問題アーギュメント力 UP！

Is world peace a remote possibility? （世界平和の実現の可能性はわずかだろうか？）	
Pros（賛成派の主張）	
1. 人間の他者を支配しようとする抑えきれない願望がしばしば領土拡大や紛争を引き起こす。	Human beings have an uncontrollable desire to dominate others, which often leads to territorial expansionism and conflicts.
2. 歴史的に、文化・経済・政治の違いは外交の失敗をもたらし、時に軍事衝突にまで激化する。	History demonstrates that cultural, economic and political differences often cause a diplomatic blunder and sometimes even escalate into military confrontation.
3. 持てる国と持たざる国との拡大する収入格差に対する憤慨が、貧困国をテロなどの攻撃へと駆り立てる。	Indignation about widening income gaps between haves and have-nots drives needy countries into aggression including terrorist acts.
4. 西欧諸国とイスラム諸国との緊張感が高まり、全面対決に発展する可能性がある。	Increasing tensions between the West and Islamic nations can escalate into full-blown confrontations.
Cons（反対派の主張）	
1. 人間の破壊的本能は良心や道徳観念などの人間が本来持っている特質によって抑えることが可能である。	Destructive human instincts can be controlled by inherent human qualities such as conscience and a sense of morality.
2. 国連は平和促進で重要な役割を担っており、加盟国の政治的紛争について話し合いや解決のための場を提供している。	The United Nations play a vital role in the promotion of world peace, offering a forum for member states to discuss and resolve political conflicts.
3. グローバル化の影響で各国は経済的に相互に結びついており、それゆえ他国を軍事的に攻撃する可能性はなくなっている。	Globalization has made countries in the world economically interdependent, thus precluding the possibilities of military aggression.
4. 慢性的な貧困がはびこる国を経済援助を通じて安定化すれば、西欧諸国との緊張状態は緩和できる。	Stabilizing failed states beset with chronic poverty through economic assistance can help defuse tensions between the West and those nations.

第3章

国際関係と中東・アジアの紛争

International Relations and Conflicts in the Middle East and Asia

1 現代世界の紛争の特徴はいかに!? (The General Characteristics of Modern Conflicts in the World)

■ 戦争が大量殺戮の場になった20世紀

「戦争は人類の不治の病」(War is an incurable disease for mankind.) という言葉を残した故・高坂正堯(こうさかまさたか)氏(京都大学元法学部教授)の言葉通り、戦争の歴史は紀元前はるか昔にさかのぼる。**ノルウェー科学アカデミー(the Norwegian Scientific Academy)** が1969年に行った計算では、紀元前3600年以降、まったく戦争がなかった年は292年だけだという。**人類の歴史は戦争の歴史(War is as old as humans.)** と言っても過言ではないだろう。

しかし、かつて軍人のみの専門領域であった戦争を、**民間人(civilians)** も含めた**総力戦(an all-out war)** に変えた第一次世界大戦(1914－1918)と第二次世界大戦(1939－1945)は、戦争をより深刻な問題に変えた。18世紀から19世紀にかけて起こった**産業革命(the Industrial Revolution)** 以降の**技術革新(technological renovation)** が兵器の分野にも及び、**戦車(tank)**、**戦闘機(warplane / fighter jet)**、**空母(aircraft carrier)**、**化学兵器(chemical weapons)**、**生物兵器(biological weapons)**、**原子爆弾(nuclear weapons)** といった近代兵器によって**大量殺戮(massacre)** が可能になったからだ。第一次世界大戦の死者は1700万人、第二次世界大戦の死者は5000万～8000万人という甚大なものになり、第三次世界大戦が起これば人類は滅亡するかもしれないという恐怖が芽生えた。この恐怖は、第35代アメリカ合衆国大統領ジョン・F・ケネディに次のように言わせた。

「人類は戦争に終止符を打たなければならない。さもなければ、戦争が人類に終止符を打つことになるだろう(Mankind must put an end to war, or war will put an end to mankind.)」(1961年9月25日、国連での演説にて)

■ 21世紀の紛争の特徴とは!?

第二次世界大戦後の米・ソ**冷戦（the Cold War [1945 − 1989]）**が終わり、**フランシス・フクヤマ（Francis Fukuyama）**が『**歴史の終わり（*The End of History and the Last Man*）**』を著したとき、多くの人々が**イデオロギー対立の終焉（the end of ideological conflicts）**、そして**自由主義（liberalism）**と**民主主義（democracy）**を謳歌する平和な時代の訪れを予感した。しかし、冷戦終結から30年以上経った今も紛争は減っていない。むしろ、その数は増えつつある。まるでパンドラの箱が開かれたように、**イスラム原理主義集団（groups of Islamic fundamentalism）**による**テロリズム（terrorism）**や**民族紛争（ethnic wars）**が世界中に飛び出したからだ。

21世紀の私たちの世界で、一体どのような紛争が起こっているのだろう。スウェーデンの**ウプサラ大学（Uppsala University）**、米国の**外交問題評議会（the Council on Foreign Relations）**、フランスの国際関係戦略研究所（IRIS）によると世界の7地域（北米、中南米、アジア、欧州、中東、アフリカ、**大洋州（the Oceania region）**［外務省分類による］）の中で、北米と大洋州の2地域には紛争らしい紛争はなく、残り5地域に紛争が散在しているのがわかる。特に中東とアフリカは**紛争多発地帯（conflict-prone areas）**だ。

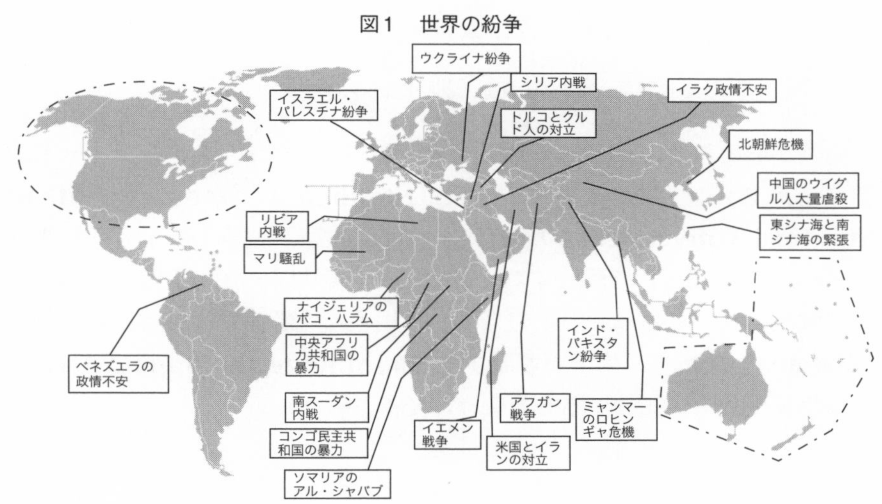

図1　世界の紛争

2 地政学的・社会学的紛争分析（Geopolitical and Sociological Analyses of Modern Conflicts in the World）

■ 内戦と国外からの介入の増加が特徴だ！

現在の紛争にはどのような特徴があるのだろう。21世紀の紛争の特徴は、**内戦（civil wars）**の増加、**内戦への国外からの介入（internationalized intrastate conflicts）**の増加の2点だ。これら内戦に比べ、**国家間の戦争（interstate wars）**は極めて少ない（図2）。割合で見れば、内戦が95％に対し、国家間戦争は5％にとどまっている。

図2　ウプサラ大学紛争データより

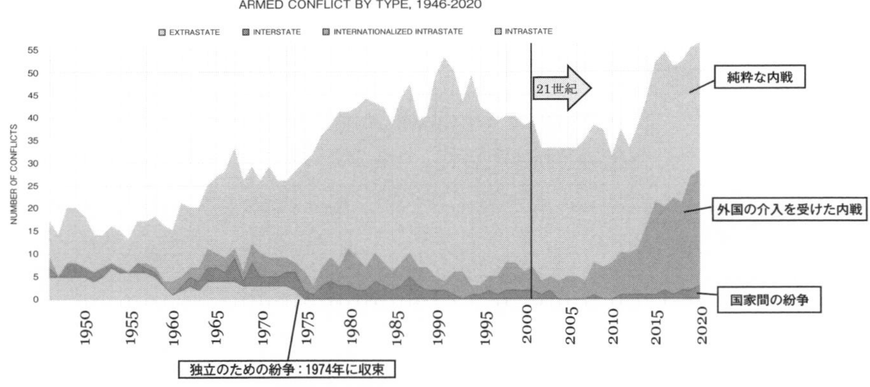

出典：Uppsala Conflict Data Program

内戦が増えたということは何を意味するのだろうか。**スタンフォード大学のステファン・ステッドマン教授（Stephen J. Stedman PhD at Stanford University）**の研究によれば、国家間戦争の約半分が**和平交渉（peace talks）**で解決するのに対し、内戦はわずか15％しか和平交渉で解決しないという。内戦の当事者は相手に「**恐怖**」**（fear）**と「**不信**」**（distrust）**を持ち、**相手が壊滅する（annihilate the opponents）**まで紛争を止めない傾向があるというのである。

■ 紛争の原因を分析すると？

紛争の分析（conflict analysis）によって対策が可能となり、**紛争解決（conflict resolution）**につながる。現代の紛争分析にはどのような手法があるのだろう。国際紛争にはマクロの視点から**地政学的アプローチ（a geopolitical approach）**を、内戦にはミクロの視点から「**貪欲と不満（greed and grievance）**」の枠組みを適用することで、紛争全体の構造が見えやすくなるだろう。

■ 地政学的国際紛争分析「ランドパワー・シーパワー」とは!?

国際紛争の分析手法として、最初にあげられるのが**地政学による方法（a geopolitical approach）**である。地政学は、アメリカの軍人**アルフレッド・マハン（Alfred Mahan）**やイギリスの地理学者**ハルフォード・マッキンダー（Halford Mackinder）**が基礎を築き、ドイツの軍人**カール・ハウスホーファー（Karl Haushofer）**とアメリカの政治学者**ニコラス・スパイクマン（Nicholas Spykman）**が発展させた**政治学（political science）**の一分野で、**国際関係（international relationships）**における**勢力バランス（power relationships）**に、**地理的要因が与える影響（a geographic influence）**を分析したものだ。

地政学では、**気候（climate）**、**地形（topography）**、**耕作可能地（arable land）**や**海洋へのアクセス（access to the sea）**など**地理的要因（geographical factors）**が各国の国際行動に影響を及ぼすと考える。概念自体は**古代ギリシャ時代（the ancient Greek era）**から存在し、**アリストテレス（Aristotle [384－322 BC]）**や**モンテスキュー（Montesquieu [1689–1755]）**といった哲学者も地政学的な考察の著述を残している。しかし、近代の地政学が本格的に成立したのは、**産業革命（the Industrial Revolution）**による技術革新が世界に定着した19世紀後半から20世紀前半にかけてのことだ。

地政学で用いられる概念として、**ハートランド（heartland）**と**リムランド（rimland）**、**ランドパワー（land power）**と**シーパワー（sea power）**の4つがあげられる。

ハートランドとはユーラシア大陸の**内陸地帯（landlocked areas）**の平原部（現在のロシアの内陸部）を指し、海洋からの攻撃が極めて困難で**堅牢**

な防御域（**formidable defense barrier**）を形成すると考えられている。ハートランドに近い国はユーラシア大陸の沿岸部分、**リムランド（rimland）**に向けて勢力を拡張させようとする傾向があり、この勢力を**ランドパワー（land power）**と呼んでいる。ロシアや中国などがランドパワーの代表格だ。

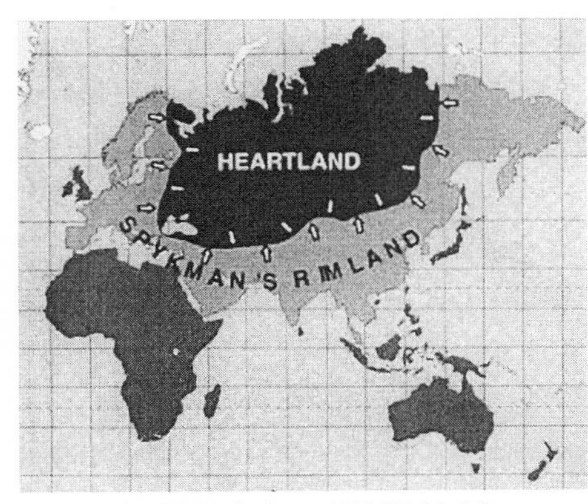

By Nicolas Spykman / CC BY-SA 4.0

一方で、ユーラシア大陸外の国家は**海洋国家（seafaring countries）**と見なされ、ハートランドの国がリムランドに進出するのを防御する動きに出る。これらの国は**シーパワー（sea power）**と呼ばれ、アメリカ、イギリス、日本などはシーパワーの典型となる。

ランドパワーとシーパワーがぶつかるリムランドが戦場になる確率が高く、60～70年代の**ベトナム戦争（the Vietnam War）**や、現在の**南シナ海と東シナ海での米中の対立（US-China conflicts in the South China Sea and the East China Sea）**、**ウクライナでのロシアとヨーロッパの対立（conflicts between Russia and Europe in Ukraine）**などをリムランドにおけるランドパワーとシーパワーの衝突と見るのが地政学のアプローチである。

■「貪欲と不満」の枠組みによる内戦の分析とは!?

内戦を分析するには、「**貪欲と不満（greed and grievance）**」の2要素に着眼したイギリスの経営学者**ポール・コリアー（Paul Collier）**や**フランシス・スチュアート（Frances Stewart）**のアプローチが重要であり、コリアーが2000年に発表した論文『**内戦における貪欲と不満（*Greed and Grievance in Civil War*）**』を皮切りに議論が展開された。**貪欲（greed）**が紛争の原因になると見るのは、紛争を起こす集団にとって、ある国の**資源の収奪（capture of resources）**が、コストより収入が大きく、利益の見込まれる場合に紛争が起こるとする、**経済的合理性（economic rationality）**を踏まえた理論である。コリアーは、対象となる資源として、アンゴラやシエラレオーネのダイヤモンド、コロンビアの麻薬、カンボジアの材木など発展途上国の一次資源が相当するとしている。この種の紛争は、**政府の統治能力（government governance）**が弱く、かつ一次資源が豊富な国でしばしば内戦の原因になっていると述べている。

一方、**不満（grievance）**が紛争の原因であると主張するスチュアートによれば、個人間の不平等（「**垂直的不平等［vertical inequality］**」）は、それだけでは紛争につながらないが、民族、宗教など一定の基準でグループ化される者のグループ間での不平等（「**水平的不平等［horizontal inequality］**」）は紛争につながると主張する。なぜなら、不満を持つ集団が、民族や宗教といった**共通の特徴ですでにグループ形成（formation of groups based on common characteristics）**されているため、紛争を起こしやすいというのだ。内戦は低所得国においてしばしば貧困の原因になるため、国の政策策定の際に、民族や宗教の文化的特性におけるグループ間で水平的不平等をなくすことが、**紛争予防（conflict prevention）**につながり、重要であると主張する。

■コラム■

紛争が生む難民・避難民の実態はいかに!?

国連難民高等弁務官事務所（The Office of the United Nations High Commissioner for Refugees［UNHCR］）は、**難民や国内避難民の権利保護（protection of the rights of refugees and internally displaced people）**を目的として1950年に設立された組織である。日本人の緒方貞子が第8代（任期1991－2000）の弁務官としてトップを務めたことで名前を知った人も多いだろう。**高等弁務官（the high commissioner）**によれば、2019年には紛争を逃れるため7950万人もの人が家を追われ、国内避難民として、あるいは海外に逃れた難民として困難な生活を強いられている。イギリスの人口（約6800万人）やフランスの人口（約6500万人）を大きく超える数の人たちが紛争難民・国内避難民となっているのだ。内訳は、**国内避難民（internally displaced people）**4570万人、**難民（refugees）**2600万人、**庇護申請者（asylum-seekers）**420万人、そして**国外に避難したベネズエラ人（Venezuelans displaced abroad）**360万人である。

第8代 UNHCR 高等弁務官
緒方貞子
By World Economic Forum / CC BY-SA 2.0

難民（refugee）とは、本国の**迫害（persecution）**や**危難（danger）**を避けるために他国に逃れ、移住する人々のことをいう。しかし、現代の紛争は、難民として国外に逃れることができず、国内で避難している被害者の方が多い。

そこで、国連難民高等弁務官事務所（UNHCR）では、出国して海外政府に保護を求めようとする難民だけでなく、内戦で住居を追われて国内にとどまる人も含め、すべての段階の人々を**強制退去民（forcibly displaced people）**と呼び、状況把握を行っている（図3)。いわゆる「難民」以外に出国はしていないものの住居を追われ、国内で危険にさらされている人があまりに多く、そのような人々を含めないと問題把握ができないからである。つまり、紛争を逃れた人は、まず**国内避難民（internally displaced people[IDP]）**となり、庇護を求めて国外に退去した時点で**難民（refugees）**となり、難民申請が海外政府に受理された時点で**庇護申請者（asylum seekers）**になるという段階を踏む。

図3

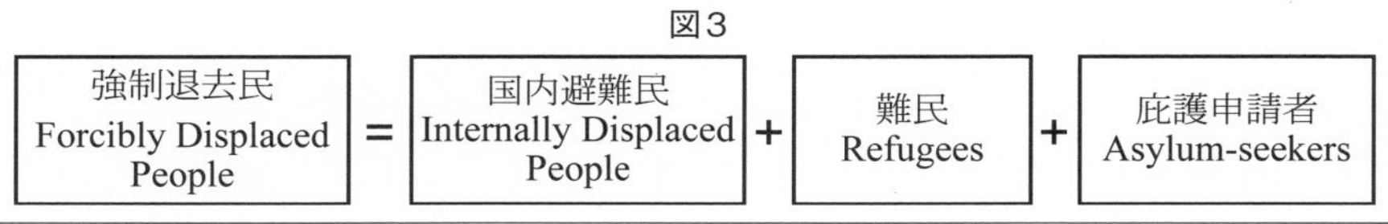

それでは、特に紛争の多い地域である中東の紛争の特徴を見ていこう。

中東の紛争の歴史（The History of Conflicts in the Middle East）

■ オスマン帝国滅亡後、欧米が引き起こした混乱とは!?

オスマン帝国（the Ottoman Empire［1299－1922］）による統治下での中東は、比較的平穏であった。オスマン帝国は**イスラム・スンニ派（Sunni Islam）**を国教としたが、異教徒であっても**人頭税（Jizya）**さえ納めれば**信仰の自由や自治（freedom of religion and autonomy）**は許されたし、**官僚への登用の機会（opportunities for bureaucracy）**もあった。中東が混乱に陥るのは、**ヨーロッパからインド洋への陸上ルート（a land route from Europe to the Indian Ocean）**を求めるイギリスとフランスが、黒海から地中海に出るルートを求めて南下するロシアと中東で軍事衝突した第一次世界大戦以降のことだ。

混乱の大きな原因の1つは、いわゆる「**三枚舌外交（inconsistency in triple-tongued diplomacy）**」と言われる、イギリスの矛盾した外交政策である。**資金調達（fund-raising）**のためにヨーロッパのユダヤ人である**ロスチャイルド家（the Rothschild family）**には、すでにアラブ人が住んでいるパレスチナにおける**ユダヤ人の民族的郷土（a national home for the Jewish people）**を約束し、アラブ人には一緒にオスマン帝国を倒せば**パレスチナにおける独立（independence of the Arab state in Palestine）**を約束し、フランスとはオスマン帝国陥落後の**中東の領土分割（division of the territory in the Middle East）**を約束していた。第一次大戦が終結（1918）し、オスマン帝国が滅亡（1922）して、**世界に離散していたユダヤ人（Jews scattered around the world）**はパレスチナに移住を始め、**イスラエル国（the State of Israel）**を建国（1948）。一方アラブではイギリスとフランスが民族、宗教、文化性を無視した領土分割を行ったことが、国のアイデンティティーの弱い国家成立の要因となった。

その後、**油田（oil fields）**の存在が中東で確認され、アメリカの資本が中東に進出して、**イランのパーレビ国王（King Pahlevi of Iran）**など**傀儡政権（puppet governments）**を樹立したりと、時局によって変わる**日和見的な国家支援（opportunistic support for a state）**が続いた。このような歴史的背景を踏まえ、現代の中東では次の3種類の紛争が発生している。

1. サウジアラビアとイランの**中東における覇権争い（competition for supremacy in the Middle East）**が、**イスラム・スンニ派（Sunni Muslims）**と**イスラム・シーア派（Shiite Muslims）**という対立軸で中東各地に現れる紛争。
2. 1948年の**イスラエル建国（the founding of Israel）**以来続く、イスラエルと**パレスチナ・アラブ（Palestinian Arabs）**など**周辺国との領土争い（territorial conflicts with their surrounding countries）**、そして1979年の革命以降、イスラエルを国家として認めないイランとの抗争。
3. 2010年にアフリカの**チュニジア（Tunisia）**で発生し、2011年に中東に波及した「**アラブの春（the Arab Spring）**」が引き起こした、市民の抗議行動による政治的混乱。

1と2については、**宗教や宗教派閥間の争い（conflicts among religions or religious sects）**のように見えるが、実質はそうではないというのが、国際政治学者の考え方だ。つまり、サウジアラビアとイランを中心とする**覇権争い（fight for hegemony）**は、スンニ派対シーア派の抗争が本質ではなく、両国の中東地域における覇権争いであり、イスラエルとパレスチナ・アラブおよび周辺のアラブ系・ペルシア系諸国との争いも、ユダヤ対イスラムの抗争ではなく、**パレスチナという土地をめぐる領土争い（territorial conflicts over the land of Palestine）**と考えるべきだという主張である。

2に関して言えば、イスラエルは1979年にエジプトと、1994年にはヨルダンと**平和条約（a peace treaty）**を締結し、**パレスチナ解放機構（the Palestine Liberation Organization[PLO]）**とは93年9月に相互承認を行い、**暫定自治原則宣言（the Declaration of Principles on Interim Self-Government Arrangements）**、**オスロ合意（the Oslo Accords）**に署名。その後、暫定合意に従い、**西岸・ガザ（the West Bank and the Gaza Strip）**では**パレスチナ暫定自治政府（the Palestinian Interim**

Self-Government Authority）による自治が実施されている。

■コラム■

スンニ派とシーア派（the Sunni and Shiite sects）とは!?

預言者でありイスラムの創始者であるムハンマド（Muhammad, the prophet and founder of Islam）の後継者として誰を認めるか、という点で意見の異なる**イスラムの2大宗派（the two major Islamic denominations）**の名称。世界のイスラム教徒の大多数を占めるスンニ派（85%）とシーア派（15%）の分裂は、預言者ムハンマドの死後生まれた。

632年のムハンマドの死後、彼の友人で、行動をともにした**アブー・バクル（Abu Bakr）**が**初代カリフ（the first of the Rashidun Caliphs）**（ムハンマドの代理人）となり、続いて2代カリフに**ウマル（Umar）**、3代カリフに**ウスマーン（Uthman）**が続いたが、第4代カリフを名乗った**アリー（Ali）**のときに**ムハンマドの後継者争い（a battle for Muhammad's successor）**が起こった。ムハンマドの従兄であり、また**ムハンマドの娘婿（a son-in-law of Muhammad）**でもあるアリーは、ムハンマドの血を引く者が後継者になるべきであると主張し（シーア派の起源）、その反対派は**イスラム共同体（the Islamic community）**が認める者こそが後継者になるべきだと主張した（スンニ派の起源）。

イランやイラクに多いシーア派と、サウジアラビアをはじめとするその他のアラブ、アフリカ、アジア諸国に多いスンニ派の違いは、このようにムハンマドの後継者をめぐる見解の相違から起こったのだ。

■1．70年以上経った今も続くイスラエル・パレスチナ紛争

1948年のイスラエルの建国の後、アラブ諸国との武力紛争（「**中東戦争（the Arab-Israeli war）**」と呼ばれる）が起こり、75万人のパレスチナ住民がその地を追われた。1993年と1995年にイスラエルとパレスチナ解放機構で結ばれたオスロ合意も事実上破棄され、両者の対立はいまだに終わらない。

オスマン帝国（the Ottoman Empire）の領土であったパレスチナ地域は、1920年にイギリスの**委任統治領（the British mandate）**になった。第一次世界大戦で、イギリスの属する**協商国（連合国）[the Entente powers（Allied powers）]**側が、オスマン帝国の属する**同盟国（the Central powers）**側に勝利したからである。これに先立つ1917年、**イギリスの外務大臣アーサー・バルフォア（the British foreign secretary, Arthur Balfour）**が、イギリスのユダヤ系貴族院議員のライオネル・ウォ

ルター・ロスチャイルド男爵に対して送った書簡の中で、イギリス政府の**シオニズム（Zionism）**支持と、パレスチナにおける**ユダヤ人の居住地（a national home for the Jewish people）**設立を正式に支持すると、世界に離散していたユダヤ人の間で、パレスチナでのイスラエル建国の気運が一気に高まった。

国連がイスラエルとパレスチナの分割案を両者に提案すると、それを受けたイスラエルは1948年に**独立を果たした（won independence）**が、パレスチナのアラブ人や周辺のアラブ諸国はイスラエル建国を認めず、戦闘が開始された。1948年から1973年にかけ、4度にわたって行われたこの**中東戦争（the Middle East wars**［1948, 1956, 1967, 1973］**）**でイスラエルは**軍事的優位に立った（gained military superiority）**。

1979年のエジプトとの**平和条約（a peace treaty）**、1994年のヨルダンとの平和条約の後、2020年にアラブ首長国連邦とバーレーンがイスラエルとの国交樹立に合意し、中東におけるイスラエルとの国交締結国は4か国となったが、パレスチナにおける**パレスチナ解放機構（the Palestine Liberation Organization［PLO］）**など**非政府武装組織（non-governmental armed organizations）**とイスラエルの武力衝突は終わりを見ない。

イスラエルとパレスチナ解放機構は、1993年9月の**相互承認（mutual recognition）**による**暫定合意（tentative agreement）**に従い、ヨルダン川西岸・ガザではパレスチナ暫定自治政府による自治が実施されている。

イスラム・スンニ派が多いアラブ諸国が敵視する国は、ユダヤ国家イスラエルから、イスラム・シーア派が多数を占めるイランに徐々にシフトしてきており、イスラエルは中東のこのような地政学的バランスの影響を受けながら、自国家の安定を常に探っている。

打開策（countermeasures）としては、西側社会がイスラエルを説得して**パレスチナ国家の建設（creation of a Palestinian State）**を認めさせ、一方でアラブ諸国はパレスチナに対してイスラエルとの抗争を終えるよう勧告し、その見返りとして国際社会はパレスチナに**経済援助（economic support）**を行い、**国連はパレスチナを加盟国として迎え（accept Palestine as a mumber of the UN）**、西エルサレムをイスラエルが、東エルサレムをパレスチナが統治することで**双方妥協（a mutual compromise）**

を行う、などが考えられるが、両者妥協の道はまだまだ遠い。

■コラム■

エルサレムにある三大聖地とは⁉

紀元前4000年頃に築かれたといわれる**エルサレム（Jerusalem）**は、ユダヤ教、キリスト教、イスラム教それぞれの聖地となっている。

ユダヤ教の信者にとっては、二度にわたって破壊された（前 587、後 70）ソロモンの神殿の城壁の跡が残る場所であり、毎週金曜日に壁の前に集って神殿の破壊を嘆き，聖地の回復を祈る神聖な場所である。この壁は、**「嘆きの壁（the Wailing Wall）」**と呼ばれる。

嘆きの壁
By Paul Arps / CC BY 2.0

聖墳墓教会
By Berthold Werner / CC BY-SA

キリスト教の信者にとっては、イエス・キリストが十字架を背負って登った苦難の道や、キリストが埋葬され、3日後に復活したと言われる場所に建てられた**聖墳墓教会（the Church of the Holy Sepulcher）**が残る神聖な場所となっている。

イスラム教の信者にとっては、ムハンマドが昇天し、天空をめぐるために旅立ったのがこのエルサレムであると伝承されており、その場所には**岩のドーム（the Dome of the Rock）**が建設されている。これは、現存するイスラム最古の建築であると同時に、メッカ、メディナに続く**イスラム第三の聖地（the third Islamic Temple）**とされる。

岩のドーム（Attribution: Andrew Shiva / Wikipedia / CC BY-SA 4.0）

■ 2. アラブの春以後10年以上続くシリア内戦とは⁉

「アラブの春」に触発され始まった、シリアにおける民主化を求める**反政府運動（an anti-government movement）**は**シリア政府軍との全面戦争（a full-scale war with the Syrian government）**に発展し、ロシア、イランが政府軍を、アメリカ、サウジアラビア、トルコが反政府軍を支援する**代理戦争（a proxy war）**となった。さらにそこに**イスラム過激派（Islamic extremists）**である**イスラム国（the Islamic State [ISIS]）**が潜入したため、極めて複雑な勢力争いの構図に発展、結果として大規模な死者、難民、国内避難民を生み出した。

オスマン帝国（the Ottoman Empire）の領土であったシリアは、**第一次世界大戦（World War I）**で、ドイツ、オーストリアなどとともに**同盟国（the Central powers）**側に属した。同盟国軍が敗れた後、1920年から**フランスの委任統治領（the French mandate）**となり、**1946年に独立を果たした（gained independence in 1946）**。

独立の後は、**不安定な政権（an unstable government）**が続いたが、1971年に**ハーフィズ・アル＝アサド（Hafez al-Asad）**が**軍事クーデター（a military coup）**により政権を奪取してシリアの大統領になると、2000年に亡くなるまで政権を維持し、息子の**バッシャール・アル＝アサド（Bashar al-Asad）**が亡き父の後、大統領職を引き継いだ。

変化が訪れたのは、2011年の「**アラブの春（the Arab Spring）**」の時である。シリア市民が、アサド大統領の**独裁（dictatorship）**、**政治の腐敗（political corruption）**、経済・社会問題に関する展望の欠如、そして（アサド一族など）イスラム・**アラウィー派（Alawites）**と大統領側近に権力と富が集中していることを糾弾したのだ。2011年3月にシリア全土で**政権交代を主張するデモ（demonstrations for a change of government）**が起こると、シリア政府は**武力をもってデモ隊を制圧（armed suppression of the demonstrations）**にかかり、民衆もこれに対抗して**民兵組織（a militia）**を結成したため、シリアは**内戦（a civil war）**に突入することとなる。

シリアの状況をさらに複雑化したのは、シリア市民による反政府闘争に続き、2012年には「**レバント征服戦線（Jabhat Fateh al-Sham）**」、2013年には**ヒズボッラー（the Hezbollah）**、そして2014年には「**イスラム国（the Islamic State）**」といった武装グループが介入し、さらに2015年にはロシア、2016年にはトルコといった国家も介入したことによる。シリア内戦は**高度に国際化した内戦（a highly internationalized intrastate war）**であり、典型的な**代理戦争（a proxy war）**とも言える。シリア政府を支持したのがロシアや中国、政府打倒を目指す民兵グループを支援したのがトルコ、カタール、サウジアラビア、アメリカであった。

特にロシアと中国は、**国連の安保理常任理事国（permanent members of the UN Security Council）**としての**拒否権（veto power）**を使い、シリア政府に不利な国連安全保障理事会の決議を阻止した。一方、西欧諸国は、アフガニスタンやイラクから撤退した後、もはやアラブ世界で余計な兵力を使いたくなかったため、**イスラム過激派（Islamic extremists）**が次の政権を奪取しないよう反体制派武装組織を最小限に応援するにとどまった。結果、アサド政権とイスラム過激派が反政府勢力を上回る優位性を保ち、結局この内戦で50万人が死亡、500万人が難民となり、700万人が国内避難民となった。

シリアは隣国イスラエルとも、その建国に反対して闘争を行なってきた。1967年の「**六日戦争（the Six-Day War）**」（第三次中東戦争）ではシリア西部の**ゴラン高原（the Golan Heights）**をイスラエルに奪われ、その後一部を取り戻したものの、現在も領土を争う係争が続いている。難民として国外にいるシリア人や、国内避難民も参加できる**大統領選挙と議会選挙（a presidential election and legislative elections）**を第三者管理のもとで公正に行い、**政府と反政府側が和解（reconciliation between the goverment and rebels）**を行うよう国際援助をもって進める枠組みが望ましいが、現状はこれとは程遠い。

国際関係問題アーギュメント力 UP！

Can we eradicate terrorism in the world? （テロは撲滅できるか？）	
Pros（賛成側の主張）	
1. 適切な教育をすることでテロは根絶できる。	The provision of proper education will help eradicate terrorism.
2. 国際関係を改善することでテロは根絶できる。	The improvement of international relations can eliminate terrorism.
3. 政府開発援助を増やして経済格差を是正することでテロは根絶できる。	Redressing economic inequality through increased ODA will help eliminate terrorism.
Cons（反対側の主張）	
1. 宗教やイデオロギー、領土にまつわる歩み寄りのない争いの長い歴史が、世界中のテロにつながっている。	There is a long history of intractable religious, ideological, and territorial conflicts that lead to terrorism in many parts of the world.

2. グローバル化に伴い、テロの温床となる貧困が広まっている。	Poverty, which is a breeding ground for terrorism, has been spreading with increasing globalization.
3. テロに対抗する武力行使をすることによって、暴力と憎しみの無限の悪循環に陥る可能性がある。	Military actions to counter terrorism can cause an endless vicious circle of violence and animosity.

■ 3. トルコ建国以来100年続くトルコとクルド人の対立とは⁉

1923年の**トルコ共和国建国（the founding of the Republic of Turkey）**以来、トルコの**クルド民族（Kurdish people）**は政府の圧力下で自身の民族の存在や文化を否定されてきた。トルコを分裂させることを恐れた政府が、クルド民族の存在を認めず、彼らはトルコ人であるという立場をとってきたからだ。これに対抗し、**クルディスタン労働者党（the Kurdistan Workers' Party［PKK］）**はときに過激な行為に走るようになり、クルド民族とトルコ政府の対立は常に緊張状態にある。

クルド人（Kurds）は主にトルコ、イラン、イラク、シリアなど複数国にまたがる**山岳地帯（mountainous region）**や**高原（upland）**に住む民族で、自らの言語**クルド語（Kurdish）**を持つ。その正確な人口は不明だが、推定3000万人前後と言われる。「**独自の国家を持たない世界最大の民**」**（the largest ethnic group without a state）**と呼ばれ、国をまたがるクルド人居住地域は**クルディスタン（Kurdistan）**と呼ばれている。

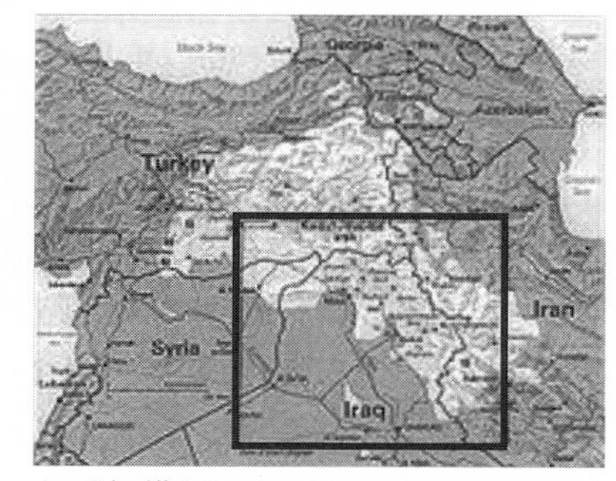

クルド人が住むトルコ、イラン、イラク、シリアの山岳地帯

複数国家にまたがって居住するクルド人の地位は、国によって異なっている。例えば、イラク北部のクルド人がイラク国内で**自治政府（an autonomous government）**を持っているのに対し、トルコのクルド人はトルコ建国以来、存在を否定されてトルコ民族の一部と定義され、自治も与えられていなかった。

そのような情勢の中、1978年にトルコで結成され、クルド人国家建設を目指すクルディスタン労働者党（PKK）は、1984年にトルコ政府機関に武力闘争をしかけ、4万5000人の犠牲者を出し、同党はアメリカ、EUなど西欧諸国から**テロ組織（a terrorist organization）**に認定された。

現在のトルコのクルド人ナショナリストは**分離（secession）**ではなく**自治（autonomy）**を要求している。2013年、トルコ政府とPKK党首オジャランとの間で行われた和平交渉は、**武力闘争の終結（the end of armed conflicts）**と**クルド人の文化的権利を承認（protection of the cultural rights of Kurds）**することを目的とし、成功したかのように思われたが、2015年、PKKの犯行とされるテロ行為とそれに対するトルコ軍による弾圧をきっかけに武力闘争が再発した。トルコ、イラク、イラン、シリア各国のクルド民族の状況が異なるので（イラクのクルド民族は自治を達成した）、国を超えたクルド民族の**独立国家形成（the establishment of the independent state of Kurdistan）**はもはや現実的ではない。

■4．フセイン死後悪化するイラク政情不安とは⁉

2003年、**イラク（Iraq）**が非合法的に**大量破壊兵器（weapons of mass destruction）**製造を計画しているという口実の下、米・英・豪軍は国連決議を経ずイラク攻撃を開始、当時のイラクの大統領サダム・フセインの政権を崩壊させた。しかし、フセインが2006年に「**人道に対する罪（crimes against humanity）**」で処刑されると、イラクは安定どころか、かえって混乱に陥っていく。つまり、新政府に対する批判や暴力が続き、多くの**反政府武装集団（anti-government armed groups）**がイラク国内に現れたのだ。また、2011年にオバマ米大統領が米軍を引き上げた後、2014年になると、イスラム過激派の「**イスラム国（the Islamic State）**」がイラク内に進出し、イラク第二の都市モスルを支配下におくまでになった。アメリカを中心とする**連合軍（the Allied forces）**はイスラム国に空爆を行い、イラク、イラン、シリア、クルド人ペシュメルガ他との共同軍を形成して、2015年4月にティクリート、2015年12月にラマディ、2016年6月にファルージャ、2017年7月にモスルを奪還し、ようやくイラク政府は2017年12月にイスラム国に対する勝利を宣言するに至った。

しかし、現実には小規模とはいえ、今もイラク国内でシーア派、スンニ派、そしてクルド人たちの間の暴力事件は続いている。こうした状況で、

2005年に施行された連邦体制を定着させ、それぞれの地域に一定の自治権を与えて、**石油資源の均等割当制（equal allocation of oil resources）**によって、各地域が平等に収益を得られる機構を作ることが解決の道につながるだろう。

■5. 深刻な人道危機を引き起こしているイエメン戦争とは⁉

イエメン（Yemen）の紛争は、形式上は**派閥同士の内戦（a factional civil war）**だが、派閥の背後にはサウジアラビア、イランといった国家が影響力を行使し、さらにはイエメン国内の**分離派（separatists）**も争いに加わって三つ巴で複雑化した。紛争は、2000万人におよぶイエメン人に**食料不足（food shortage）**をもたらし、**深刻な人道問題（serious humanitarian problems）**となっている。

2015年1月、イエメン政府に対して**クーデター（a coup d'état）**を起こした**イスラム・シーア派（Shiite Muslims）**の**武装組織（an armed organization）フーシ（the Houthis）**は、首都サヌアを支配し、**スンニ派のハディ大統領を軟禁（put President Hadi of Sunni Islams under house arrest）**、辞任させ、実権を握った。しかし、ハディは南部の町アデンに逃れ、クーデターの無効性を主張して大統領職への復権を告げたため、同年2月、両者は**内戦（a civil war）**に突入した。

フーシはシーア派のイランの支援を、ハディはスンニ派のサウジアラビアの支援を受けているため、この内戦はイランとサウジアラビアの**代理戦争（a proxy war）**としての一面も持つことになった。さらに事態を複雑化したのは、南イエメンの**分離独立派（secessionists）**による闘争への参加と、これを**アラブ首長国連邦（the United Arab Emirates）**が支持したこと、政情の混乱に乗じて複数のテロ組織（**アラビア半島のアルカイダ（Al-Qaeda in the Arabian Peninsula［AQAP］）**、**イスラム国（IS［ISIS/ISIL］）**など）がイエメンで活動を始めたことで、これらのアクターが相互に**武力闘争（an armed struggle）**を繰り広げ、イエメン状況はカオス化した。

複雑化した武力闘争（a complicated armed struggle）による混乱の中で、最大の被害者はイエメン国民である。17万人が亡命、250万人が**国内避難民（internally displaced people）**になったと言われる。さらには、2000万人の国民が食糧支援を必要とする状況にある。この惨状を赤十字社は「**世界で唯一最大の人道危機（the world's single largest humanitarian crisis）**」と呼んでいる。

ハディ大統領率いる政府側も、反体制のフーシ派も、またそれらの背後にいるサウジアラビア、イランといった国々も、国連が仲介する**停戦合意（a cease-fire agreement）**をまず結ぶべきだ。イエメンの国民はすでに疲弊しきっており、全人口の8割にあたる2400万人が**人道支援（a humanitarian aid）**を必要とし、1000万人が**慢性的食料不足（chronic food shortage）**の状態にある中でこれ以上紛争を続けることは、人道的にも経済的にも意味がない。

■6．40年以上続くアフガン戦争の実状はいかに!?

2001年にアメリカで起こった**同時多発テロ事件（the 9/11 terror attacks）**の主犯である**ウサマ・ビンラディン（Osama Bin Laden）**容疑者の引き渡しを拒否したアフガニスタンの**タリバン政権（the Taliban regime）**。米・英を中心とした軍が攻撃し、アフガニスタンに新政府が誕生したものの、その統治力は弱く、下野したタリバン軍がアフガニスタン政府や米軍に対して今も**テロ活動（terrorist activities）**を続けている。

40年間にわたりイギリスの**保護領（protectorate）**であったアフガニスタンは1919年に独立し、1973年の軍のクーデターにより**君主制（monarchy）**が廃止された。1978年には社会主義政権が誕生して、**アフガニスタン民主共和国（the Democratic Republic of Afghanistan[DRA]）**となった。

ウサマ・ビンラディン
By Hamid Mir / CC BY-SA 3.0

1979年、ソ連が**軍事介入（military intervention）**し**親ソ連の政権（the Pro-Soviet regime）**を成立させた後、1989年に撤退すると、アフガニスタン国内の様々なグループが政権奪取を狙って競い合い、結局、**イスラム原理主義に基づく武装組織（an armed organization based on Islamic fundamentalism）**タリバンが勢力を伸ばし、1996年首都カブールを制圧、1999年までに国土の9割を支配した。

2001年9月のアメリカ同時多発テロ事件の後、アフガニスタンに逃亡したウサマ・ビンラディンの**アメリカへの引き渡し要求（a request for the extradition to the US）**をタリバン政府が拒否したことで、アメリカに対し同情的な**国際社会（the international community）**がアフガニスタン攻撃を支持し、**国連決議（a UN resolution）**に基づき、NATOのメンバーであるヨーロッパ諸国はアフガニスタンに兵を派遣した。そして、米軍などの集中的な攻撃を受け、タリバン政権は崩壊した。

タリバン政権崩壊（the collapse of the Taliban administration）後、**移行政権の発足（the inauguration of a transitional administration）**、**新憲法の発布（promulgation of the new constitution）**、大統領選挙、**下院議会・県議会選挙（the elections of the House of Representatives and the prefectural assembly）**など、一連の統治機構整備プロセスを通じ民主化が進展。2014年には**カルザイ大統領からガニ大統領への民主的な政権交代（a democratic change of government from President Karzai to President Gani）**が実現して、**国際治安支援部隊からアフガニスタン政府へ治安権限が移譲（transfer of the security authority from the International Security Assistance Force [ISAF] to the Afghan government）**。2020年2月、アメリカとタリバンの間で「**和平合意（a peace agreement）**」が成立し、同年9月アフガニスタン政府とタリバンとの間で初の本格的な和平交渉が開始された。しかし、この交渉は難航し、一方で**米軍の撤退（the withdrawal of the US army from Afghanistan）**が期限を迎え、タリバンとアルカイダ系武装組織の共闘が伝えられる中、アフガニスタンの情勢は不安視されていた。

そして2021年8月15日、タリバンはついにアフガニスタンの**首都（the capital city）カブール（Kabul）**を征服、国外に逃亡したガニ大統領に代わり**大統領府（the presidential palace）**に入って**勝利宣言（a victory declaration）**を行った。タリバンはイスラム法（**シャリーア [sharia]**）に則った政治を行うことを宣言しており、アフガニスタン女性の人権が今後どのように扱われるか、同国が再び**テロの温床（a hotbed of terrorism）**にならないかといった点が懸念されている。

■7. 核開発で深刻化するアメリカとイランの対立の歴史とは!?

米トランプ政権が、オバマ前政権時のイランと6か国（米、英、仏、露、中、独）との**核合意から離脱（withdrawal from the nuclear agreement）**し、**イランへの経済制裁を再開（resumption of economic sanctions against Iran）**したことで、アメリカとイランの関係は険悪化した。バイデン政権になってからも、イランは**ウラン濃縮（uranium enrichment）**の度合いを上げ、核兵器開発につなげる動きを見せることでアメリカを牽制している。もしイランが核兵器を保有するようなことになれば、中東のみならず、世界情勢は一気に不安定化するだろう。

モハンマド・モサッデク

アメリカとイランの二国間には、**相互が反感を持つに至る歴史的背景（a historical background for animosity between the US and Iran）**が2つある。1つは、1953年に、アメリカとイギリスがイランの内政に介入して当時首相であった**モハンマド・モサッデク（Mohammad Mosaddegh）**を失権させ、**シャー（Shah: イランの国王の意味）**と呼ばれる**パフラヴィー国王（Pahlavi）**を政権につかせたことだ。この介入はイランの国民に、アメリカに対する反感を招いた。

もう1つ、アメリカにとって忘れられない事件は、1979年に起こった**イラン革命（the Iranian Revolution）**である。1973年に起きた**オイルショック（the oil crisis）**の恩恵を受けたイラン経済は大きく発展し、アメリカにとって重要な同盟国となっていたが、1979年の**ホメイニ革命（イラン革命）（the Khomeini Revolution [the Iranian Revolution]）**、そして1979年～1981年のイスラム教徒の学生によるテヘランの**アメリカ大使館人質事件（the Iran hostage crisis）**は、**二国間の外交関係に大きな亀裂（a deep diplomatic rift between the two countries）**を生んだ。それは連日マスコミにより報道され、アメリカ国民はイランに対し激しい憤りを

人質になったアメリカ大使館員

覚えることになる。2002年にジョージ・W・ブッシュがイランを、イラク、北朝鮮とともに「**悪の枢軸（the Axis of Evil）**」として名指しし、イランの歴代大統領や宗教指導者がアメリカを**悪魔（evil）**と呼ぶことで両国の関係はさらに悪化した。

2003年のイラク戦争によってイランの永年の仇敵であった**フセイン政権（the Hussein administration）**が消滅すると、イランは次のアメリカの軍事行動が自国に向けられるという危惧を抱く。当時のイランは**テロ支援国（a terrorist-sponsoring nation）**として、また**軍事目的での核開発（developing nuclear weapons for military purposes）**を進めているとして国際的に非難され、経済制裁を受けていたからだ。

しかし、2013年に**穏健派のローハニ大統領（the moderate President Hassan Rouhani）**が選出されると、状況は一変する。2015年7月、経済制裁を解除することを条件に、**イランの核開発計画の非軍事化（the demilitarization of Iran's nuclear program）**を国連で管理することを目的とした合意（イラン核合意）がアメリカを含む西側諸国と結ばれたのだ。

事態が再び暗転したのは、2017年にドナルド・トランプがアメリカ大統領に就任してからである。2019年5月、トランプは**イラン産原油の輸入を全面禁止（a complete ban on import of Iranian crude oil）**した。経済活動が麻痺したイランは、2015年の合意で決められた**濃縮ウラン貯蔵制限値（the enriched uranium storage limit）**を遵守するつもりはないと公言した。イランとアメリカの間の緊張はかつてないほどに高まっている。

アメリカとイランが相互に信頼関係を築く可能性は低い。現実的な和解のポイントは、イランが**ウラン濃縮施設（uranium enrichment facilities）**をIAEAに完全公開し、ウラン濃縮を平和利用しかしないレベルで維持する姿勢を実績で証明し、国際的な信頼を得て、その代償として得た**経済制裁解除（lifting of economic sanctions）**によって経済発展を遂げる道だろう。そのためにイランは、2015年のイラン核合意からさらに譲歩した態度を示し、イスラエルをも納得させなければならない。

■コラム■

イラン人はアラブ人ではない！

中東と言えば、ユダヤ人の住むイスラエルと、アラブ人の住む地域の二分類だけでこの地域の民族をとらえ、イランに住む人々もアラブ人だと考えている日本人が意外と多い。

イラン人（Iranians）は**アラブ人（Arabs）**ではない。むろん限られた割合でアラブ人もイランに居住はしているが、大部分は**ペルシア人（Persians）**であり、**ペルシア語（Persian）**を話す人たちである。イスラムを信仰するのはアラブ諸国と同じだが、それ以外はイラン独特の歴史的背景と特徴を、そしてペルシア帝国伝統の誇りを持っている。イランは植民地化されたことがなく、このこともイラン人の誇りの1つだ。

国際関係問題アーギュメント力 UP！

Agree or disagree: Religious confrontations are inevitable（宗教対立は避けられない、という意見に賛成か反対か？）	
Agree（賛成側の主張）	
1. 宗教間の根深い溝が対立の解決を妨げている。	Deep-rooted rifts between religions discourage each side from resolving conflicts.
2. 貧困が宗教の名のもとに対立を生む。	Poverty breeds religious confrontations in the name of religion.
3. 宗教はしばしば政治、軍事利用される。	Religions are often misused for political and military purposes.
Disagree（反対側の主張）	
1. 教育により、人々は宗教の多様性を理解することができる。	Education encourages people to understand religious differences.
2. 国際団体が異なる宗教の仲介をできる。	International corporations can serve as mediation between different religions.
3. 貧困やその他の悪状況を和らげることで、宗教対立を防ぐことができる。	Alleviating poverty and other plight can prevent religious confrontations.

発信力 UP 重要表現をマスター！「政治・紛争」①

□ イスラエル居住地　**an Israel enclave**（**enclave** は、ある国・都市内の飛び地、少数民族居住地のこと）
□ ユダヤ人亡命者　**Jewish émigrés**（**émigré** は国外移住者（**emigrant**）のうち、特に政治上の迫害を逃れようとする人）
□（国家間の）引き渡し、送還　**extradition**（容疑者・不正入国者などを本国に送り返すこと）
□ 強制送還　**forced repatriation**
□ 国外追放者　**deportee**（「退去命令」は **a deportation order**）
□ 国境地帯での小競り合い　**a border skirmish**（「互角の激戦」は **close-pitched battle**）
□ 戦争時の残虐行為　**wartime atrocities**
□ 軍事政権　**junta**（軍事が政治よりも上位で、軍隊が政治を統制する）
□ 文民統制　**civilian control**（軍人としての経験のない政治家が軍隊を統制）
□ 枯葉剤　**Agent Orange**（**defoliant** とも。「催涙ガス」は **a tear gas**、「大量殺戮」は **genocide**）
□ 好戦的愛国主義　**jingoism**
□ 市民軍　**militia**（「反乱軍民兵」は **rebel militia**）
□ 停戦交渉　**a cease-fire negotiation**
□ 民主化独立運動　**a pro-democracy movement**
□ 文化の横取り　**cultural appropriation**（支配的な社会集団が少数派の文化をわがもののように扱うこと）
□ 電撃作戦　**blitz tactics[strategy]**（「作戦開始日」は **D-day**）
□ 爆弾の一斉投下　**salvo**（「一斉射撃」は **salvo of gunfire**）
□ ミサイル配備　**missile deployment**（「核弾頭」は **a nuclear warhead**）
□ 駆逐艦　**a torpedo-boat destroyer**
□ 政治体制に反対する人　**political dissidents**（「政治運動家」は **political activists**）
□ 国土安全保障　**homeland security**（特にアメリカをテロから守ること）
□ テロ対策特別措置法　**the Anti-Terrorism Special Law**
□ 補給基地　**a supply depot**（**supply base** とも）

 4 アジアの紛争の歴史（The History of Conflicts in Asia）

■現代のアジアの紛争の特徴とは!?

アジアの紛争の特徴は、近年**軍事力（military power）**と**経済力（economic power）**において強大になった中国が、直接・間接的な形で、地域情勢に何らかの影響を与えているという点がまず挙げられる。

経済面では、**鄧小平（Deng Xiaoping［1904－1997］）**が提案し、1978年に取り入れた「**改革・開放政策**」**（the reform and opening-up policy）**以降、中国はめざましい発展を遂げ、2010年には**国内総生産（Gross Domestic Product［GDP］）**で日本を抜き世界2位となった。**軍事費支出（military spending）**においても世界2位となり、1位のアメリカを経済力と軍事力両面で急速に追い上げている。

また、安価な労働力を先進国企業に提供するという古いビジネスモデルから、**人工知能（artificial intelligence）**、**通信技術（communication technology）**、**ドローン（drone）**、**宇宙開発（space exploration）**といった**先端技術（advanced technology）**において世界をリードする**先進工業モデル（advanced industrial models）**に移行しつつある。さらには、2014年に設立した**アジアインフラ投資銀行（the Asian Infrastructure Investment Bank［AIIB］）**や、**デジタル人民元（digital renminbi）**構想など金融面におけるグローバル化に向け、**一帯一路（the Belt and Road Initiative）**政策を掲げて、陸と海の世界物流を通じた経済発展を目指そうとしている。

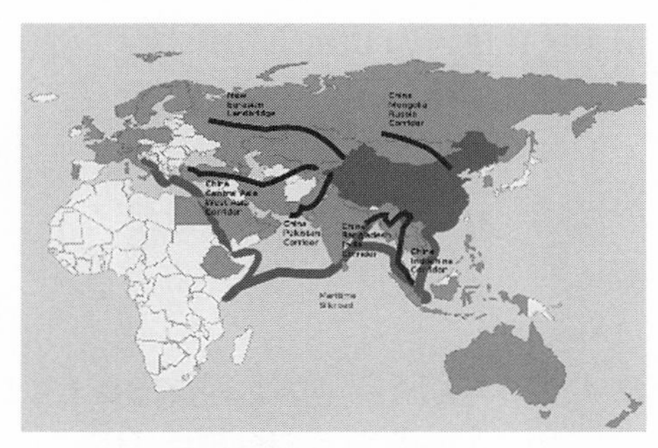
陸と海の物流を発展させる、中国の一帯一路政策

しかし、2020年に制定された**香港国家安全維持法（the Hong Kong**

National Security Law）による香港民主活動家の弾圧、**新疆ウィグル自治区（the Xinjiang Uyghur autonomous region）**における**ウィグル民族の強制収容問題（the issue of concentration camp of Uyghurs）**など、事実上の**一党独裁（one-party rule）**による**強圧的な政治手法（high-handed political tactics）**が、西側諸国の民主主義価値観とは相容れず、中国の強大化に対する各国の警戒感は高まっている。

東南アジア諸国（countries in Southeastern Asia）は、経済的には中国とのつながりが強いが、安全保障的にはアメリカとのつながりが強いという微妙なバランスの中にある。東南アジア諸国10か国共通の意思表明を行う**東南アジア諸国連合（the Association of Southeast Asian Nations［ASEAN］）**が一定の影響力を持つ。

アジア情勢においてもう一点キーとなるのは、中国に匹敵する人口規模を持ち、**多党制民主主義制（multiparty democracy）**をとるインドの存在だ。インドは、2007年に日本が提唱した**日米豪印戦略対話（the Quadrilateral Security Dialogue［QUAD］）**の枠組みの一角であり、「**自由で開かれたインド・太平洋（the free and open Indo-Pacific）**」のコンセプトの下で、中国の一帯一路政策に対抗する重要なアクターである。同国は、中国やパキスタンとの国境問題をかかえ、**モディ首相（Prime Minister Narendra Modi）**の政権はヒンドゥー教徒を重視し強権的との批判もあるが、QUADの一角としてその存在は欠かせない。

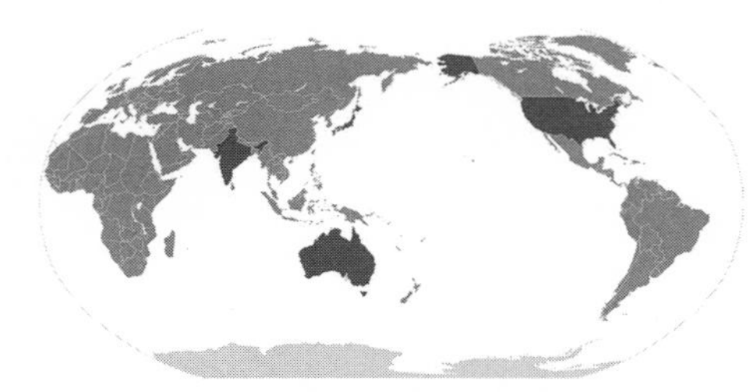
中国の一致一路政策に対抗する、日米豪印のQUAD

■1．70年続く深刻な北朝鮮危機とは!?

1950年に始まった**朝鮮戦争（the Korean War）**は、北朝鮮（正式名：**朝鮮民主主義人民共和国 / the Democratic People's Republic of Korea**）と韓国（正式名：**大韓民国 / the Republic of Korea**）の間で戦われ、少なくとも250万人が命を落とした。地政学的に見れば、**ランドパワー（land power）**のソ連と**シーパワー（sea power）**のアメリカが、

リムランド（rimland）の朝鮮半島で衝突したということになる。ソ連に武器を供給され、1950年6月に**北緯38度線（the 38th parallel north）**を越えて韓国に攻め入った北朝鮮をランドパワーの中国が支援し、アメリカを中心とする国連軍の支援を受ける韓国と1953年まで戦闘を続けた。1954年の交渉は実らず、結局、現在に至っても**平和条約（the peace treaty）**が締結されていないため、北朝鮮と韓国の戦争は終わっておらず、**休戦協定（armistice）**状態のままだ。現在に至るまで北朝鮮とアメリカが対立する第一の理由は、朝鮮戦争はまだ終わっていないという事実と、そのときに北朝鮮を攻撃した**国連軍（the UN forces）**の主体は事実上**米軍（the US army）**であったためだ。

ところで、**国連安全保障理事会（the United Nations Security Council）**は1950年に**北朝鮮に対する軍事制裁を決議（the UN resolution of military sanctions against North Korea）**したが、安全保障理事会の中には**常任理事国（the permanent members of the UN Security Council）**で**拒否権（veto power）**を持つ中国もソ連もいたはずなのに、なぜどちらも制裁決議を認めたのだろうか。第一の理由は、このときの常任理事国の「中国」は中華人民共和国ではなく**中華民国（台湾）（the Republic of China）**であったこと、第二の理由は、中華人民共和国が安全保障理事会の常任理事国でないことに不満を抱いたソ連が理事会を欠席したことである。

北朝鮮危機は、同国が2006年に核実験を成功させてから急激に緊張が高まった。以来2017年まで合計6回の**核実験（nuclear testing）**を実施、2017年11月にはアメリカにも到達するとされる**大陸間弾頭ミサイル（an intercontinental ballistic missile[ICBM]）**の実験を成功させ、アメリカとの**瀬戸際政策（brinkmanship）**を行うと、国連安保理は同年、北朝鮮の重要な収入源である**輸出取引の禁止（a ban on export transactions）**、**海外への労働者派遣の禁止（a ban on the dispatch of North Korean workers overseas）**を含む、**かつてない厳しい経済制裁（unprecedentedly harsh economic sanctions）**を**満場一致（unanimous agreement）**で可決し施行した。2018年～2019年にかけて、米トランプ前大統領と北朝鮮・**金正恩書記長（General Secretary Kim Jong-Un）**は、**三度会談（tripartite talks）**を行ったが解決に向けての進展はなかった。

北朝鮮問題の解決策は、同国のデータが開示されないため極めて不透明である。**希望的観測（wishful thinking）**かもしれないが、北朝鮮が**核兵器を放棄（abandonment of the nuclear weapons）**し、徐々に開国すると同時に、経済制裁による困窮で国が崩壊しないように国際社会の援助を受けて、安定を取り戻すことが望ましい解決策である。

■2．高まる東シナ海と南シナ海の緊張とは⁉

中国はもともとランドパワーの国だ。しかし近年、中国による南シナ海と東シナ海への強引な海洋進出が、日本を含むアジアの近隣海洋諸国との軋轢を生んでいる。さらには、中国の**世界的な覇権（global hegemony）**の強大化を警戒する、**日米豪印戦略対話（the Quadrilateral Security Dialogue[QUAD]）**との対立構造ができている。

中華人民共和国は1949年の建国以来、**周辺国との国境争い（a border dispute with the neighboring countries）**を続けたが、90年代にラオス、ベトナム、カザフスタンとの、2000年代にタジキスタン、ロシアとの国境を確定させ、インドとの**国境問題（a border problem）**を残すものの、ある程度国防面が安定した。中国の海洋進出はそのためだと言われる。アジアの沿岸諸国はリムランドに分類され、ランドパワーとシーパワーがせめぎ合う場所として多くの戦闘が発生してきた。第二次世界大戦後の**民族国家独立（independence of nation states）**の機運の中、多くの独立国家が誕生したが、**地政学的な現実（a geopolitical reality）**は変わっていない。

■3．70年以上続くインド・パキスタン紛争の真相はいかに⁉

インドとパキスタンは1947年に**イギリス領インド帝国（the British Raj / the British Empire in India）**が解消する際に、痛みを伴う分離の末に生まれた2つの国だ。宗教（**イスラム教徒多数派地域［Muslim majority districts］**）を基盤として独立したパキスタンは、インドのイスラム教徒の故郷となり、反対にインドでは**ガンジー（Gandhi）**と**ネルー（Nehru）**が**世俗主義の大インド国家（a secular Indian state）**を形成し、**ヒンズー教徒（Hindus）**、**イスラム教徒（Muslims）**、その他の宗教の信徒たちの集結を夢見ていた。

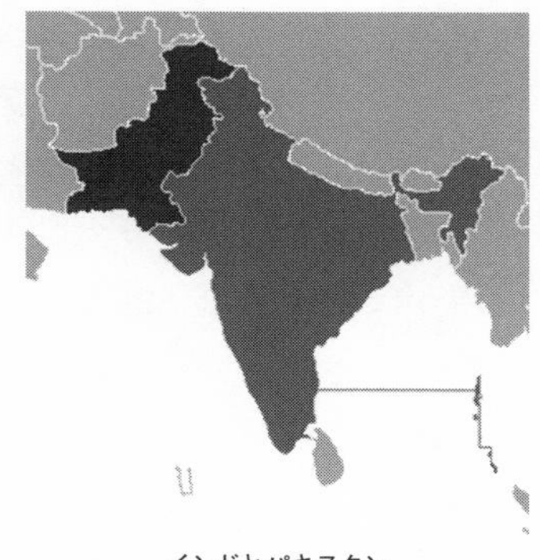
インドとパキスタン
Attribution: Grubb at English Wikipedia

一方、**カシミール地方（the Kashmir region）**のヒンズー教徒である**藩王（the ruling Maharaja of the princely state in the British Raj）**は、インドにもパキスタンにも従属しない独立を当初目指した。カシミール住民からパキスタンへの帰属を求める声が高まったのを口実に、1947年10月、**パキスタンの義勇兵（Pakistani military volunteers）**がカシミールに侵攻した。するとカシミール藩王はインドへの帰属を決め、インドへ支援を要請し、インドはこれに答えて兵士を派遣した。こうしてインドとパキスタンの全面戦争が始まった（**第一次インド・パキスタン戦争［the First India-Pakistan War］**）。1965年9月にはカシミールをめぐって再び戦争が始まった（**第二次インド・パキスタン戦争［the Second India-Pakistan War］**）が、国連の要請を受け入れ、停戦に合意した。

3度目の衝突は1971年、**バングラデシュ独立戦争にインドが介入（India's intervention in the Bangladesh Liberation War）**したことで始まった。当時、パキスタンはインドをはさんで東西に分かれていたが、分離独立を求める東パキスタンが、西パキスタンと**内戦（a civil war）**状態に陥ると、多くの難民がインドに逃れた。すると、**インドは治安維持を口実に（under the pretext of maintaining national security）**、**東パキスタンに軍隊を派遣し（dispatch of the Indian army to East Pakistan）**、**第三次インド・パキスタン戦争（the Third India-Pakistan War）**が始まった。戦闘はインド軍が優勢のまま停戦となり、東パキスタンは**バングラデシュ人民共和国（the People's Republic of Bangladesh）**として独立を果たした。

■ 4. 子どもの権利条約に反するミャンマーのロヒンギャ危機とは⁉

国民の3分の2が**仏教徒（Buddhists）**で、その他、キリスト教徒、**イスラム教徒（Muslims）**、**ヒンズー教徒（Hindus）**で構成されている**ミャンマー（Myanmar）**。宗教対立紛争に、バングラデシュと国境を接するミャンマー西部の**ラカイン州（the Rakhine State）**で長年続く、ロヒンギャ（イスラム教徒）と**アラカン人（Arakanese）**（仏教徒）の対立がある。背景には、第二次世界大戦時にイギリス軍側についたロヒンギャと、日本軍側についたアラカン人が激しく衝突した経緯や、1982年の法改正で国籍がはく奪され、ロヒンギャは**不法移民（illegal immigrants）**として扱われてきたという悲惨な経緯がある。近年、両者間の緊張が増し、2017年にはロヒンギャの武装グループ、**アラカン・ロヒンギャ救世軍（the Arakan Rohingya Salvation Army [ARSA]）**が、軍や警察の出先機関を襲う事件が発生。その報復として軍は残忍な攻撃をロヒンギャの村に行い、70万人を超えるロヒンギャが**バングラデシュへ避難（evacuation to Bangladesh）**した。現在、ロヒンギャは、流入先のバングラデシュからも、自国ミャンマーからも不法移民として扱われ、保護を受けていない悲惨な状況に置かれている。

■コラム■

ミャンマーと同国軍部の関係とは？

ミャンマー（Myanmar）（旧ビルマ**（Burma）**）は、1824年からイギリス領インドの一部となり、1943年に日本の支援もあり独立するが、日本が第二次世界大戦で敗れると、再び**イギリスの植民地（a British colony）**となったあと、1948年に**ビルマ連邦（the Union of Burma）**として独立。その間に、同国にある130のエスニック集団の間に緊張が生まれ、軍部がしばしば政治介入した。国の統治には常に軍が関わり、特に1958年～1960年、1962年～2011年の間、国家は軍の直接統治下に置かれた。

アウンサンスーチー
By Foreign and Commonwealth Office / CC BY 2.0

1990年の総選挙では、ビルマ独立の父と呼ばれるアウンサン将軍の娘である**アウンサンスーチー（Aung San Suu Kyi）**が設立した「**国民民主連盟（the National League for Democracy[NLD]）**」が勝利するが、軍部は投票結果を取り消し、アウンサンスーチーは当局に逮捕され自宅軟禁された。2011年にようやく**文民統治（civilian control）**になったが、それでも軍は議員の一定数を必ず確保できるようになっており、軍の影響力が消えることは今もない。

■5. 中国のウイグル人大量虐殺の実態はいかに⁉

約960万平方キロメートルの広大な領土を持ち、55の少数民族が暮らす中国の最大の脅威は、主体民族である**漢民族（Han Chinese）**の文化や共産主義以外の勢力により、国家統一が脅かされることである。**新疆ウイグル自治区（the Xinjiang Uygur Autonomous Region of the People's Republic of China）**の人口2585万人（2020年）の6割以上を占める**ウイグル人（the Uyghur people）**は、**トルコ系民族（Turkic people）**で大多数が**イスラム教徒（Muslims）**。かつて独立を宣言したこともあったウイグルは中国政府にとって大きな脅威となっており、新疆ウイグル自治区のウイグル人およびその他の**民族・宗教的少数派（ethnic and religious minorities）**に対して、中国政府は**一連の人権侵害（a series of human rights violations）**を行ってきた。

この地は1955年から中国の自治区となったが、90年代以降、独立運動が活発化し、「**東トルキスタン・イスラム運動（the Eastern Turkistan Islamic Movement［ETIM］）**」などによるテロが頻発。大規模暴動が発生した2009年以降、中国政府は過激派テロ対策として監視を強化していく。中国の**憲法が保障する「信教の自由」（"freedom of religion" guaranteed by the Chinese Constitution）**に反して、当局は**国家統一（national unification）**の立場から、信仰より**共産党（the Chinese Communist Party［CCP］）**指導を優先し、「イスラム教の中国化」を進めている。**国連人種差別撤廃委員会（the UN Committee on the Elimination of Racial Discrimination）**によると、2018年に秘密裏に**強制収容所（concentration camps）**に送られたウイグル族は100万人以上いるという。**ウイグル人の宗教慣習の弾圧（suppression of Uyghur religious practices）**、**政治的洗脳（political indoctrination）**、深刻な虐待、**強制的な不妊手術、避妊、中絶（forced sterilization, contraception, and abortion）**や**幼児殺害（infanticide）**などの人権侵害が行われている。そして**組織的な民族・宗教少数派に対する強制収容の規模は、ホロ**

米ホワイトハウス前で人権デモをするウイグル人たち
By Elvert Barnes / CC BY-SA 2.0

コースト以来最大級（the largest and most systematic detention of ethnic and religious minorities since the Holocaust）といわれる。2021年、これらの人権侵害に対して、アメリカ政府、カナダやオランダの議会などは**ウイグル人大量虐殺（the Uyghur genocide）**が行われていると宣言。日本を除くG7（主要7か国）は中国当局への**資産凍結（an asset freeze）**などの制裁に踏み切った。

国際関係問題アーギュメント力UP！

Should the Japanese government do more to promote human rights in other countries? **（日本政府は他の国々に対して人権をもっと促進するべきか？）**	
Pros（賛成側の主張）	
1. 日本は民主主義国家や経済大国の一員として、開発途上国の人権を促進する義務がある。	Japan has a duty to promote human rights in developing countries, as a member of democratic nations and economic superpowers.
2. 他国での人権擁護における日本の努力は、国際的な地位を高める。	Japan's efforts in human rights promotion in other countries will enhance its international stature.
3. 外国での日本の人権促進運動は、その国の経済的利益の保護に貢献し、それらの国との日本の貿易取引を増加させる可能性がある。	Japan's human rights promotion drive in foreign countries contributes to the protection of their economic interests, which can increase Japan's trade volume with those countries.

発信力 UP 重要表現をマスター！「政治・紛争」②

□ 国民主権　**popular sovereignty**
□（決定権や拘束力を持つ）国民投票　**plebiscite**（「決定権や拘束力を持たない国民投票」は **referendum**）
□ オンブズマン　**ombudsman**（国民の権利・利益を守るために行政機関を外部から監視する機関）
□ 勝手な選挙区改定　**gerrymandering**（選挙で自党に有利なように選挙区（**constituency**）を定めること）
□ 権限　**mandate**（選挙によって政府や議員に与えられる職権）
□ 大きな社会　**a Big Society**（国民に権限を与え、社会を大きく強くしようとする政策）
□ 若者の行動から生じた政治社会的激変　**youthquake**
□ 小国分裂主義　**Balkanization**（ある地域や国家が、対立する小さな地域・国家に分裂すること）
□ 政官財の癒着　**collusion among politicians, bureaucrats, and business executives**
□ 政治的混乱　**a political turmoil[upheaval]**
□ 選挙監視活動　**election-monitoring activities**
□ 宥和政策　**an appeasement policy**（妥協しながら外交問題を解決する政策）
□ 利益誘導型政治　**pork-barrel politics**（「特定の選挙区への助成金」は **pork money**）
□ 憲法改正　**a constitutional amendment**
□ 三権分立　**checks and balances / separation of power**
□ スピンドクター　**spin doctors**（政治家の広報アドバイザー）
□ 一口発言　**sound bites**（テレビ・ラジオで引用される、政治家などの短い発言）

第4章

国際関係とアフリカ・ヨーロッパ・南北アメリカの紛争

International Relations and Conflicts in Africa, Europe, and the Americas

1 アフリカの紛争の歴史（The History of Conflicts in Africa）

■ アフリカの紛争の原因はこれだ！

多くのアフリカ諸国が独立を果たした1960年代以降、アフリカでは紛争が多発している。アフリカの紛争の原因とは何だろうか。自らがアフリカ（ガーナ）出身で、第7代**国連事務総長（the Secretary-General of the United Nations）**を務めた**コフィ・アナン（Kofi Annan）**が1998年の報告書で、アフリカの紛争の原因として次のような観点を挙げている。

コフィ・アナン 第7代国連事務総長
By Ricardo Stuckert/ABr / CC BY 3.0

1. **「歴史的遺産（historical legacies）」**：**植民地化（colonization）**の過程で、**大国の領土分割（territorial division by big powers）**を目的に人工的に引かれた国境線がアフリカの複雑な**民族分布（an ethnic distribution）**に合致しないことで起こる紛争。
2. **「内的要因（internal factors）」**：アフリカ諸国の**脆弱な統治能力（weak governance）**や高頻度で起こる汚職、**ずさんな国境管理（poor border administration）**、しばしば行われる人権侵害などアフリカ諸国内に起因する紛争。
3. **「外的要因（external factors）」**：周辺国や他地域の大国が介入し、あるグループを支援することで、民族や宗教派閥などの対立軸を生み出した。
4. **「経済的動機（economic motives）」**：**天然資源（natural resources）**の豊かなアフリカでの、武力紛争を通じた**資源収奪（plundering of resources）**が紛争多発につながった。

こういった要因から、アフリカでは**民族や宗教を対立軸とする紛争（interethnic or interreligious conflicts）**が多発していると言えるが、その根底には政治家や軍事政権が利益を狙う「**貪欲（greed）**」も大きく関与している。**汚職（corruption）**は、紛争の重大要因である貪欲の結果でもあり、政府の**統治能力の低さ（poor governance）**とも関係する。トランスペアレンシー・インターナショナルが発表する2020年版**腐敗認識指数（Corruption Perceptions Index）**によれば、世界で最も汚職率の高い国にはアフリカの**リビア、スーダン、ソマリア、コンゴ（Libya, Sudan, Somalia, Congo）**など9か国が含まれ、アフリカの汚職率の高さが見てとれる。

それではアフリカの紛争を個別に見てみよう。

■1. カダフィーの死後も続くリビア内戦とは⁉

2011年に「**アラブの春（the Arab Spring）**」の一環として起こった、民衆の**反政府デモを武力弾圧（armed suppression of anti-government demonstrators）**したリビアのカダフィー大佐。だが、その政権は国際社会の非難を受け、英仏を中心とした武力行使で弱体化し、同年、**反体制派（dissident groups）**に倒され、カダフィーも殺害された。しかし、政権奪取をもくろむリビア東西の2グループの抗争が続いて、中央政府は確立せず、国はテロ組織や**人身売買の巣窟（a hotbed of human trafficking）**となり、サハラ砂漠以南からヨーロッパに向かう**難民の奴隷化（enslavement of refugees）**や人身売買の拠点ともなっている。

ムアマル・カダフィー
(1942-2011)

1969年の**無血クーデター（a bloodless coup d'état）**から2011年に反乱軍に殺害されるまで、**ムアマル・カダフィー（Muammar al-Qaddafi）**は**リビアの事実上の指導者（Libya's de facto leader）**を40年間務め、良い意味でも悪い意味でもリビアという国を象徴する存在であった。

カダフィーは、**ベドウィン族の遊牧民（an itinerant Bedouin farmer）**の子として生まれ、**ベンガジ（Benghazi）**の**陸軍士官学校（a military academy）**在学中に自由将校団を結成、1969年のクーデターで国王を追放し、**国家元首（the head of the state）**となった人物だ。

リビア国内では、**外国資本から石油資源を取り戻した（recaptured the petroleum resources from the foreign capital）**という評価で、当初は高い支持を得た。

2010年にチュニジアで始まった民主化運動「アラブの春」が、2011年2月にリビアのベンガジにおいて**反政府抗議（an anti-government protest）**という形で訪れると、カダフィーはデモに対し、**大規模で残虐な弾圧（a large-scale and vigorous crackdown）**を行った。国連安全保障理事会は、カダフィーによる脅威から民間人を保護する責任があるとして、イギリスとフランスにリビア軍の拠点を**空爆（an air strike）**することを許可した。それでもカダフィーは弾圧をやめず、イギリスとフランスは**反体制派を支援し（supported the dissident group）**、結局カダフィーは2011年10月に捕らえられ殺害された。

カダフィー亡き後、**分離独立派（a separatist group）**、各部族、軍部などが争う混乱の中で新政府が樹立されたが、**中央集権（a central government）**は成らず、西部の**トリポリ（Tripoli）**と東部の**トブルク（Tobruk）**を拠点としていまだに政権を争っている。

不安定化したリビアにはアルカイダと結んだ私兵組織やイスラム国が根を下ろし、**人身売買組織網（a human trafficking network）**ができて、サハラ砂漠以南のアフリカ諸国からヨーロッパなどに向かう難民に対する虐待や奴隷化を続けている。西部トリポリの政府と東部トブルクの政府が、**国際社会の仲介による和解（a settlement through international arbitration）**を行い、豊富な石油資源をもとに経済的自立と発展をもたらすことが唯一のリビア回復策だろう。

■ 2. 世界一危険なPKOを擁したマリ騒乱とは!?

マリ（Mali）共和国北部の民族である**トゥアレグ人（Tuareg people）**の反政府運動につけ入ったテロ組織が、北部地域を制圧した。フランス軍の支援により、マリ政府は北部を奪還したが、政府軍や**国連PKO部隊（MINUSMA）**は今もテロの犠牲になっており、イギリスBBCは「**世界で最も危険なPKOミッション**」**（the world's most dangerous peacekeeping mission）**と呼んだ。

西アフリカの**内陸国（a landlocked country）**であるマリは、**19**

世紀に**フランスの植民地になった地域（a region colonized by France in the 19th century）**だ。1960年の独立以来、中央政府の扱いに不満を募らせていた北部のトゥアレグ人は、国際テロ組織アルカイダ系のイスラム過激派勢力**AQIM（Al-Qaeda in the Islamic Maghrib: イスラム・マグレブ諸国のアルカイダ）**と共闘し、2012年4月に広大なマリ北部全体を征服した。この**マリ騒乱（the 2012 Malian coup d'état）**には、アラブの春が引き起こした2011年のリビアのカダフィー政権崩壊が間接的に影響している。リビアに傭兵として雇われていたトゥアレグ人がマリに戻り、武器もリビアから流入したからだ。**過激派組織（an extremist organization）**は、**イラク戦争（the Iraq War）**（2003年）による米・英の破壊を通じて、反欧米、反キリスト教徒の姿勢を持ち、統治能力の弱いマリ北部を拠点化し、イスラム国家建設に向けて「**聖戦（jihad）**」に備えようとした。

トゥアレグ族の人
By Dan Lundberg / CC BY-SA 2.0

やがて、過激派組織がトゥアレグ人を追い出し、北部の**実効支配（effective control）**を強めたため、2013年に**国連安保理決議（the UN Security Council resolution）**を受けたフランス軍がマリ政府軍と協力して北部を奪還した。2015年6月、マリ政府とマリ北部武装勢力との間に**和平合意（a peace agreement）**が成立したものの、衝突は現在も散発している。

マリには、国連安保理の決議に基づいた**多国籍軍（the coalition forces）**「**国連マリ多元統合安定化ミッション（the United Nations Multidimensional Integrated Stabilization Mission in Mali［MINUSMA］）**」が1万8000人配備されているが、テロによる犠牲者が後を絶たない。

◐国際関係問題アーギュメント力 UP！

Should the United Nations play a more important role in international politics? **（国連は国際政治においてより重要な役割を果たすべきか？）**	
Pros（賛成側の主張）	
1. 国家間の緊張と紛争の増大に伴い、国連は紛争予防と平和構築において極めて重要な役割を果たすべきである。	With increasing international tensions and conflicts, the UN should play a pivotal role in conflict prevention and peacebuilding.
2. 人権侵害の悪化を考えると、国連はこれらの問題を解決するためのイニシアチブを行使することがますます期待されている。	Considering worsening human rights violations, the UN is increasingly expected to exercise the initiative to solve those problems.
3. 国連は環境保護を促進する上でより重要な役割を果たすべきであり、それは先進国と発展途上国の間の緊張を緩和するために重要である。	The UN should play a more significant role in promoting environmental protection, which is important for alleviating tensions between developed and developing countries.

■3. ナイジェリアの過激派組織ボコ・ハラムとは!?

ナイジェリア北東部を占領する**過激派組織（an extremist organization）「ボコ・ハラム（Boko Haram）」**は、**成人男性の無差別殺害（indiscriminate killing of adult men）**や**女性の集団拉致（mass abduction of women）**を行う。拉致した女性は、戦闘員と結婚させるか**性奴隷（sex slaves）**にし、幼い少女は**テロの実行犯（terrorist perpetrators）**に仕立てて、**自爆テロ（suicide bombings）**を行わせるなど激しい人権侵害行為が行われている。

19世紀末からの**イギリスの植民地化（British colonization）**に伴う統合の結果、ナイジェリアでは北部にイスラム教徒が、南部にキリスト教徒が多く住む。人口2億600万人（2020）、国民総所得（GNI）3848億ドル（2018年）で、どちらもアフリカ最大だが、油田のある南部が豊かで、資源の少ない北部が貧しい状況から過去にも**イスラム対キリスト教徒の対**

立（**an Islam－Christian conflict**）を生んできた。1960年のイギリスからの独立以来、**軍政**（**military administration**）が続いたが、1999年に**民政**（**civil administration**）に移管され経済成長しつつある。しかし、過激派組織「ボコ・ハラム」の存在が海外投資や観光業における障害となり、ナイジェリアの社会と経済に暗い影を落としている。

ボコ・ハラムは、2002年に**モハメド・ユスフ**（**Muhammed Yusuf**）によって設立されたイスラム急進派武装組織で、ナイジェリアでの、**西側諸国の影響による腐敗や不正**（**corruption and injustice in Nigeria influenced by Westernized countries**）を正し、**イスラム法**（**シャリーア［sharia］**）による統治を目指す集団である。「ボコ・ハラム」とは、現地のハウサ語で「**西洋の教育は神への冒涜**（**Westernization is sacrilege.**）」を意味する。

2009年、**ナイジェリア政府軍**（**the Nigerian government army**）によってボコ・ハラムの指導者ユスフが殺害されると、組織の行動は一層過激化し、**イスラム国に忠誠を誓う**（**pledge allegiance to the Islamic State**）と宣言するに至った。また、学校をターゲットとするボコ・ハラムは、2014年2月にヨベ州の**寄宿生学校**（**a boarding school**）を襲い、男子生徒約60名を殺害。同年4月にはボルノ州で女子高を襲撃し、200人を超える女学生を拉致、「**奴隷市場で売り飛ばす**」（**I abducted your girls. I will sell them.**）」と発言したボコ・ハラムのリーダーの姿がCNN放送に映し出された。これらの蛮行はオバマ米大統領（当時）夫人、**ミッシェル・オバマ**（**Michelle Obama**）などによる**the "Bring back our girls" campaign**（**私たちの少女を取り戻せキャンペーン**）が世界的に展開されるといった騒乱を招いてきた。

■コラム■

アフリカ連合とは何か!?

アフリカ連合（**the African Union［AU］**）は、その前身である**アフリカ統一機構**（**the Organization of African Unity［OAU］**）の機能を引き継ぎ、2002年に発足した**政府間組織**（**an intergovernmental organization**）で、本部をエチオピアの**アジス・アベバ**（**Addis Ababa**）に持つ。

前身であるアフリカ統一機構（OAU）［1963年に設立］はアフリカ諸国の独立を

サポート、アフリカ各国の国境問題や紛争の**調停（mediation）**を手掛けてきた。例えば、アルジェリアとモロッコの国境問題解決（1963－1964）、**アパルトヘイト（apartheid: 人種隔離政策）**を続けた南アフリカへの経済制裁などの功績があるが、戦争や人権侵害の防止はできなかった。しかしAUは平和安全保障委員会を設置し、国連からも法人格を与えられ、世界の平和と安全の維持に貢献できる能力を持つ重要な国際組織である。

■ 4．中央アフリカ共和国の暴力の実態とは⁉

中央アフリカ共和国（Central African Republic[C.A.R.]）は金、ウラン、ダイヤモンド、石油、木材などの**天然資源（natural resources）**に恵まれているが、極度に発展が遅れており、1人当たりGNIは480ドルに過ぎない。1960年に独立して以来、**軍部が率いるクーデター（a coup d'état staged by the military）**が頻発し、**政情不安が恒常化している（Political unrest has become a way of life.）**からだ。

キリスト教徒など、国の南部・東部に居住する者が主として開発の恩恵を享受してきた一方、北東部のイスラム教徒は**中央政府（the central government）**に無視され続けてきたと感じている。2012年、北東部の**武装勢力（armed elements）**は同盟**セレカ（Séléka）**を結成して政府軍との戦闘を激化させ、2013年にはついに南部にある首都**バンギ（Bangui）**を制圧した。これ対してキリスト教徒の**民兵組織（militia organization）アンチ・バラカ（anti-Balaka）**が反撃したことで、戦闘はキリスト教徒とイスラム教徒を対立軸とした襲撃合戦となった。争いは全土に拡大して、相互が各地で**焼き討ち（setting fire）**や**略奪（looting）**、**虐殺（bloodshed）**に遭う**深刻な人道危機（a grave humanitarian crisis）**の状況に陥ったことから、**国連安保理決議（the UN Security Council resolution）**により2000人の兵士が配備された。

2019年にスーダンのハルツームで、**アフリカ連合（the African Union）**の立ち合いのもと、政府と武装組織が和平合意に署名したが、合意は順守されていない。2016年に大統領に選ばれたトゥアデラが、フランスの後押しのもとで国内**融和政策（an appeasement policy）**をとり、国際社会の援助と自国の天然資源を有効活用して荒廃から復興への道に導けるかどうかが問われている。

■5. 600万人以上が人道支援を求める南スーダン内戦とは!?

2013年から続く南スーダンの権力闘争は、各々が所属する部族同士の内戦に発展し、死者約40万人、難民および**亡命希望者（self-exiles）**224万人が生まれ、食料支援を必要とする人は600万人を下らない。

2011年に**スーダン（Sudan）**から分離独立を果たした南スーダンでは、2013年から、**政権与党（a ruling party）**である**スーダン人民解放軍（the Sudan People's Liberation Movement[SPLM]）**の内部で、**ディンカ族（Dinka people）**に属する**キール大統領（President Kiir）**と**ヌエル族（Nuer people）**の**マシャール元副大統領（the former Vice President Machar）**を頭目とする**部族間抗争（tribal conflicts）**が始まった。両者は2018年に**和平協定（a peace agreement）**を結び、国際社会の努力の結果、2020年にキール大統領が紛争相手であったマシャール氏を副大統領に再度任命したが、相互の信頼は確実なものではない。

南スーダンには2011年より**国連平和維持軍（the UN peacekeeping force）**が派遣されている。2018年に結ばれた和平協定が、キール大統領派とマシャール副大統領派の両者により部族を超えて遵守され、相互の信頼構築を図るとともに統治能力を上げ、国民の信頼を得ることが重要だ。

■6. ルワンダ大虐殺を引き起こしたコンゴの内戦とは!?

コンゴ民主共和国（the Democratic Republic of the Congo）は、**埋蔵鉱物資源を豊富に有する（an abundant mineral deposit）**にもかかわらず、政治・経済が安定せず、1人当たりGNIは490ドル（2018年）と貧しい。20世紀末に民主主義国家に移行したものの、政府の統治能力は弱く、多くの武装組織が闘争を続けているため、米外交問題評議会によれば、450万人の国内避難民、80万人の国外難民がこれまで発生している。

コンゴ民主共和国は**1960年にベルギーから独立した（gained independence from Belgium in 1960）**。同じ年にフランスから独立した西隣の**コンゴ共和国（the Republic of Congo）**とは違う国なので要注意。1965年に**モブツ司令官（Commander Mobutu）**が、**ルワンダ（Rwanda）**と**ウガンダ（Uganda）**の支援を受けた**軍事クーデター（military coup d'état）**により政権を握り大統領になると、1997年までの32年にわたり政権を支配、**鉱物資源による収益（revenues from**

mineral resources）を大統領自身と**近親者（close relatives）**で独占した。この間、**モブツ大統領（President Mobutu）**の命名で国名は「**ザイール（Zaire）**」と呼ばれた。

しかし1997年、反政府勢力の同盟**コンゴ・ザイール解放民主勢力連合（the Alliance of Democratic Forces for the Liberation of Congo-Zaire［ADFL］）**によって首都**キンシャサ（Kinshasa）**を奪われると、モブツ政権は崩壊し、ADFLの議長であるローラン・カビラが大統領となって国名を「**コンゴ民主共和国（the Democratic Republic of the Congo）**」に改めた。その後、2018年12月30日の大統領選挙の結果、野党候補のチセケディ**民主社会進歩連合（the Union for Democracy and Social Progress［UDSP］）**党首が勝利した。

■ 7. 国連PKO介入も失敗したソマリアの内戦とは⁉

多民族国家（multiethnic states）の多いアフリカで、ほぼソマリ族のみで構成されるソマリアだが、5〜6の血縁集団の**氏族（clan）**から構成され、各氏族はさらに**小氏族（a small clan）**に細分される。ソマリ族は**中央集権国家（a centralized state）**を持たず、氏族を基本に支え合い、氏族への**帰属心（a sense of belonging）**が強い。しかし、権力者は利権を自分の氏族に集中させがちで、そのため**氏族同士の対立（clan conflicts）**が発生しやすい。

ソマリ族は現在のエチオピア東部やケニア北東部にも居住していたが、**植民地時代（the colonial period）**にフランス、イギリス、イタリアによって現在の国境に分断され統治された。ソマリアが独立した1960年からしばらく**政党政治（party politics）**が行われたが、1969年に**バーレ将軍（General Barre）**がクーデターによって政権を握る。同将軍は**マルクス主義（Marxism）**を推し進め、1980年代には**反政府闘争（anti-government fighting）**が活発化し、1991年に**バーレ政権は崩壊（the collapse of the Barre administration）**した。また、敵対する武装勢力同士の衝突によってソマリアは混乱に陥り、21世紀には過激な武装組織**アル・シャバブ（Al-Shabab）**が**国際的テロ組織（an international terrorist organization）アルカイダ（al-Qaeda）**と連携して勢力を拡大させた。しかし、**アフリカ連合平和維持部隊（peacekeepers of the African**

Union）と暫定政府軍によって、その勢力地域は大きく減少した。

2017年、国連の支援の下で大統領選挙が行われ、モハメド・アブドゥライ・モハメドが選出されたが、政府の統治能力は弱く、ソマリアは典型的な**破綻国家（a failed state）**となっている。ソマリアを立て直すのは大変だが、国際社会は、海賊を生み出す根本原因であるソマリア国内の**貧困や若者の就職難（poverty and job shortage among young people）**を重要な課題として共有し、ソマリアの**基幹産業への直接投資（direct investment in the key industries）**により経済を一定の成長路線にのせねばならない。

■コラム■

2050年には世界人口の４人に１人がアフリカ人に！

2021年の世界の人口は約79億人だが、国連は2050年には98億人に達すると予測している。先進国の多くが**出生率低下による人口減（a population decline due to lower birth rates）**が見込まれる一方で、**人口爆発（a population explosion）**が見込まれているのがアフリカだ。2021年現在、アフリカの総人口は約13億6000万人。これが2050年には25億人まで増える見通しだ。つまり、2050年には世界人口（98億人）の4人に1人がアフリカ人（25億人）ということになる。

そのとき、アフリカが、現在のように**紛争多発地域（a conflict-ridden area）**であり続けたとしたらどうなるだろう。紛争の多い地域は、海外からの投資を呼ばず、経済発展も遅れがちだ。また、紛争地域の政府は概して**統治能力が弱く（poor governance capacity）**、**社会インフラや教育制度の整備も遅れている（underdevelopment of social infrastructure and educational system）**。その結果、国民は十分な経済力が持てず、食料調達に苦労し、飢餓がさらに多発して難民続出の可能性が高い。

アフリカの紛争を解決に向かわせ、持続的で包摂的な21世紀的産業を根付かせて失業者を減らさなければ、アフリカのみならず**グローバルな問題（global threats）**を引き起こすことになる。

◐国際関係問題アーギュメント力 UP！

Should democracy be promoted to other countries? （民主主義は他国にもすすめるべきか？）	
Pros（賛成側の主張）	
1. 民主主義は政府の抑圧による基本的人権の侵害を防ぐ。	Democracy protects people from the infringement of fundamental human rights by government oppression.
2. 民主主義では暴力を用いずに政治を変えることができる。	Democracy can promote change in governments without the use of violence.
3. 民主主義は自由な意見・情報交換による技術の発展を進める一助となる。	Democracy contributes to technological development through the free exchange of ideas and information.
Cons（反対側の主張）	
1. 他国からの政治介入は、その国の政治を不安定にしかねない。	Political intervention by other countries may cause political instability in the country.
2. 有権者が教育されていないと、民主主義は衆愚政治や大衆迎合主義に陥る可能性がある。	Democracy can lead to mobocracy and populism unless voters are educated.
3. 民主主義は少数派の意見や権利を見過ごしがちである。	Democracy tends to overlook minority opinions and rights.

発信力 UP 重要表現をマスター！「政治・紛争」③

□ 同情票　**a sympathy vote**

□（投票前にする）非公式世論調査　**a straw poll**

□ 不在投票　**an absentee vote**（正当な理由で当日投票できない人のための投票。「無効票」は **invalid[faulty] ballot**）

□ 無党派層　**nonaffiliated voters**（**unaffiliated voters** とも）

□ 落選者　**also-ran**（同様に出馬した（が勝てなかった）の意）

□ 中傷合戦　**a smear campaign**（「（選挙運動などでの）中傷戦術」は **smear tactics**）

□ 有権者　**eligible voters**（「決選投票」は **a casting vote**）

□ 有力候補　**a major contender[contestant]、hopeful**（「最有力候補」は **a front runner**）

□ アメリカ大統領予備選挙　**a presidential primary**（**Super Tuesday** は大統領選の候補者指名争いのヤマ場のこと）

□ 中間選挙　**an off-year election**（アメリカで大統領選のない年に行なわれる公選職の選挙）

□ 党派心　**partisanship**（アメリカにおいて民主・共和両党の対立を煽ることで自陣営の結束を高める政治）

□ 一般教書　**the State of the Union Message**（大統領が憲法上の義務に基づき連邦の状況を議会に報告する）

□ 共和党　**the Grand Old Party（GOP）** ⇔ 民主党　**the Democratic Party**

□ 民主党支持者の多い州と共和党支持者の多い州　**"blue" states and "red" states**

□ 共和党大会　**the Republican National Convention** ⇔ 民主党大会　**the Democratic National Convention**

□ 民主党幹部会　**the Democratic Caucus**（「民主党公認候補者」は **the Democratic ticket**。「（米）民主党員」は **a Democrat**）

□ 党からの脱退、脱党　**secession from the party**（「脱党論者」は **secessionists**）

□ 党の公認　**an official party endorsement**（「予備選挙前の支持表明」は **a preprimary endorsement**）

2 ヨーロッパと中南米の紛争（The History of Conflicts in Europe and Latin America）

■ ヨーロッパの紛争の特徴とは？

西ヨーロッパに紛争は少ない。民族自決主義の考え方に基づく**イギリス内のスコットランドや北アイルランドの独立問題（independence movements of Scotland and Northern Ireland in the UK）**、**スペインのカタルニアやバスクの独立運動（independence movements of Catalonia and Basque in Spain）**といった論争は継続し、政治闘争にはなるものの、紛争にまでは発展していない。東ヨーロッパでは、旧ソ連に属した地域におけるロシアの、勢力回復を目的とした紛争がある。中でも、特に重要なクリミア半島の帰属をめぐるロシア対ウクライナの紛争を見てみよう。

■ ロシアに経済制裁をもたらしたウクライナ紛争とは!?

2014年の**ウクライナ（Ukraine）**紛争を**地政学的な側面（geopolitical aspects）**から見ると、**ハートランド（heartland）**のロシアが**リムランド（rimland）**のウクライナに向けて動いた拡張の試みであり、同時に**不凍港（a warm-water port）**を求める、ロシアの伝統的な**南下政策（the Southern Strategy）**の1つとも言えるだろう。

1991年に崩壊したソビエト連邦は、ロシアと14の**独立国（independent states）**に分裂したが、ロシアは14の独立国に対し、いまだに自国の領土という意識を持ち続ける。しかし、**バルト三国（the Baltic states）**、つまり**エストニア（Estonia）**、**ラトビア（Latvia）**、**リトアニア（Lithuania）**は、政治・経済的には**欧州連合（the European Union）**に、軍事的には**北大西洋条約機構（the North Atlantic Treaty Organization［NATO］）**に加わり、ロシアの影響力の外に出てしまった。

2014年2月、ウクライナで**親ロシア派（pro-Russia）**の**ヤヌコビッチ大統領（President Yanukovych）**を、**親ヨーロッパ派（pro-Europe）**が追放した事件はロシアを突き動かした。ウクライナまでもが欧米の影響下に入るのを恐れたロシアは、部隊を**クリミア半島（the Crimean Peninsula）**に動員し、占領下に入れたのだ。クリミア半島には**セバストポリ港（the port of Sevastopol）**という**黒海（the Black Sea）**に面する不凍港があり、ここからトルコの**ボスポラス海峡（the Bosporus Strait）**を経て**地中海（the Mediterranean Sea）**に出られるため、この港を死守すべくロシアは南下した。

クリミア半島にはロシア人が多く住むという点を利用し、ウクライナからの独立を問う**住民投票（local referendum）**を強硬実施、多数がロシアへの併合希望であったことに乗じ、**ロシアの領土に併合（annexation of the Crimea to Russia's territory）**した。武力を用いた国境変更は国際法上許されない。わずか1か月でウクライナ領だったクリミア半島がロシアの支配下に入るという、第二次世界大戦後**前代未聞の事件（the unprecedented incident）**が起こった。欧米諸国や日本はクリミア編入を非難し、それまでロシアも加盟国だった**G8への参加資格を凍結（suspension of Russia's participation in G8）**した。さらに、アメリカ、欧州連合（EU）、日本がそれぞれ**ロシアに対して経済制裁を発動（imposition of economic sanctions against Russia）**した。そして、今なおこの問題は解決していない。

■ 政情不安な中南米の紛争の特徴とは？

現在の中南米には、**民族間暴力（ethnic violence）**や**宗教暴力（religious violence）**は極めて少ない。多いのは政治権力や経済的利害をめぐる暴力、そして犯罪の暴力だ。

政治権力をめぐる暴力の例としては、**ベネズエラ（Venezuela）**のマドゥロ大統領による**反対勢力への圧制（oppression against opponent groups）**が挙げられ、**経済的利害をめぐる暴力（violence over economic interests）**の例としては、南米各地でのダム開発や道路建設など巨大開発プロジェクトに対して民衆が行う抗議に対する**治安部隊の弾圧（suppression by security forces）**などが挙げられる。後者においては、先住民など弱い立場にいる人々の生活環境保全を求めた抗議デモですら弾圧が加えられ、「**社会的抗議の犯罪化（criminalization of social protests）**」として問題視されている。また、犯罪暴力の典型としては、メキシコでの**麻薬**

マフィア（a drug ring）による犯罪暴力が際立っている。

中南米全般における**殺人件数（the number of murders）**は非常に高く、**国連薬物犯罪事務所（the UN Office on Drugs and Crime [UNODC]）**の報告では、エルサルバドル、ジャマイカ、ホンジュラスが人口当たり殺人率の世界トップレベルで、日本の100～200倍規模の殺人が発生している。では、南米の紛争の実情をベネズエラの政治権力闘争の例で見てみよう。

■石油埋蔵量世界一のベネズエラの政情不安とは⁉

ベネズエラが保有する**石油埋蔵量（oil deposits）**は世界の18％で、サウジアラビア（16％）よりも多く世界ナンバーワンを誇る。**石油ショック（oil crisis）**が**原油価格（the price of crude oil）**を4倍に引き上げた1970年代に、**石油輸出機構（the Organization of the Petroleum Exporting Countries: OPEC）**の加盟国でもあるベネズエラは豊かな国になった。

1999年に大統領に就任した**ウゴ・チャベス（Hugo Chávez）**は高騰した石油相場を利用して、民衆に気前の良い**社会政策（a social policy）**をとった。しかしチャベスの死後、**ニコラス・マドゥロ（Nicolás Maduro）**が大統領職を引き継いだ2013年以降、原油価格は下落を続け、それまで自国の産業育成を怠り**消費財（consumer goods）**のすべてを輸入に頼ってきたベネズエラは**経済危機（an economic crisis）**に陥って、**政治的・社会的危機（a political-economic crisis）**に発展した。

マドゥロ氏
中国、ロシアなどから大統領として承認を受ける。

2015年の**総選挙（a general election）**で野党の**大衆意思党（Popular Will）**が勝利。同党は2018年に行われた大統領選挙で有力な野党候補を締め出し、再選された**マドゥロ大統領（President Maduro）**に対しては、**選挙違反（an election fraud）**を理由にマドゥロ氏の当選を無効と主張、大衆意思党の党首であり**国会議長（the speaker of the assembly）**でもある**フアン・グアイド（Juan Guaidó）**は、自らを**暫定大統領（interim**

president）であると宣言した。ベネズエラの憲法では、「**権力の空白**」（**power vacuum**）が起きたときには、**国民議会**（**the National Assembly**）のリーダーが大統領になると定められているからだ。2018年の大統領選挙では**不正選挙**（**rigged election**）が行われ、それが**権力の空白**（**power vacuum**）を生んだとするのが、グアイド氏率いる同党の主張である。

グアイド氏
米国、EU、日本などから大統領として承認を受ける。

現在も、マドゥロ大統領（ロシア、中国などが承認）とグアイド大統領（アメリカ、イギリス、日本などが承認）の「2人の大統領」が抗争を繰り広げ、混乱が続いている。グアイドが2019年4月に軍に呼び掛けた蜂起は失敗し、人口の10％を超える400万人ものベネズエラ人が**経済難民**（**economic refugees**）として国外に逃れ、異常なハイパーインフレーションの中、ベネズエラは混迷を続けている。アメリカ大陸の紛争の平和的解決を目的とする**米州機構**（**the Organization of American States**[**OAS**]）による仲裁を通じ、マドゥロ氏に名誉ある退陣をさせた後、国民の信を問う大統領選挙を国際監視のもとで実施することが残された国情回復の望みではないだろうか。

3 アメリカの人種差別と公民権運動の歴史（The History of the Civil Rights Movement in the US）

■ 人種差別と公民権運動の歴史とは!?

合法的奴隷制度（legal slavery）のもと、17〜19世紀にかけて約1200万人のアフリカ人がアメリカ大陸に強制的に連れていかれたが、1861−1865年の**南北戦争（the Civil War）**を経て、**アメリカ憲法修正第13条・14条（the 13th and 14th Amendments of the US Constitution）**によって奴隷制は廃止された。しかし1896年5月、**合衆国最高裁（the US Supreme Court）**は「**ジム・クロウ法（the Jim Crow laws）**」と呼ばれる**人種分離（racial segregation）**を容認する判決を下し、公共機関、ホテル、レストランなどで白人と有色人種すべてとの分離を合法化した。

1910年5月、**全米黒人地位向上協会（the National Association for the Advancement of Colored People[NAACP]）**が設立され、深刻な人種差別に立ち向かった。1955年12月、**アラバマ州モンゴメリー（Montgomery, Alabama）**で、理不尽な分離に抗議した黒人女性の**ローザ・パークス（Rosa Parks）**が投獄される事件が起こる。これに対して**マーティン・ルーサー・キング牧師（Martin Luther King, Jr）**は、黒人や**他の有色人種（all colored peoples）**、白人まで参加することとなる、1年にわたる「**モンゴメリー・バス・ボイコット（the Montgomery Bus Boycott）**」運動を引き起こし、全米に大きな反響を呼んだ。

1956年、**最高裁（the Supreme Court）**が「バス車内の**人種分離（segregation）**」に**違憲（unconstitutional）**判決を下すと、黒人の反人種差別運動が盛り上がった。レストランの白人専用席座り込み抗議などの「**シット・イン（sit-in）**」が起こり、それはその後15都市で5万人が参加する大規模なものとなる。1963年8月、キング牧師の**"I have a dream."（私には夢がある）**で知られる**ワシントン大行進（the March on Washington for Jobs and Freedom）**では、同牧師らの呼びかけに応じて人種差別撤廃を求める20万人以上の参加者が集まった。そして1964年7月、ジョンソン大統領は**公民権法（the Civil Rights Act）**を制定し人種差別制度はついに終わりを告げた。

その後、黒人の地位向上のために、役所・企業・大学に黒人への優先的採用を義務付ける「**アファーマティブ・アクション政策（the affirmative action program）**」が取られた。そして1989年、黒人の**コリン・パウエル（Colin Powell）**がアメリカ軍の**統合参謀本部議長（the chairman of the Joint Chiefs of Staff）**に、2001年には**国務長官（the Secretary of State）**に就任し、**バラク・オバマ（Barack Obama）**が2009年1月に第44代大統領に就任した。しかし、1990年代に至っても「**ロドニー・キング事件（the "Rodney King" case）**」のような**ヘイトクライム（hate crime）**や、2020年5月のアフリカ系アメリカ人に対する警察の残虐行為をきっかけにアメリカで始まった人種差別抗議運動、**ブラック・ライブズ・マター（Black Lives Matter［BLM］）**などが起こっている。

発信力UP重要表現をマスター！「政治・紛争」④

□ 合衆国憲法修正第2条　**the Second Amendment**（1791年採択。市民の武装抵抗権が書かれ、銃所持の根拠となる）
□ 女性の意思で中絶の選択をする権利　**abortion rights**（**pro-choice**とも。賛成派の民主党vs. 反対派（胎児の命優先派）の共和党の構図がある）
□ 女性参政権論者　**suffragists**（19－20世紀に女性の参政権獲得に闘った人々）
□ 不法入国児童の送還猶予措置　**the DACA**（**Deferred Action for Childhood Arrivals**：不法移民でも学校に通い、アメリカ社会へ溶け込もうと努力する児童に居住権を与える制度）
□ ドリーマーズ　**the Dreamers**（親と共にアメリカへ不法入国後、アメリカンドリームを目指し頑張っている子どもたち）
□ 陰謀論　**a conspiracy theory**（政府・学者の説は嘘で、未知の闇の勢力によって世の中が操作されているという主張で、トランプ政権はネットを通じてこれを利用した）
□ 極右　**the far right [extreme right/ultra right]**（多様性や平和共存を拒否し、ナチズムやファシズムに回帰する政治勢力）
□ Qアノン　**QAnon**（アメリカ極右の陰謀論を唱えるカルト宗教で、自国産テロの潜在要因といわれる）
□ ポスト真実の政治　**post-truth politics**（政策や客観的事実より個人的信条や感情への訴えを重視し、世論形成される政治文化）
□ 人種差別問題で白人が自己弁護すること　**white fragility**

□ 人種差別主義者　**the racially charged**（**racist** の婉曲表現。**a racially charged comment** とは「人種差別にとられかねないコメント」

□ 非黒人が SNS 上で黒人のふりをすること　**blackfishing**（非黒人が人為的に肌の色を濃くして黒人の外見を装うことも指す）

□ 警察の暴力　**police brutality**（黒人を潜在的犯罪者とみなす米警察の姿勢への批判）

□ ブラック・ライブズ・マター　**BLM**（**Black Lives Matter**［黒人の命は大事］の略称。警察の黒人への過剰暴力に抗議する大衆運動）

□「黒人たちの独立記念日」 **Juneteenth**（**June Nineteenth** から。辺境のテキサス州に奴隷解放命令が正式に伝えられたのが1865年6月19日だった）

□ 中南米系の人　**Latina/Latino**（**Hispanic** のこと。女性形（**Latina**）と男性形（**Latino**）を区別できるので、女性パワーに言及する際に好んで使われる）

国際関係問題アーギュメント力 UP！

Can world hunger ever be eliminated? **（世界の飢餓をなくすことはできるか？）**	
Pros（賛成側の主張）	
1. ODA などの国際支援を増やすことで、世界の飢餓は根絶できる。	Increased international aid like ODA can eliminate world hunger.
2. 科学技術の発展で世界の飢餓は根絶できる。	The advancement of science and technologies can eliminate world hunger.
3. 適切な貿易の仕組みを振興することで、世界の飢餓は根絶できる。	The promotion of a proper trading system can eradicate world hunger.
Cons（反対側の主張）	
1. 地球温暖化による環境の悪化が進行し、十分な食糧確保が難しくなっている。	Accelerating environmental degradation due to global warming makes it difficult to secure enough food.
2. 人口が増え続けているので慢性的な食糧不足になる。	The increasing world population leads to a chronic food shortage.
3. 宗教やイデオロギー、領土に関する終わりのない紛争が、食糧の確保を妨げるだろう。	Endless conflicts related to religion, ideology, and territory will hamper the security of food.

第5章

世界平和と国連

World Peace and the United Nations

1 国際連合誕生の経緯（The Birth of the United Nations）

■ **理想主義者ウィルソン提唱：国際連合の前身である国際連盟！**

1919年1月18日からパリで開催された、第一次世界大戦の国際講和会議である**パリ講和会議（the Paris Peace Conference）**は、32か国の代表が参加し、**民主党（Democratic Party）**のアメリカ大統領であるウッドロー・ウィルソンが1918年に**アメリカ連邦議会（the United States Congress）**で公表した**十四カ条の平和原則（the Fourteen Points）**を理念として進められた。この会議では、世界大戦を防止するために、国際協調によって平和を目指す**国際連盟の設立（the establishment of the League of Nations）**や、**民族自決（self-determination）**が合意された。同年6月には**ヴェルサイユ条約が、連合国とドイツの間で調印された（the Treaty of Versailles was singed between the Allied Powers and Germany）**。そして1920年1月10日に**国連連盟規約（the Covenant of the League of Nations）**が発効し、国際連盟が発足したのである。

■ **提唱国アメリカが不参加：国際連盟の３つの欠点！**

国際連盟の本部（the headquarters of the League of Nations）は、**永世中立国（a permanently neutral country）**であるスイスの**ジュネーブ（Geneva）**に設置され、**原加盟国（the founding members）**42か国で始まった。主な目的は、**軍縮（disarmament）**、**集団安全保障による戦争防止（prevention of war through collective security）**、**国家間紛争の解決（resolution of interstate disputes）**であった。

総会（the Assembly）、**理事会（the Council）**、**連盟事務局（the Permanent Secretariat）**に加え、**国際労働機関（ILO[International Labor Organization]）**と**常設国際司法裁判所（PCIJ[the Permanent Court of International Justice]）**の2つの外部機構が置かれた。**理事会の常任理事国（the permanent members of the Council）**はイギリス、フランス、イタリア、日本の4か国で始まった。

国際連盟は、**小規模の紛争解決（small-scale conflict resolution）**や**文化交流（a cultural exchange）**にある程度貢献したと評されているが、特に次の3つの欠点のため実質的に機能せず、**第二次世界大戦の勃発を防ぐことができなかった（failed to prevent World War II from breaking out）**とされている。

1つ目は、**独自の軍を持たない（lack of its own armed forces）**ことである。1935年10月の**イタリアのエチオピアへの侵略（the Italian invasion of Ethiopia）**が代表例であるが、国際連盟は**経済制裁（economic sanctions）**を課すことはできた。しかし、独自軍を持たないため、侵略国に対する**武力制裁（military sanctions）**を行うことができず、紛争を解決することが困難であった。

2つ目は、**大国が不参加であったこと（the absence of the major powers）**である。**世論の影響（influence of public opinion）**、**モンロー主義（the Monroe Doctrine）**に基く相互不干渉の**外交原則（the principle of diplomacy）**により、アメリカの**上院（the Senate）**はヴェルサイユ条約を否決した。結果、同国は国際連盟へ加入することができなかった。また、ソ連は、**社会主義の拡大への懸念（concerns about the expansion of socialist influence）**などから当初参加が認められなかった（1934年に加盟）。さらに、**敗戦国（the defeated country）**のドイツも国際平和機構にふさわしくないとして、当初参加が認められなかった。1926年に許可され加盟したが、1933年にヒトラー下のドイツは離脱。日本は、**満州侵略（invasion of Manchuria）**に関して国際連盟で非難を受け、**傀儡国家（a puppet state）**であった満州国からの日本軍の撤退決議が可決されたため1933年に脱退した。このように、大国の不参加によって、国際連盟は十分な機能を発揮することができなかった。

3つ目は、総会は**一国一票（one nation, one vote）**の**全会一致（unanimous agreement）**であったため、迅速で効果的な**決議（resolution）**を行うことができなかったことである。

■コラム■

国際連盟の事務局長として活躍した日本人

『武士道』の著者であり、**国際的に著名（internationally recognized）**であった新渡戸稲造は、1920年から1926年まで**事務次長（Under-Secretary General of the League）**を務めた。新渡戸は事務次長として**ユネスコ（UNESCO）**の前身、**国際知的協力委員会（ICIC[International Committee on Intellectual Cooperation]）**を発足した。新渡戸稲造、緒方貞子（元国連難民高等弁務官）、天野之弥（元IAEA事務局長）など、国際機関に貢献した日本人に関しても英語で説明できるようにしておこう。

■ 国際連盟の失敗の教訓を生かした世界平和機構：国際連合の創設！

国際連盟の機能不全により1939年、**枢軸国（the Axis Powers）**陣営の主要国ドイツ、イタリア、日本と、アメリカ、フランス、イギリス、ソ連を中心とする**連合国（the Allied Powers）**の間で第二次世界大戦が勃発した。戦争中、アメリカ大統領フランクリン・ルーズヴェルトとイギリス首相ウィンストン・チャーチルは、終戦はるか前の1941年8月に**大戦後の世界秩序（postwar world order）**について会談し、国連憲章の基本理念となる**大西洋憲章（the Atlantic Charter）**を発表した。翌年1月、連合国26か国の代表は、**アルカディア会談（the Arcadia Conference）**で**連合国共同宣言（the Declaration by the United Nations）**を採択した。フランクリン・ルーズヴェルトの考案したthe United Nations（UN）という名称はこの共同宣言で初めて用いられたとされる。

国際連合本部ビル
(Headquarters of the United Nations)

1943年、**モスクワ宣言（the Moscow Declaration）**において、アメリカ、イギリス、ソ連、中華民国は国際安全保障機構の早期設立を主張し、翌年**ダンバートン・オークス会議（the Dumbarton Oaks Conference）**で**国際連合憲章（the Charter of the United Nations）**の草案が作成された。この会議では**拒否権（veto power）**に関して米ソの意見の違い（アメリカは拒否権に否定的、ソ連は拒否権の必要性を主張）が見られたが、1945年2月、米・英・ソによる**ヤルタ会談（the Yalta Conference）**で拒否権を認める合意がなされた。

1945年4月、連合国50か国は**サンフランシスコ会議（the San Francisco Conference）**に参加し、会議最終日の6月26日に国際連合憲章を採択した。会議に出席していなかったポーランドが後に署名し、1945年10月24日、**原加盟国51か国（the original 51 Member States）**によって**国際連合（the United Nations）**が発足した。この日は**国連の日（United Nations Day）**となっている。

米ニューヨーク市マンハッタンに、石油王ロックフェラー家（2世）の敷地寄付によって建設された国際連合の本部は、**総会ビル（the General Assembly Building）**、**会議場ビル（the Conference Building）**、39階建の**事務局ビル（the Secretariat Building）**、および第2代国連事務総長であったハマーショルドを記念して1961年に追加された**ダグ・ハマーショルド図書館（the Dag Hammarskjöld Library）**の4つのビルで構成されている。国連本部ツアーでは総会ホールや安保理室などを見学することができる。

■ 念願の国際平和機構：国連の役割とは⁉

国連には、**総会（the General Assembly）**、**安全保障理事会（the Security Council）**、**経済社会理事会（ECOSOC[the Economic and Social Council]）**、**信託統治理事会（the Trusteeship Council）**、**国際司法裁判所（ICJ[International Court of Justice]）**、**事務局（the Secretariat）**の**6つの主要機関（six principal organs）**がある。さらに、**エボラ出血熱（Ebola hemorrhagic fever）**や**新型コロナウイルス（COVID-19/the novel coronavirus）**関連でよくメディアに出ている**世界保健機関（the WHO）**や**国連教育科学文化機関（the UNESCO）**など、経済・社会・文化・教育・保健などの分野で国際的に取り組む15の**専門機関（specialized agencies）**と**関連機関（related organizations）**が設置されている。

国連の目的は、**国際協調（international cooperation）**を通じて、**平和と安全の維持（maintain peace and security）**、**軍縮の促進（promotion of disarmament）**、**人権保護と人道的支援（human rights protection**

and humanitarian assistance)、**社会経済的発展**（**socio-economic development**）を促すことである。

国連憲章**第2章第4条**（**Chapter II, Article 4**）によると、国連への加盟は、国連憲章にある**責務**（**obligations**）を果たす**全ての平和を愛する国に開かれている**（**"open to all peace-loving countries"**）。新規加盟を希望する国は、「国連憲章の責務を受け入れた」ことを示す公式の申請書を提出し、**5か国の常任理事国**（**five permanent members[P5]**）、10か国の**非常任理事国**（**non-permanent members**）から成る安保理で、9か国以上が賛成（常任理事国すべての賛成が必要）すれば、総会へ**新規加盟に関する勧告**（**recommendation of the Security Council**）がなされる。この後、総会の**3分の2以上の多数決**（**a two-thirds majority vote**）を得られれば、その日から国連への加盟が認められる。

敗戦国であったために当初加盟国でなかった日本は、1952年に国際連合加盟の申請を行なったが、ソ連が**拒否権を発動した**（**exercised its veto**）ために否決された。その後、1956年10月署名の**日ソ共同宣言**（**the Japanese-Soviet Joint Declaration of 1956**）によるソ連との**国交正常化**（**normalization of diplomatic relations**）によって、同年12月18日に安保理で日本の加盟国入りが承認され、80番目の国際連合加盟国となった。

国連憲章では、安保理の勧告により、総会が国連の原則に違反した加盟国への**権利の行使停止**（**suspension of the exercise of the rights**）と**除名**（**expulsion**）をすることができると定められているが、その前例はない。**のけ者国家**（**a pariah state**）である北朝鮮は国連の原則を守っていないが、北朝鮮に近い常任理事国が拒否権を行使することができるために除名しにくく、国連に居続けている。同様に、明らかに「平和を愛する」と思えない国家も除名されていない。

□国際連盟・国際連合比較

	国際連盟	国際連合
設立	1920年	1945年
本部	スイス・ジュネーブ	アメリカ・ニューヨーク
原加盟国	42か国	51か国
加盟国数	58か国（最大）	193か国（現在）
常任理事国	イギリス・フランス・イタリア・日本	アメリカ・イギリス・フランス・ロシア・中国
議決方法	全会一致制	多数決制 常任理事国にのみ拒否権あり
制裁	勧告・経済制裁	勧告・経済制裁に加え、武力制裁(集団安全保障)

■ 国連の公用語は何語？

国連公用語（official languages of the UN）は、常任理事国の国語である英語、フランス語、ロシア語、中国語に加え、スペイン語、アラビア語の計6つである（アラビア語は20か国以上の加盟国が公用語とし、1973年に追加された）。**国連事務局（the Secretariat）**の**業務用語（working languages）**は英語とフランス語とされている。スピーチは公用語に**同時通訳（simultaneous interpretation）**され、大部分の国連文書は6公用語に翻訳される。

■ 国連の活動予算は誰が負担する？

総会（the General Assembly）は国連憲章**第4章第17条（Chapter IV, Article 17）**に基づいて、通常**予算**（会計年度：従来は2年、2020年から1年）**を審議・承認する（consider and approve the budget）**。加盟国は**国連分担金（assessed contributions to the UN）**を負担し、**第19条（Article 19）**では、やむを得ない事情を除き、一定期間**滞納している（in arrears）**加盟国に対して、総会で投票権を行使することができないなどのペナルティーを課している。

国連通常予算（the UN ordinary budget）の分担率は、GDPなどを考慮した**各国の支払い能力に応じて（according to each member**

state's "capacity to pay")、3年毎の交渉で決められる。2000年には、どの加盟国も分担率の上限を22％とすることが総会で決定された。アメリカは世界最大の22％の分担金を負担している。国連の分担金は通常予算の他、大きく分けて**平和維持活動費（spending on UN peacekeeping operations）**と、2003年に設置された**国際刑事裁判所の経費（the expenses of the International Criminal Court）**があり、通常予算とは**別立て（separate contribution）**で加盟国に割り当てられる。

平和維持活動（PKO）予算は、毎年7月1日から1年間を単位とし、総会が承認する。通常予算より常任理事国の分担率が高く設定されており、その額は1990年代以降増加し、2020年度は約65.1億ドルであった。また2年毎に策定していた通常予算は、グテーレス事務総長が国連改革の一環として2017年に**単年予算（annual budget）**を提唱、2020年から業務の効率化を見据えて単年予算が採用されている。

■ 国連財政難とアメリカ

しかし近年、分担金を滞納する国は70か国以上もあり、**国連は深刻な財政難（serious shortfalls in the UN budget）**に直面している。最大の危機は、**コンゴ動乱（the Congo Crisis）**に対する**平和維持活動（peacekeeping operations）**のあり方をめぐって抗議したソ連とフランスが支払いを保留した1960年代に起こった。滞納額が最大の国はアメリカで、全体の約半分を占める。国連の組織と**業務に無駄が多い（inefficiency of operations）**ことを理由に分担金の支払いを制限してきたが、**アメリカ第一主義（the "America First" policy）**を錦の御旗に掲げたトランプ政権時には国連との関係が悪化した。**国際協調主義（internationalism）**を軽視し、独自の自国主義 "Trumpism" を進めるトランプ元大統領は2019年9月24日国連総会で以下の演説を行った（一部抜粋）。

"The future does not belong to globalists. The future belongs to patriots. The future belongs to sovereign and independent nations who protect their citizens, respect their neighbors, and honor the differences that make each country special and unique." （2019年9月24日－国連総会）

未来はグローバリストに属していない。未来は愛国者に属している。未来は、国民を保護し、隣国を尊重し、そして各国を特別でユニークなものとしている相違点を尊重する主権国家・独立国家に属している。

しかし、2021年1月にバイデン政権が誕生し、**国際協調**と**同盟関係の強化（international cooperation and enhanced alliance）**の姿を戻しつつある。例えば、トランプ政権は、**脱炭素（decarbonization）**を中心とした地球温暖化対策の国際的な枠組みである**パリ協定（the Paris Climate Agreement）**を2017年に離脱したが、バイデン政権はパリ協定に復帰し、アメリカの**温室効果ガス排出量を2030年までに2005年の水準から半減することを公約した（The US pledged to cut its emissions to half of the 2005 level by 2030.）**。また、アメリカは2018年に「人権侵害国が理事国である制度」や「イスラエルに対する偏見」を理由に、**国連人権理事会（UNHRC[the UN Human Rights Councils]）**から離脱したが、バイデン政権は復帰した。

■ 中国が台頭！国連負担金トップ5は？

日本は国連に加盟後、自国の経済成長と共に財政的に大きく国連に貢献してきた。1986年には**分担金の比率がアメリカに次ぐ2位（the second biggest financial contributor to the UN after the US）**の拠出国となり、2000年には全体の20.57％となる通常予算を負担した。その後も2位を保ったが、**驚異の経済成長（a phenomenal economic growth）**を遂げた中国が、**2019年に日本を抜き2位に浮上した（China surpassed Japan as the second biggest financial contributor to the UN in 2019.）**。日本は、常任理事国であるイギリス・フランス・ロシアよりもはるかに多く分担金（2億4770万ドル）を負担しているにも関らず、常任理事国入りができていない。拒否権を持つ中国が反対しているため、日本の国連常任理事国入りは現実困難な状況である。

■コラム■

国連とノーベル賞

ノーベル平和賞（the Nobel Peace Prize）を受賞した国連**事務総長（Secretary-General）**は、第2代ダグ・ハマーショルドと第7代コフィー・アナンの2名である。ダグ・ハマーショルドは、**恒久の平和達成に尽力（dedication to realizing**

permanent peace）したことによって没後の1961年に、アナンは、**国連の活性化**（**revitalization of the UN**）、**協調外交推進**（**promotion of concerted diplomacy**）、エイズなどの**感染症抑制への貢献**（**contribution to infectious disease control**）によって、2001年にノーベル平和賞を受賞した。また、組織では、1969年に**国際労働機関**（**ILO**）、1965年に**国連児童基金**（**UNICEF**）、1954年と1981年に**国連難民高等弁務官事務所**（**UNHCR**）、1988年に**国連平和維持活動**（**PKO: Peacekeeping Operations**）、2020年に**国連世界食糧計画**（**WFP**）がノーベル平和賞を受賞した。

国連の主要機関の役割と功績 (The Roles of the UN Agencies)

国連には、**総会（the General Assembly）**、**安全保障理事会（the Security Council）**、**経済社会理事会（ECOSOC[the Economic and Social Council]）**、**信託統治理事会（the Trusteeship Council）**、**国際司法裁判所（ICJ[the International Court of Justice]）**、**事務局（the Secretariat）**の**6つの主要機関（six principal organs）**が設置されている。

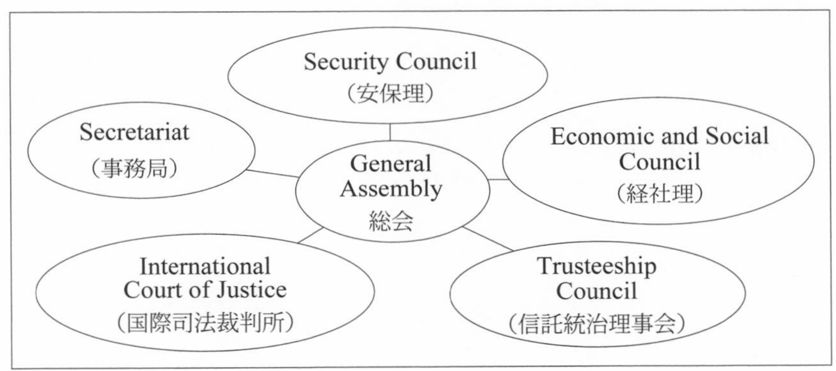

国連総会（the UN General Assembly）

■ 世界のあらゆる問題を取り扱う全加盟国が参加する審議機関！

国連総会（the UN General Assembly）は全加盟国193か国の**合意を形成（consensus-building）**するための主要機関の1つである。その役割は、国連憲章の枠内においてあらゆる事項を審議し、勧告することである。

国際連合総会会議場（ニューヨーク）

総会の**会期（session）**は、**通常会期（regular sessions）**、**特別会期（special sessions）**、**緊急特別会期（emergency special sessions）**の3種類ある。通常会期は、毎年9月第3週の火曜日

に始まり翌年9月まで開かれる。特別会期は、必要に応じて安保理か国連加盟国の**過半数の要請（the majority request）**によって事務総長が召集するものである。緊急特別会期は、平和への脅威があるにもかかわらず、**安保理での決議（a Security Council resolution）**が拒否権などによって困難な場合、安保理事国15か国中7か国以上か国連加盟国の過半数の要請によって要請後24時間以内に会合することができるものである。これまでに第1期**スエズ危機（Suez Crisis）**から第10期**イスラエル・パレスチナ紛争（the Israeli-Palestinian conflict）**に関する**緊急特別会期**が開かれた。

■ 決定事項には絶対に従わなければいけないのか？

総会の権限は勧告にとどまり（Its authority is limited to making recommendations）。その決議は**法的拘束力を持たない（non-legally binding resolutions）**。このため国際社会の総意を示すという役割を果たしていると評価される反面、「ただのおしゃべりフォーラムに過ぎない」という批判的な意見もある。

アメリカのエルサレム首都認定に対する非難決議の採択（2017年12月21日）

エルサレムは、世界三大宗教、**イスラーム教（Islam）**、**ユダヤ教（Judaism）**、**キリスト教（Christianity）**の**聖地（a noble sanctuary）**とされる**エルサレムの帰属をめぐり（jurisdiction over Jerusalem）**、長年、**紛争の火種（the cause of conflicts）**となってきた。多くの国はエルサレムをイスラエルの首都とは認めておらず、日本を含むほとんどの国は**大使館（embassy）**を**テルアビブ（Tel Aviv）**に設置し、テルアビブを**事実上の首都（de facto capital）**としている。このような状況下で2017年12月6日、**イスラエル寄り（pro-Israel）**の姿勢が際立つトランプ政権は、エルサレムをイスラエルの**首都と認定し（recognize Jerusalem as the capital of Israel）**、アメリカ大使館をテルアビブからエルサレムに移転すると発表した。そこで、同年12月21日の国連総会の緊急特別会合（第10期17回目）は、トランプ政権のエルサレム認定問題を議論し、アメリカの認定撤回を求める決議が、日本を含む賛成多数（賛成128、反対9、棄権35、欠席21）で採択された。

■「平等」原則による投票！

国際連盟の総会は、分担金にかかわらず各加盟国が**一国一票（one nation, one vote）**の投票権を持つ**全会一致（a unanimous vote）**原則だったために迅速な決議が行われなかった。国際連合総会では、その失敗経験を活かし、**多数決（the majority rule）**決議が採用された。**安保理（the Security council）**と異なって、**拒否権（veto power）**を持つ国はなく多数決で決議するため、アフリカ、アジア、ラテンアメリカなどの**第三世界（the Third World）**の力が大きくなり、分担金額にかかわらず一国一票制のため、**先進諸国に不満（grievances from developed countries against resolutons）**が見られた。

一般問題に関する決議は**単純多数決（a simple majority vote）**、重要事項は**3分の2以上の多数決（A two-thirds majority vote）**で決議される。重要事項は、**平和と安全の維持（maintenance of peace and security）**についての**勧告（recommendations）**、**新規加盟国の承認（approval of new member states）**や**加盟国の除名（expulsion of member states）**、予算の承認など**予算に関する事項（budgetary issues）**、国連安保理における**非常任理事国（non-permanent members）**や経済社会理事会の理事国の選挙、**国連憲章の改正（amendment of the UN Charter）**などが挙げられる。総会はこれまでに様々な**画期的な決議や宣言、条約（epoch-making resolutions, declarations and treaties）**を採択してきたが主なものを見てみよう。

国連総会で採択された主な決議・宣言・条約はこれだ！

◎世界人権宣言（Universal Declaration of Human Rights）（1948）

ホロコースト（the Holocaust）など数多くの**人権侵害（human rights abuse）**が繰り返される中、世界人権宣言は、**不可譲な基本的人権（inalienable fundamental human rights）**を擁護することが世界の平和に不可欠であるといった人権の基本原則に関する初の国際的合意であった。その内容は1966年に採択された**国際人権規約（the International Bill of Human Rights）**に反映された。世界人権宣言は**前文（preamble）**と計**30条（30 articles）**からなる。

◎「平和のための結集」決議（Uniting for Peace Resolution）（1950）

安保理で常任理事国が拒否権を発動することによって、国際平和と安全の維持を果たすことができなくなった場合、総会が**集団措置（collective action）**を勧告することができることとした。（例：スエズ危機）

◎人種差別撤廃条約（the International Convention on the Elimination of All Forms of Racial Discrimination）（1965）

あらゆる形態の**人種差別（racial discrimination）**の撲滅を定める条約であり、1965年に採択され、1969年に発効した。採択の背景の1つに、1960年の「アフリカの年」後、南アフリカの**アパルトヘイト制度**（1948年に採用され、1994年に撤廃）への**反対運動の勢い（increased campaigns against the apartheid system）**がある。最近では**白人至上主義（white supremacy）**や**BLM（Black Lives Matter）**運動などに見られるような人種差別問題が深刻化している。

◎核不拡散条約（NPT[the Non-Proliferation Treaty]）（1968）

5か国の核保有国（安保理常任理事国）による**非核保有国への核兵器技術移転禁止（prohibition of nuclear technology transfer to non-nuclear weapons states）**、**核保有国の核軍縮努力（nuclear disarmament efforts by the nuclear powers）**、**原子力技術の平和利用（peaceful use of nuclear technology）**に関して定めた条約。しかし、NPTを批准しなかったインド・パキスタン・イスラエルと1993年と2003年に脱退を宣言した北朝鮮が核兵器を保有。

◎女性差別撤廃条約（CEDAW[the Convention on the Elimination of All Forms of Discrimination Against Women]）（1979）

1960年代後半からアメリカを中心に起こった**女性解放運動（the women's liberation movement）**と、女性差別撤廃に向けた国際的な活動によって採択された、**男女平等社会（society of gender equality）**を目指した条約。日本は1985年に批准し、同年、**男女雇用機会均等法（the Equal Employment Opportunity Law）**を制定。ちなみに、世界経済フォーラムの「ジェンダー・ギャップ指数2021」によると、日本の順位は韓国（102位）・中国（107位）より低く、156か国中120位。

◎国連海洋法条約（the United Nations Convention of the Law of the Sea）（1982）

1994年11月に発効した**排他的経済水域（EEZ[the exclusive economic zone]）**、海洋環境の保護・保全、海洋科学調査などあらゆる海洋使用のルールを定めた条約で、最も傑出した国連の功績の1つであると評価されている。

◎人民の平和への権利についての宣言（the Declaration on the Right of Peoples to Peace）（1984）

冷戦中に採択された宣言で、戦争のない暮らしが国々の幸福・進歩、基本的人権の擁護の前提であるとし、「**世界的な核の大惨事回避の重要性（the importance of averting a world-wide nuclear catastrophe）**」を示している。

◎子どもの権利条約（the Convention on the Rights of the Child）（1989）

国連児童基金（UNICEF）が中心となって活動。18歳未満の人＝子どもの**生きる権利（survival rights）**、**育つ権利（development rights）**、**守られる権利（protection rights）**、**参加する権利（participation rights）**の保障を目的とする条約で、日本は1994年に批准。世界ではいまだ子どもの人権侵害が起こっており、紛争地では誘拐され強制的に兵士として動員される**子ども兵（child soldiers）**が内戦に参加している。

◎国際テロリズム廃絶措置宣言（the Declaration on Measures to Eliminate International Terrorism）（1994）

テロ行為（acts of terrorism）との戦いの決意を示す最初の一歩となった宣言。1970年代は**航空機ハイジャック（airline hijacks）**がしばしば行われ、近年では**イスラーム過激派（Islamic extremism）**による**自爆テロ（suicide bombing）**によって日本人もテロの犠牲となった。アメリカ国土安全保障省（DHS）は、**白人至上主義者（white supremacists）**による**マイノリティー（racial and religious minorities）**、**同性愛者（gay people）**への攻撃が最も**「永続的で致命的（the most persistent and lethal）」**としている。

◎包括的核実験禁止条約（CTBT[the Comprehensive Nuclear Test Ban Treaty]）（1996）

1996年に採択された、すべての場所ですべての国の**核爆発実験（nuclear weapon test explosion）**を禁止する条約。しかし、CTBT発効に必要なアメリカ、中国、インド、パキスタン、イスラエル、イラン、エジプト、北朝鮮の8か国（特定44か国中）が批准・署名していないために未発効。北朝鮮は2006年から核実験を実施するなど、**瀬戸際外交（brinkmanship）**を続けており、核開発問題は東アジアの脅威となっている。

◎障害者権利条約（the Convention on the Rights of Persons with Disabilities）（2006）

障害者（people with disabilities）の権利を保護・促進するための国家の義務を定めた条約で、日本は**障害者基本法（Basic Act for Persons with Disabilities）**の改正など国内法の整備を行い、2014年に批准した。

■世界の平和と安全維持の責任を負う15か国！

安全保障理事会（安保理）（the Security Council）は、アメリカ・イギリス・フランス・ロシア・中国（1971年まで中華民国）の**5か国の常任理事国（five permanent members[P5]）**と10か国の**非常任理事国（non-permanent members）**の15か国で構成される。1965年に非常任理事国数が6か国から10か国に変更された。安保理の議長国は、それぞれの国名の英語のアルファベット順に1か月単位で務める。10か国の非常任理事国は、国連への貢献度と地理的な配分を考慮して総会で選出され、**任期は2年（a two-year term）**。日本は1958年に初めて非常任理事国に選ばれ、国連加盟国の中では最多の11回の非常任理事国を務めた。

国連安全保障理事会室（ニューヨーク）

総会の権限は勧告にとどまるが、**安保理は安保理での決議を加盟国に強制する（enforce its resolution on member states）**ことができ、国連の中で最もパワフルで、「**国際平和と安全の維持に関する主要な責任（“primary responsibility for the maintenance of international peace and security”）**」を果たすことが求められている。この役割を果たすため、安保理は兵力の使用を承認することができ、国連憲章7章に基づき、**経済制裁（economic sanctions）**、**武器禁輸（arms embargo）**、**渡航禁止（travel bans）**、**集団的軍事行動（collective military action）**などの**強制措置を発動する（invoke enforcement measures）**ことができる。

1990年8月、**イラクによるクウェート侵攻（the invasion of Kuwait by Iraq）**がきっかけで**湾岸戦争（the Gulf War）**が始まったが、安保理は即座にイラク軍の即時撤退を要求し、**厳格な経済制裁を課す（impose stringent economic sanctions against Iraq）**決議を採択した。また、同年11月には、決議に基づいてアメリカを中心とした**多国籍軍（multinational [coalition] forces）**がイラク軍と戦った。ただ、国連は**常備軍（permanent**

standing army）を持っておらず、これらの軍は国連加盟国の中からの臨時的な寄せ集めで構成される。

■ 国連の平和維持のために活動するブルーヘルメット！

国連平和維持活動（the UN Peacekeeping Operation[PKO]）は、安保理が責任を担う世界平和維持活動である。最初のPKOは、**第一次中東戦争（the 1948 Arab-Israeli War）**の**軍事監視要員（military observer）**として、1948年に設立された**国連休戦監視機構（UNTSO[the United Nations Truce Supervision Organization]）**である。翌1949年には、インド・パキスタンの停戦を監視するために、**国連インド・パキスタン軍事監視団（the United Nations Military Observer Group in India and Pakistan[UNMOGIP]）**が派遣された。この後、1956年に**国連緊急派遣軍（UNEF[the United Nations Emergency Force]）**がスエズ危機後にエジプトに派遣されたことを機に、国連のPKO活動として根付いていった。

Blue Helmet
筆者国連本部で撮影

PKOは、**交戦国（belligerent countries）**の同意に基づき、**内政不干渉（non-interference in internal affairs）**で**中立（impartiality）**のもと、**停戦監視（cease-fire monitoring）**や選挙支援活動などの平和維持活動を行う。選挙支援活動の場合は、**非武装団体（unarmed groups）**がよく派遣されるが、**軽武装（lightly armed）**で**自己防衛（self-defense）**の武力行使のみ許可された**国連平和維持軍（the UN peacekeeping force[PKF]）**が、**兵力引き渡し（disengagement of forces）**や停戦監視など紛争拡大防止を支援することもある。PKOは自発的に国連加盟国から派遣されており、青色ヘルメットを着用していることから**Blue Helmets**とも呼ばれている。

PKOは1948年から2020年8月までに計71件実施された。冷戦終結以降に多い理由は、**民族浄化（ethnic cleansing）**などの**民族紛争（ethnic conflicts）**が増えたためと言える。2021年2月時点ではアフリカ・中東地域を中心に計12のPKOが実施されている。特に**国連カンボジア暫定**

統治機構（UNTAC[the United Nations Transitional Authority in Cambodia]）は、カンボジアの和平への多大な貢献から世界的に高く評価されている。一方、中立・自己防衛を重視した**国連ルワンダ支援団（UNAMIR[the United Nations Assistance Mission for Rwanda]）**はフツ族による大虐殺を防ぐことができず、ツチ族・穏健フツ族80万人以上の犠牲者を出した。映画『**ルワンダの涙（Shooting Dogs）**』はベルギーを中心とした国連平和維持軍の無力さとツチ族を見捨てた状況を描いている。

エコノミスト誌によると、1957年から1989年に国連平和維持活動に参加した女性は20名のみで、現在、国連は女性の割合を1993年の1%から2028年までに15%にするという目標を掲げ、女性の平和維持軍への参加を増やすことを優先事項の1つとしている。紛争地域で**レイプの犠牲になった女性への支援（support for rape victims）**や現地の**女性のエンパワーメント（female empowerment）**などが期待されている。

■ 日本のPKOでの貢献とは⁉

日本では、1992年に**PKO協力法（the Peacekeeping Operations Cooperation Law）**が成立し、カンボジア、モザンビーク、ゴラン高原などでPKO活動に参加してきたが、**軽武装（lightly armed）**する**平和維持軍（PKF）**については、**日本国憲法第9条（Article 9 of the Constitution of Japan）**の縛りのためにこれまで参加が凍結されてきた。しかし、2001年9月11日のアメリカ同時多発テロ後、**テロ対策特別措置法（Anti-Terrorism Special Measures Law）**が成立し、またPKO協力法が改正され、これによって米軍への**後方支援（a logistical support）**、**被災民（disaster victims）**への**救援活動（relief operations）**、さらには**PKF本隊業務の凍結解除（lift the freeze on PKF operations）**と**武器使用（use of weapons）**の条件が拡大された。しかし、2012年からの南スーダンへの自衛隊PKO派遣は違憲と批判する声もある。

■ 独占的な強権力である拒否権とは⁉

各理事国は1票を有し、採決の方法は**実質事項（substantive matters）**と**手続事項（procedural matters）**がある（国連憲章27条）。実質事項に関しては、常任理事国の1か国でも**反対票を投じれば（cast a negative vote）**決議は否決される。この原則は「**大国一致（Great Power Unanimity）**」と呼ばれており、常任理事国だけに認められている反対票を**拒否権（veto power）**という。

実質事項（substantive matters）	**手続事項（procedural matters）**
・15か国中5常任理事国の**同意投票（concurring votes）**を含む、9理事国の賛成投票によって行われる。	・15か国中少なくとも9理事国の**賛成投票（affirmative votes）**によって行われる。

冷戦（the Cold War）時代には、**ベトナム戦争（the Vietnam War）**や**キューバ危機（the Cuban Missile Crisis）**など、互いに敵対する大国アメリカとソ連による拒否権の発動によって、**安保理の機能不全（the dysfunction of the UN Security Council）**が顕在化した。直近では、2011年から始まって**長期化しているシリア内戦（the long-standing Syrian civil war）**に関する各決議に関して、**アサド政権寄り（the pro-Assad regime）**のロシアは、シリアにおける**虐殺行為（the act of massacre）**を非難する安保理での決議に対して拒否権を発動しており、この拒否権が「平和と安全の維持」機能を麻痺させている。

G4である日本、ドイツ、インド、ブラジルは長年、**国連常任理事国入り（UN permanent membership）**を目指してきた。実際、2005年7月の国連総会で、常任理事国を5か国から11か国（P5＋G4＋アフリカ地域から2か国）、非常任理事国を10か国から14か国と合計25か国の組織へと拡大する案を提出したが、採択されなかった。

経済社会理事会（ECOSOC[the Economic and Social Council]）

■ 国連で最も巨大で複雑な組織！

経済社会理事会（the Economic and Social Council）は、**経済（economic）・社会（social）・環境（environmental）・教育（education）・保健（health）・文化（culture）・人権（human rights）**などの分野で、15専門機関等を含む国連の活動を**調整（coordination）**や**助言（advice）**する役割を担う組織である。そこでは**社会開発委員会（the Commission**

for Social Development)、**婦人の地位委員会**（**the Commission on the Status of Women**)、**犯罪防止刑事司法委員会**（**the Commission on Crime Prevention and Criminal Justice**）など、経済社会理事会を補助する多くの委員会が設置されており、非常に複雑な組織であると言われている。

設立当初は18か国からなる組織であったが、1965年に発効した改正国連憲章に伴い、構成国は現在の54か国となった。理事国は**地理的配分**（**geographical distribution**）により総会で選定され、**3年の任期**（**three-year terms**）で、日本は2020年までに通算19期を務めた。

経済社会理事会の地域別の議席数

地域	議席数
アフリカ（Africa）	14
西ヨーロッパ（western Europe）& その他	13
アジア（Asia）	11
ラテンアメリカ（Latin America）& カリブ海諸国（the Caribbean）	10
東ヨーロッパ（eastern Europe）	6
合計	54

経社理の理事国は1票の投票権を有し、決定は過半数で行われる。毎年約5週間の**実質的な会期**（**a substantive session**）がジュネーブとニューヨークの交互で開催され、この他にも毎年数多くの**パネルディスカッション**（**panel discussions**)、**準備会議**（**preparatory meetings**)、**円卓会議**（**round tables meeting**）が開催されている。経社理は**非政府組織**（**NGO[the non-governmental organization]**）と協議することができ（国連憲章71条)、現在、子どもの権利の保護団体で著名な**セーブ・ザ・チルドレン**（**the Save the Children**）や自然保護団体**グリーンピース**（**Greenpeace**）など、5000以上のNGOが**協議資格**（**a consultative status**）を有している。

信託統治理事会（the Trusteeship Council）

■ 独立を支援：1994年パラオでの活動を最後に一旦停止

信託統治理事会（the Trusteeship Council）は、安保理の常任理事国が同会の理事国で、アフリカ7か所、大洋州4か所の計11か所の**信託統治領（trust territories）**を監督し、独立に導く役割を担う。1994年にアメリカの国連信託統治下にあった太平洋の**パラオ（Palau）**が**独立を果たした（gained independence）**ために現在活動を停止しているが、必要に応じて会議を開くこととなっている。

国際司法裁判所（ICJ[the International Court of Justice]）

■ 国家間の紛争に対処する国連の司法機関

ハーグの国際司法裁判所

オランダ・ハーグ（**Hague**）にある**国際司法裁判所（ICJ[the International Court of Justice]）**では、すべての国連加盟国がその**規定（statute）**に従わなければならない。ICJは国家間の紛争に対して国際法に基づいて裁決を下す**「世界の法廷（the World's Court）」**と言われているが、個人を裁くことはできない。国際連盟の**常設国際司法裁判所（PCIJ[the Permanent Court of International Justice]）**と異なり、すべての加盟国が国際司法裁判所当事国となる（国連憲章14章）。安保理と国連総会の選挙によって選ばれる裁判官は15名で、地理的配分に基づき、西ヨーロッパ&その他は5名、アフリカ、アジアは各3名、ラテンアメリカ&カリブ海諸国、東ヨーロッパは各2名で、同じ国から2名以上選ぶことはできない。任期は9年で再選が可能で、**3年ごとに（triennially）**3分の1が改選される。あらゆる問題は出席した**裁判官の過半数（a majority vote by judges）**で判決されるが、**被告国（defendant countries）**の同意がなければ裁判は始まらない。

日本はこれまで、**竹島の領有権（territorial sovereignty over**

Takeshima）と**北方領土問題（the Northern Territories issue）**に関して国際司法裁判所へ提訴したが、それぞれ韓国とソ連が日本の申し出を拒否したため裁判は行われていない。しかし、裁判は成立しなくとも、国際社会に正当性を訴えていくことは外交手段として有効だとされている。近年、中国公船が頻繁に**尖閣諸島（the Senkaku Islands）**に接近していることに対して、同諸島の領有権問題も国際司法裁判所に提訴すべきであるという意見もある。一方、尖閣諸島について、日本政府は解決すべき領有権問題は存在していないという立場をとっている。

国際司法裁判所（ICJ）と国際刑事裁判所（ICC）の違いとは！

人道に対する罪（crime against humanity）など、**国際犯罪（international crime）**を犯した個人を裁く裁判所は、2002年設立された国連関連機関、**国際刑事裁判所（ICC[the International Criminal Court]）**である。例えば、2019年に**軍によるクーデターで失脚した（ousted by the military coup）**元スーダン大統領**オマル・ハサン・アルマド・アル＝バシル（Omar Hasan Ahmad al-Bashir）**に対する**逮捕状（an arrest warrant）**がICCから発付されている。

国連事務局（the UN Secretariat）

■ 世界各地に事務局を持つ国連の活動を運営・調整する機関

国連事務局（the UN Secretariat）は**国連事務総長（the Secretary-General of the United Nations）**を長とし、国連の運営事務、関連機関の調整や委託業務を遂行する。本部はニューヨークで、ナイロビ（ケニア）、ウィーン（オーストリア）、ジュネーブ（スイス）などに支部を持ち、世界で約4万人の職員が従事している。日本は、国連分担金の貢献度に比べて日本人職員の数が少ないといわれている。

国連事務総長は、**国連事務局の長（the head of the UN Secretariat）**として事務局の運営を取り仕切るとともに、総会・安保理・経済社会理事会などの機関から委託された任務を遂行し、さらには**国際平和・安全の実現（the achievement of world peace and security）**のために、それを脅かす行為に対して注意喚起するなど、**指導者的な役割（a leadership role）**が求められている。

事務総長は安保理の勧告に基づいて総会により選出され、2017年からは**アントニオ・グテーレス（Antonio Guterres）**が第9代国連事務総長を務めている。これまでの事務総長9名はいずれも大国以外の出身者である。**地理的な分配（geographical distribution）**が考慮されているとされるが、これまで中東出身者はおらず、またこれまで女性も選出されていない。任期は慣例5年、再選は可能となっており、これまで9名中5名が2期10年の任期を全うした。

■ ソ連に嫌われた初代トリグブ・リー事務総長（任期：1946−1952）

ノルウェー（Norway）出身の初代事務総長**トリグブ・リー（Trygve Lie）**は、1950年38度線を越えて韓国に侵攻した北朝鮮軍を**侵略国（aggressor）**と見なして安保理に行動を取るよう促した。ソ連不在の安保理は、アメリカが中心の国連軍を出動する決定を下して参戦し、韓国側についたリーは、北朝鮮側に立つソ連と敵対した。この他、イスラエル、インドネシアの建国支援、**ソ連軍のイランからの撤退（the withdrawal of Soviet forces from Iran）**の支援、**カシミール地方（the Kashmir region）**におけるインド・パキスタンの紛争の**停戦（cease-fire）**支援、パレスチナ問題などに尽力して国連の土台を作り、1948年には**世界人権宣言（the World Human Rights Declaration）**を採択した。トリグブ・リーは、1期（1946−1950）を務めた後に再選されたが、**ソ連の敵意（the hostility of the Soviet Union）**によって1952年11月に辞任した。“Welcome to the most impossible job on Earth” と言葉を残し、2代目**ダグ・ハマーショルド（Dag Hammarskjöld）**に事務総長職を継承した。

■ 事故死した2代目ダグ・ハマーショルド事務総長（任期：1953−1961）

スウェーデン（Sweden）出身である2代目**ダグ・ハマーショルド（Dag Hammarskjöld）**は、**先見の明のある国連の長（a visionary UN chief）**として高く評価されている人物で、業績と名誉が称えられ、国連本部にあ

る図書館はダグ・ハマーショルド図書館と命名された。平和維持活動（PKO）の基礎を作り上げ、国連事務局の改革に尽力したハマーショルドの主な功績は、1956年スエズ危機における**国際連合緊急軍（UNEF[the United Nations Emergency Force]）**の動員、レバノン・ヨルダンの**緊迫状態の緩和（defuse tensions）**、**原子力の平和的利用（the peaceful use of atomic energy）**に関する国際会議開催の支援、1957年のオーストリア・ウィーンを本部とする**国際原子力機関（IAEA[International Atomic Energy Agency]）**設立などが挙げられる。1960年前後はアフリカを中心に多くの国がヨーロッパ**宗主国（the suzerain states）**から独立し、**新興国家（emerging nations）**が誕生した。ハマーショルドはコンゴ動乱に際し、**4回目のコンゴ動乱の停戦調停（the cease-fire agreement to end the Fourth Congo War）**に向かう途中にチャーター機が墜落し、任期を全うすることなく事故死した（暗殺説もあり）。ソ連は彼に批判的で罷免を求める声明を出したこともある。ダグ・ハマーショルドは、恒久の平和達成に尽力したことが評価され、没後の1961年にノーベル平和賞を受賞した。

■ アジア初の3代目ウ・タント事務総長（任期：1961−1971）

ビルマ（Burma）（現**ミャンマー[Myanmar]**）出身の**ウ・タント（U Thant）**は、1961年に国連総会において第3代目国連事務総長として任命され、1971年まで2期務めた。1962年の**キューバ危機（the Cuban Missile Crisis）**や1967年に勃発したイスラエル・アラブ諸国との**第三次中東戦争（the Six-Day War）**で和平仲介に重要な役割を担ったことはよく知られている。また、独立を果たした多数のアジア・アフリカ諸国の国連加盟を見届け、途上国への開発援助

を行う補助機関である**国連開発計画（UNDP[the United Nations Development Programme]）**や発展途上国の経済開発を促進し、**南北問題の是正（rectification of the North-South problems）**を図るための機関である**国際連合貿易開発会議（UNCTAD）**の設立に貢献した。東京に本部のある国連のシンクタンク、**国連大学（the United Nations University）**の創設を提案したのもウ・タントである。

■２つの顔を持つ４代目ヴァルトハイム事務総長（任期：1972−1981）

傑出した外交官（a distinguished diplomat）としてキャリアを積んだ**オーストリア（Austria）**出身の**クルト・ヴァルトハイム（Kurt Waldheim）**は、1972年に第4代国連事務総長として選出された。**キプロス（Cyprus）**、中東地域の国連平和維持活動（PKO）の視察や、国連の**救援活動（relief missions）**を目的に各地を訪問し、任期中に**第四次中東戦争（the 1973 October War）**や**イラン革命（the Iranian Revolution）**が勃発した。**イラン・アメリカ大使館人質事件（the Iran hostage crisis）**では、1980年に人質開放交渉のためにテヘランに出向いたが、指導者**ルーホッラー・ホメイニー（Ruhollah Khomeini）**が面会を拒んだために実現できなかった。3期目を切望したが、中国に拒否されため事務総長の座を退いた。1986年には2度目の挑戦の末（1971年に一度落選）大統領選に当選し、1992年までオーストリア大統領を務めた。また、ナチの突撃隊員であったことが明るみに出て、嘘つきのレッテルを貼られ、国際社会から孤立したこともある。

■中米和平に貢献した５代目デクエヤル事務総長（任期：1982−1991）

謙虚な外交官（an unassuming diplomat）で知られる南米**ペルー（Peru）**出身の**ハビエル・ペレス・デクエヤル（Javier Pérez de Cuéllar）**は、1982年から1991年までの2期を務めた。就任直後のイギリスとアルゼンチンの**フォークランド紛争（the Falklands War）**では、**和平交渉担当者（a peace negotiator）**としての手腕を発揮、国際社会に評価された。任期中には、**エルサルバドル（El Salvador）**や**ニカラグア（Nicaragua）**などの**中米地域の紛争緩和（conflict mediation in Central America）**や、**アフガニスタンからのソ連軍撤退（the withdrawal of Soviet forces from Afghanistan）**に関する取り決めに貢献し、冷戦終結を見届け、1988年には国連を代表してPKOの功績に関するノーベル平和賞を受賞した。

また、1990年のアフリカの**ナミビア（Namibia）**の独立、**イラン・イラク戦争の終結（an end to the Iran-Iraq war）**、**カンボジアでの和平協定（the peace accord in Cambodia）**で不可欠な役割を担って、国際社会の平和と安定に大きく寄与したと評価され、安保理の数か国から任期を延長することを提案された。さらにブッシュ大統領（父）からも3選への出馬を提案されたが、固辞し国連から去った。国連退職後の1995年には、ペルー大統領選に出馬したが、**現職独裁者（the authoritarian incumbent）**アルベルト・フジモリに敗れた。その後、フランスのペルー大使も務めた。

■アメリカに嫌われた６代目ガーリ事務総長（任期：1992−1996）

フランスのサポートで選出された**エジプト（Egypt）**出身の6代目**ブトロス・ブトロス＝ガーリ（Boutros Boutros-Ghali）**は、1992年、国連PKO強化を提唱した。『**平和への課題（*An Agenda for Peace*）**』と題する報告書で、**平和強制部隊（peace enforcement units）**の創設など平和実現にむけた国連の積極的な役割を具体的に述べた。PKOはカンボジアやモザンビークなどでは成果を上げたものの、80万人を超えるとされる主に**ツチ族（Tutsi）**と**穏健派フツ族（moderate Hutu）**が殺害された1994年の**ルワンダ大虐殺（the Rwandan genocide）**では、国連が大虐殺を阻止しなかったと非難され、**負の遺産（a bitter legacy）**

を残した。また、**ソマリア紛争（the Somali Civil War）**や**ボスニア紛争（the Bosnian War）**での国連の役目・財・行政改革をめぐってアメリカと衝突し、安保理で再選の支持を得ることができず、1期のみの任務となってしまった。

■国連職員生え抜きの7代目コフィー・アナン事務総長（任期：1997–2006）

ガーナ（Ghana）出身で黒人初の第7代国連事務総長である**コフィー・アナン（Kofi Annan）**は、**世界保健機関（WHO）**、**国連難民高等弁務官事務所（UNHCR）**を経て、1997年に事務総長になる直前は、**平和維持活動担当の国連事務次長（the Under-Secretary-General for Peacekeeping）**を務めた。国連安保理改革では、紛争後の平和構築と復興のための**政府間の諮問機関（an intergovernmental advisory body）**である**国連平和構築委員会（PBC[the UN Peacebuilding Commission]）**の設置に貢献した。

また、WHOでの経験を生かしてエイズウイルスの**感染拡大防止（preventing the spread of infection）**や**貧困問題（the issue of poverty）**などアフリカ諸国が直面している課題に注力し、2000年に国連総会で採択された**国連ミレニアム宣言（the United Nations Millennium Declaration）**では、「アフリカの特別なニーズへの対応」や「**開発および貧困撲滅（Development and Poverty Eradication）**」などを盛り込んだ、2015年までに達成すべき開発目標を定めた**ミレニアム開発目標（MDGs[the Millennium Development Goals]）**を示した。

2001年、国連の活性化やエイズなどの感染症への貢献が評価され、国連とともにノーベル平和賞を受賞した。2期目の2003年には、安保理決議に基づかないアメリカのイラク侵攻を公然と非難した。平和維持活動担当の国連事務次長時代、ルワンダ大虐殺に対する国連の非力さのかどで批判されたり、イラクの石油食料交換プログラム不正関与疑惑が取り沙汰され、辞任に追い込まれたこともある。

■「無能」「過去最悪」と酷評された8代目潘基文事務総長（任期：2007－2016）

韓国（South Korea）出身の外交官で2007年から2期10年を務めた**潘基文（パン・ギムン、Ban Ki-moon）**は、カリスマ性がなく行動力に欠け、国連機関への**縁故採用（nepotism）**への批判などネガティブな評価が多く、反日発言も目立ち、日本での評価も低い。欧米のメディアは "the dullest and among the worst"（最もさえず、歴代事務総長の中で最悪だ）や "powerless observer"（無力な傍観者）と酷評している。

しかし、**地球温暖化問題（global warming issues）**で国連を主導し、2016年発効のアメリカを含む197か国が参加した**気候変動に関する画期的なパリ協定（the groundbreaking Paris Climate Agreement）**を制定し、2015年には**ミレニアム開発目標（the MDGs）の後継（the successor to the MDGs）**である2016年から2030年までの17の開発目標および169のターゲットを定めた**持続可能な開発目標（SDGs[the Sustainable Development Goals]）**を作り上げた。また、大統領選挙の結果をめぐって緊張が走った西アフリカの**コートジボアール（Ivory Coast）**に、**平和維持軍（peacekeeping troops）**を派遣することを安保理に素早く促し、政情が悪化することを防いだ功績もある。しかし、2010年に大地震が発生したハイチで、**経口感染症（oral infection）**の**コレラ（cholera）**をPKO部隊が持ち込み、**コレラが大流行（the outbreak of cholera）**したことで国連が非難され、潘基文事務総長はハイチの人々に謝罪した。

■難民援助活動の機関を率いた9代目グテーレス事務総長（任期：2017～）

2017年に安保理の全メンバーから支持され、就任した第9代事務総長、**ポルトガル（Portugal）**出身の**アントニオ・グテーレス（Antonio Guterres）**は、1995年から2002年までポルトガルの首相を歴任し、かつてポルトガルの植民地であり、**インドネシアの支配下にあった東ティモール**

の独立をめぐる紛争解決（conflict mediation over the independence of East Timor from Indonesia）に重要な役割を果たし称賛された。その後、緒方貞子も務めた国連難民高等弁務官を10年間（2005－2015）務めた現場主義者でもある。10年目に突入した**シリア（Syria）**や5年目に突入した**イエメン（Yamen）**の**人道危機（the humanitarian crisis）**、ミャンマーのロヒンギャ問題、環境問題、感染症対応など様々な問題に対して、しばしば対立する**安保理常任理事国とバランスを取りながら（perform a balancing act with the Security Council member countries）**、**地球上最も不可能な仕事（"the most impossible job on Earth"）**をどのようにこなすかが注目されている。一方、中国の世界インフラプロジェクトである**一帯一路構想（the Belt and Road Initiative）**を高く評価しており、親中的な姿勢が一部中国に批判的な勢力から懸念されている。2021年6月に、2期目（2022年1月～2026年12月）の再任が国連総会により全会一致で承認された。

3 国連専門機関と関連機関(The UN Specialized Agencies and Its Related Organizations)

国連には6つの主要機関に加えて、**15の専門機関(the 15 specialized agencies)**や**関連機関(UN-related organizations)**が設置されており、**世界の平和(global peace)**、**社会的・経済的発展と安定(socio-economic development and stability)**を達成するために様々な分野で活動に取り組んでいる。国連事務局、国連専門機関、諸基金・計画(UNICEF、UNDP、UNEPなど)、その他の関連機関は「**国連システム(the United Nations system)**」や「**国連ファミリー(the UN family)**」と呼ばれている。国連専門機関は国連の傘下にあり、独自の本部・予算・構成国をもって労働・環境・食糧・健康各テーマに関する様々な問題に関して活動を行っている。外務省によると、日本は15全ての専門機関に加盟している。

専門機関一覧

名称	英語名略称	設立年	本部
国際労働機関	**ILO**	1919	ジュネーブ(スイス)
世界銀行グループ	**World Bank Group**	1944	ワシントンDC(アメリカ)
国際通貨基金	**IMF**	1944	ワシントンDC(アメリカ)
国連食糧農業機関	**FAO**	1945	ローマ(イタリア)
国連教育科学文化機関	**UNESCO**	1946	パリ(フランス)
国際民間航空機関	**ICAO**	1944	モントリオール(カナダ)
国際電気通信連合	**ITU**	1865	ジュネーブ(スイス)
世界保健機関	**WHO**	1948	ジュネーブ(スイス)
万国郵便連合	**UPU**	1948 (1874)	ベルン(スイス)
世界気象機関	**WMO**	1950	ジュネーブ(スイス)
世界知的所有権機関	**WIPO**	1970	ジュネーブ(スイス)

世界観光機関	**UNWTO**	1975	マドリード（スペイン）
国際農業開発基金	**IFAD**	1977	ローマ（イタリア）
国際海事機関	**IMO**	1958	ロンドン（イギリス）
国連工業開発機関	**UNIDO**	1966	ウィーン（オーストリア）

■ ILO：世界中の労働者の労働状況を改善！

スイス・ジュネーブに本部を置く**国際労働機関（ILO[the International Labour Organization]）**は、国際連盟の外部機構として、1919年に設立され、1946年に国連最初の専門機関となった。**児童労働搾取（child labor and exploitation）**、**最低賃金（the minimum wage）**、**移民労働者の使用（the use of migrant workers）**など**世界中の労働に関する問題（employment-related issues across the globe）**に取り組んでいる。長きにわたる労働分野での功績が認められ、設立50年目の1969年にノーベル平和賞を受賞した。1929年に始まったアメリカ発の**世界大恐慌（the Great Depression）**を契機として、アメリカは1934年にILOに加盟したが、国による**人権侵害（human rights violations）**への対応方法の違いや「政治化」などに不満を抱き、1977年に脱退したものの3年後の1980年に復帰している。現在、ILO加盟国数は187である。

児童労働（child labor）とは？

ILOによると、世界で1億5200万人の児童労働者の約半分が**危険な環境（hazardous conditions）**で働いており、最も児童労働が多い地域は**サハラ以南のアフリカ地域（the Sub-Saharan Africa region）**である。最も割合の多い農業に、約1億800万人が従事しており、この他、**家畜遊牧（cattle grazing）**、**製造業（the manufacturing industry）**、**鉱業（the mining industry）**などの労働でもこき使われている。児童労働は**教育の機会を奪い（deprive children of access to education）**、精神・身体に悪影響を与えるとされている。

■ World Bank Group：開発途上国へ貸付・技術支援・政策助言！

世界銀行（the World Bank）は、融資・技術支援・政策助言などを通じて開発途上国の貧困削減を目指す国際金融機関である。1944年の**ブレトン・ウッズ協定（the Bretton Woods Agreement）**に基づき、**国際通貨基金（IMF［the International Monetary Fund］）**と共に、後に世銀グループの中核となる**国際復興開発銀行（IBRD［the International Bank for Reconstruction and Development］）**の設立が決まり、アメリカ・ワシントンDCに本部が設置された。世界銀行グループは、核となる**国際復興開発銀行（IBRD）**、**国際開発協会（IDA［the International Development Agency］）**に加え、3つの外局組織で構成されている。

世界銀行グループ

名称	略称	設立年	目的
国際復興開発銀行	**IBRD**	1944	中所得国（middle-income countries）・借金返済能力のある途上国に融資する。
国際開発協会	**IDA**	1960	最貧困国（poorest countries）に融資する。
国際金融公社	**IFC**	1956	開発途上国の民間部門の強化に焦点を当てる。
国際投資紛争解決センター	**ICSID**	1966	
多数国間投資保証機関	**MIGA**	1988	

日本の戦後復興を支援した世界銀行とは!?

世界3位の経済力を誇る日本は、**世界銀行（the World Bank）**への主要出資国として開発途上国の発展に貢献している。しかし、第二次大戦敗戦によって大打撃を受けた日本は、戦後しばらくは発展途上国にすぎなかった。個人・企業・政府の膨大な努力と国際社会からの支援を受けて**奇跡の戦後復興（miraculous postwar reconstruction）**を遂げ、1960年代後半には日本はアメリカに次ぐ世界第2の経済大国となった。

世界銀行本部（ワシントンDC）

日本が受けた支援の中でも、世界銀行の貸付は日本の**インフラ構築（infrastructure**

building）に大きな役割を果たした。1952年、日本は世界銀行（国際復興開発銀行）に加盟し、1953年に資金の借入れを受け始め、一時はインドに次ぐ世界第2の世界銀行借款国となった。よく知られている世銀の貸付は、東京から新大阪まで500km以上を結ぶ、かつての**国有鉄道（the erstwhile state-run railway）東海道新幹線（the Tokaido Shinkansen Line）**建設のための8000万ドルの貸付である。この他、世銀から**火力・水力発電所（thermal and hydroelectric power stations）**や**有料高速道路（express highways）**でも貸付を受け、1990年にようやく世界銀行からの借款に関する返済を終えた。

■ IMF：国際通貨秩序・国際金融制度の番人！

本部をアメリカ・ワシントンDCに置く**国際通貨基金（IMF[the International Monetary Fund]）**は、**国際復興開発銀行（IBRD[the International Bank for Reconstruction and Development]）**と共に設立された。現在の加盟国数は190か国で、世界銀行トップはアメリカ出身者が選出される一方、IMFトップは欧州出身者が選ばれるという慣習がある。主要目的は、**国際通貨制度の安定維持（maintain the stability of the international monetary system）**と**金融危機の影響緩和（mitigate the impact of financial crises）**であり、加盟国に対して**財政支援（financial assistance）**を行うが、途上国などに対して融資する際には**被援助国の国内の政策に関して口出しする（interfere in the internal affairs of recipient countries）**。1980年代から1990年代、IMFと世界銀行は途上国に対して、マクロ経済を安定させるための一定の**条件（conditionality）**を課した上で融資を行うという**構造調整プログラム（structural adjustment programs）**を実施したが、それはしばしば批判された。

1997年の**タイ通貨バーツの暴落（a precipitous drop in the value of the Thai baht）**を機に始まった**アジア通貨危機（the Asian financial crisis）**では、危機の悪化を防ぐため、IMFはタイ、韓国、インドネシアに大規模な融資を行ったが、それによってかえって状況が悪化したとも言われている。21世紀では、2009年に明るみに出た**放漫財政（fiscal laxity）**による**ギリシャ危機（the Greek government-debt crisis）**に対して融資を行った。最近では、新型コロナウイルス対策として**緊急融資（emergency loans）**を行っており、2021年3月時点で、コロナ関係で約1070億ドルを超える融資を提供してきた。また、外貨不足で資金繰りに苦戦する国を支援するために、加盟国が米ドル・円・中国人民元・ユーロ・ポンドの外貨を受け取ることができる「**特別引き出し権（SDR[the Special Drawing Rights]）**」の拡充が検討されている。

■ FAO：飢餓と戦い持続可能な農林水産業と農村開発を促進する！

本部をローマに置く1945年設立の**国連食糧農業機関（FAO[the Food and Agriculture Organization of the United Nations]）**は、**飢えや栄養失調との戦い（combat hunger and malnutrition）**、**農業生産高の向上（boost agricultural output）**、**農村の貧困軽減（alleviate rural poverty）**、**食糧安全保障の強化（shore up food security）**、**災害から生計を守る（protect livelihoods from disasters）**などの国際的取り組みを行っており、加盟国は194か国である。国連報告書によると、世界の9人に1人が**慢性的な飢え（chronic hunger）**に苦しんでおり、世界の人口は2020年の77億9500万人から2050年には97億人に達するとされている中、人口を賄う十分な食糧を確保・供給することがますます重要な課題となる。

FAOはこれまでに重要な合意や組織の設立を監督してきたが、中でも注目されるのは1961年に設立の決議が採択され、1963年から活動が始まった**国連世界食糧計画（WFP[the World Food Programme]）**である。WFPは、**被災地や非常に貧しい地域に食料支援を行う（provide food assistance to disaster-stricken and impoverished areas）**など、短期的な問題に対応する。例えば、2015年から内戦が続いている、約1000万人もの人々が**深刻な食料不足（dire food shortage）**に陥っているイエメンに、**飢餓（starvation）**を防ぐための食糧配給支援を行っている。そして飢餓解消と紛争地域での食糧供給に貢献したことが評価され、2020年にノーベル平和賞を受賞した。

また、FAOと同じくローマに本部を置く農業関連の専門機関である**国際農業開発基金（IFAD[the International Fund for Agricultural Development]）**は、加盟国から資金を調達し、貧しい農村地域の農家などに金銭面で支援を行い、**持続的な農業開発（sustainable agricultural development）**を目指す機関である。

■ UNESCO：世界遺産保護だけでない！教育・科学の振興もはかる！

1945年にロンドンでユネスコ憲章が採択され、翌年に本部をパリとし設立された**国連教育科学文化機関（UNESCO）**は、加盟国数193か国で、**文化遺産（cultural heritage）**・**自然遺産（natural heritage）**・**複合遺産（mixed cultural and natural heritage）**の3つからなる**世界遺産の登録と保護（registration and protection of world heritage sites）**を行っている。

また、世界には**読み書きのできない大人（illiterate adults）**は約7億7400万人いるが、**識字率の改善（improvement of the literacy rate）**や、科学に関するプログラムを実施するなど、教育・科学の振興を通じて国家間の平和を目指し活動を行っている。

2年に1度**UNESCO総会（the UN General Conference）**が開催され、加盟国はUNESCOの予算や政策を決定する。アメリカはUNESCOの「私物化」と**「政治化」（politicization）**を理由に、1984年に脱退した。UNESCO第6代事務局長であるムボウ氏は、UNESCOの予算を着服してパリで豪遊したり、縁故人事を行っていたことで悪名高い。2003年のブッシュ政権時に再加盟したが、2017年にUNESCOが**「反イスラエルに偏向」（anti-Israel bias）**しているとの理由でイスラエルと共に再び脱退を表明、2018年12月に脱退した。

■ ICAO：コンセンサス主義で国際民間航空の安全・発展に寄与！

第二次世界大戦後、重要性が増した**民間航空（civil aviation）**の安全・発展を確保するために国際強調が必要であるということから、**国際民間航空機関（ICAO[the International Civil Aviation Organization]）**が1944年、本部をモントリオールとして設立された。加盟国は193か国で、**領空（airspace）**での国家の**絶対的な主権（absolute sovereignty）**を原則とし、安全運航のためのガイドラインなどの**国際規格（international standards）**の策定や、安全かつ能率的・持続的な飛行の促進、民間航空の**軍事利用（militarization）**などの**安全保障上の懸念（security concerns）**への対処などの任務をこなしている。

新型コロナで大打撃の航空業界！

1970年には約3億1000万人であった世界の航空旅客者数は、2000年までほぼ一貫して増加し、2001年のアメリカ**同時多発テロ（the September 11 attacks）**で一時的に減少したものの、2003年からは再び増加に転じた。その後、**格安航空会社（LCC[Low Cost Carrier]）**の増加とともに、世界の航空旅客者数は右肩上がりに伸び、特にアジアで需要が増えて、2017年には世界の航空旅客は40億人を突破した。しかし、2020年の**新型コロナウイルスの世界的流行（the COVID-19 pandemic）**によって、各国が**国境封鎖（border closure）**や**入国制限（entry restrictions）**し、国内では**外出自粛（self-imposed isolation）**、**リモートワーク（remote work）**などの**新しい生活様式（new normal）**が広がり、同年には15億人に減少。**航空業界は大打撃を受けた（a serious blow to the airline industry）**。ICAOは、コロナ禍での航空旅客需要の回復に向けて、感染対策などを定めたガイドラインの公表・普及を行っている。

■ WHO：全人類の最大限の健康水準を実現する！

世界保健機関（WHO[the World Health Organization]）は、保健に関する専門機関として1948年4月7日の**世界保健デー（World Health Day）**に設立された。本部をスイス・ジュネーブに置き、加盟国数は194か国で世界150か所以上に事務所を構え7000人以上の職員が働く、国連専門機関の中でも世界銀行グループに次いで大きな組織である。また、全加盟国からなる**世界保健総会（the World Health Assembly）**の他、総会で選ばれた34か国からなる**執行理事会（the Executive Board）**や**地域的機関（the Regional Organization）**が組織されている。

WHOは「**すべての人々が可能な最高の健康水準に到達すること（attainment by peoples of the highest possible level of health）**」を目的として、**ユニバーサルヘルスケアの推進（promotion of universal healthcare）**、**保健基準・指針の作成（establishment of health standards and guidelines）**、**公衆衛生リスクの監視（monitoring of public health risks）**、**より良い栄養・衛生（better nutrition and sanitation）**、**HIVなどの感染症との奮闘（fight against infectious diseases such as HIV）**など、**個々人の健康増進（health promotion of individuals）**に関する指導・調整を行っている。

WHOはこれまでに大規模な**予防接種プログラム（mass vaccination**

programs）を通じて、**感染性（human-to-human transmission）**の**麻疹（measles）**や**結核（TB[tuberculosis]）**を激減させてきた。20世紀では、約3億人の命を奪った**伝染性の高い天然痘（highly contagious smallpox）**対策で中心的な役割を果たし、1980年に天然痘の根絶を宣言した。また、1980年代には、世界で約35万人を悩ませた**感染病ポリオ（communicable disease polio）**をほぼ根絶させる重要な役割も担った。2020年8月にナイジェリアを最後にアフリカ大陸のポリオが根絶と宣言され、現在ポリオが確認されている国は残すところアフガニスタン、パキスタンの2か国のみとなった。近年では新型コロナウイルスの世界的流行により、世界規模の対応を主導するWHOは脚光を浴びているが、テドロス・アダノム事務局長は新型コロナに対してWHOの次の 5つの役割を述べている。

1. Helping countries to prepare and respond.
（各国の準備と対応を支援）

2. Providing accurate information, busting dangerous myths.
（正確な情報を提供し、危険なデマを打ち壊す）

3. Ensuring that vital supplies reach frontline health workers.
（不可欠な物資が最前線の医療従事者に届くようにする）

4. Training and mobilizing health workers.
（医療従事者の研修と動員）

5. The search for a vaccine.（ワクチン研究）

一方、WHOには批判的な声も目立っており、トランプ元米大統領は、WHOが早期対応に失敗したことや、WHOの**中国寄りの姿勢（"China-centric"）**を非難し、2020年4月に**WHOへの拠出金を凍結する（freeze U.S. funding for the WHO）**と発表し、さらにWHOからアメリカが脱退する旨を2020年7月にWHOに通知した。**WHOへの最大援助国（the WHO's biggest donor）**であり職員の約10%をアメリカ人が占める、アメリカのWHO脱退は**グローバル公衆衛生にとって痛手（a serious blow to global public health）**と懸念されたが、バイデン大統領は脱退の撤回を決定した。ブラジルも新型コロナ対応を巡ってWHOを「**政治的に偏った組織（"partisan political organization"）**」と非難し、コロナ終息後のWHO脱退をちらつかせた。

■ WMO：世界の気象・気候・水に関する業務の標準化・調整・支援を行う！

スイス・ジュネーブに本部を置く**世界気象機関（WMO[the World Meteorological Organization]）**は、国家間の**気象学（meteorology）**・**水文学（hydrology）**に関する国際的な協力・調整を促進するための機関として1950年に設立された。加盟国・政府関係機関が**気象予報（a weather forecast）**、**大気質予測（an air-quality forecast）**、**気候予測（climate predictions）**、**異常気象に関する早期警告（early warnings for extreme weather）**などをより正確に行うことができるように技術移転、リサーチ支援、加盟国との**観測データ交換（observational data exchange）**を行っており、情報提供や助言によって**気候変動緩和（mitigation of climate change）**のための立案に支援も行っている。2030年までの国連の目標の1つに「**気候変動に具体的な対策を（"Climate action"）**」が挙げられているが、WMOは今後ますます重要な専門機関となるだろう。

■ UNIDO：工業化を通じて発展途上国の貧困削減を目指す！

本部をオーストリア・ウィーンに置く**国連工業開発機関（UNIDO[the United Nations Industrial Development Organization）**は国連総会により1966年に設立され、1985年に国連専門機関となった。**貧困削減（poverty reduction）**、**グローバル化（globalization）**、**地球環境の維持（sustainability of global environment）**のための工業開発の推進を責務とし、研究分析、国際基準の設定、ネットワーク化、**知識移転（knowledge transfer）**、**技術協力（technical cooperation）**などの活動を行う。53か国で構成され、その執行機関は**工業開発理事会（the Industrial Development Board）**である。

2013年、UNIDO加盟国はあらゆる国家・人々が機会の均等を享受し、持続可能な工業開発を通じてあらゆる人々の**生活水準（standard of living）**を高める「**包摂的で持続可能な産業開発（ISID[Inclusive and Sustainable Industrial Development]）**」という新たなビジョンを掲げた。ISIDを通じて、UNIDOは**多面的な貧困の要因（multifaceted causes of poverty）**に取り組み、工業の全潜在能力を利用することによって**持続可能な開発目標（the SDGs[the Sustainable Development Goals]）**の達成を目指している。

国連その他の機関

主要6機関、15専門機関に加えて、基金・計画、その他の関連機関が国連の活動を支えている。以下、主要なその他の国連機関を見てみよう。

主要関連機関一覧

名称	略称	設立年	本部
国際連合児童基金	**UNICEF**	1946	ニューヨーク（アメリカ）
国連難民高等弁務官事務所	**UNHCR**	1950	ジュネーブ（スイス）
国際原子力機関	**IAEA**	1957	ウィーン（オーストリア）
関税及び貿易に関する一般協定	**GATT**	1948	—
世界貿易機関	**WTO**	1995	ジュネーブ（スイス）
国際連合開発計画	**UNDP**	1965	ニューヨーク（アメリカ）

■ UNICEF：世界中の子どもたちに人道・開発支援！

1946年、**国連国際児童緊急基金（UNICEF[the UN International Children's Emergency Fund）**が設立された。当初は**戦後の救援（postwar relief）**を目的とし、主にヨーロッパの子どもたちに対して、**衣服・避難場所の提供（provision of clothing and shelter）**、**結核のワクチン摂取（vaccination against turberculosis）**、**栄養補助食の提供（provision of nutritional supplement meals）**の支援を行い、5億人以上の現地の子どもたちを救った。

1950年代にはヨーロッパ外へと活動領域を広げ、主に開発途上国の子どもたちとその母親に対する**栄養（nutrition）**、**予防接種（immunization）**、教育、**衛生（sanitation）**などの分野で人道・開発支援を開始した。1953年に組織名（略称はUNICEFのまま）を現在の**国際連合児童基金（the United Nations Children's Fund）**に改称した。1955年に設立された**日本ユニセフ協会（the Japan Committee for UNICEF）**によると、日本も1949年から15年間にわたり**脱脂粉乳（fat-free milk powder）**などの支援をUNICEFから受けた。UNICEFは活動の業績が認められ、1965年にノーベル平和賞を受賞した。

1979年は国連総会によって「**国際児童年（the International Year of**

the Child)」とされ、UNICEFは他の国連機関を率いて様々な活動の調整を行った。UNICEFの活動予算は、完全に任意の拠出金で賄っている。2018－21年の歳入の内訳は政府拠出金66％、民間拠出金34％で、日本では「**ユニセフ・マンスリーサポート・プログラム（the UNICEF Monthly Support Program)**」を通じて間接的に子どもたちを支援することができる。黒柳徹子氏、アグネス・チャン氏、長谷部誠氏といった**著名人（celebrities）**が**親善大使（goodwill ambassadors）**としてUNICEFの啓発活動を行っている。

■ UNHCR：世界の難民保護、難民問題の解決に尽力！

世界では、戦争・**迫害（persecution）**などにより、**庇護（protection）**を求めて国外へ逃れた**難民（refugees)**、**国内紛争（internal conflicts）**によって自国内で避難生活を余儀なくされている**国内避難民（IDP [internally displaced persons]）**など、故郷を追われた人の数は8000万人に迫りつつある。そういった中、難民・避難民を保護し、自立支援を行う国連の主要機関、**国連難民高等弁務官事務所（UNHCR [the United Nations High Commissioner for Refugees]）**は、1950年に国連総会によって設立された。

1950年代はヨーロッパ地域での活動が主であったが、1960年代以後、**アルジェリア独立戦争（the Algerian War of independence）**や**インド・パキスタン戦争（the Indo-Pakistani War of 1971）**による難民保護など、アジア・アフリカ地域へとその活動規模を広げていった。その活動の功績が認められ、1954年と1981年の2度、ノーベル平和賞を受賞している。日本人もUNHCRのトップとして活躍し、「**小さな巨人（the diminutive giant)**」として称賛された緒方貞子は1991年から10年間UNHCRを率いて、**現場主義（a hands-on approach）**の**高等弁務官（a high commissioner）**として**クルド（Kurdish）**難民、ルワンダ難民など様々な難民問題に取り組んだ。

難民へ救援物資を輸送するUNHCR

現在はシリア・アフガニスタン・ミャンマーの**政情不安（political**

instability）によって難民が多く発生している。UNICEF と同じく、UNHCR の活動予算は完全に任意の拠出金で賄っている。

世界最大の難民キャンプ！

紛争・迫害などで故郷を追い出された人々に対して**一時的な安全な避難場所（a makeshift safe haven）**である**難民キャンプ（a refugee camp）**が設立され、医療・生活物資が提供されている。難民キャンプで生まれ、成人になるまでずっと難民キャンプ内で生活を続けている難民もいる。

UNHCR は1991年、ソマリア内戦による難民を受け入れるために**ダダーブ難民キャンプ（the Dadaab refugee camp complex）**を設立した。いまだに20万人を超える難民・**亡命希望者（asylum seekers）**が生活しているとされるが、ケニア政府は、この難民キャンプ閉鎖を要求している。現在世界最大の難民キャンプは、バングラディシュにある**クトゥパロン難民キャンプ（the Kutupalong refugee camp）**で、ここは特に2017年以降深刻化している**ミャンマー軍による迫害（a pogrom led by the Myanmar army）**から逃れる**イスラム教徒の少数派であるロヒンギャ（the Rohingya Muslim minority）**を受け入れている。難民の数は70万人以上とされているが、この数は高知県の人口よりも多い。

■ IAEA：核兵器のない世界を目指す「核の番人」！

1945年の広島・長崎への**原爆投下（atomic bombings）**は全世界にとって決して忘れることのできない日となった。1946年の国連総会は、「**大量破壊に適用しうる兵器（weapons adaptable to mass destruction）**」の撲滅と**原子力の平和的利用（peaceful use of atomic energy）**を求めたが、1949年にソ連が**核兵器（nuclear weapons）**を完成させた。1950年以降、米ソの**核軍拡競争（a nuclear arms race）**が始まるが、アイゼンハワー米大統領による演説「**平和のための原子力（Atoms for Peace）**」がきっかけとなり、1957年、すべての国における原子力の平和利用促進と査察などによる原子力の軍事転用防止を目的とした**国際原子力機関（IAEA[the International Atomic Energy Agency）**が設立された。

しかし、「**核の番人（a nuclear watchdog）**」の異名を取る IAEA の設立後も、フランス・中国は**死の灰（radioactive fallout）**を撒き散らす**核実験（nuclear tests）**を開始し、1964年にはすべての常任理事国が **nuclear power（核保有国）**となった。しかし、1968年国連総会で**核不拡散条約（NPT）**が採択され、米ソによって**核軍縮（nuclear disarmament）**の動きが進められた。IAEAはインド・パキスタンなどの**核保有（possession of nuclear weapons）**を防ぐことはできなかったが、「原子力が軍事目的に使われることを防ぎ、原子力が可能な限り安全に使われるようにした努力」が認められ、2005年にIAEAと当時の事務局長**モハメッド・エルバラダイ（Mohamed ElBaradei）**がノーベル平和賞を受賞した。しかし、翌2006年、皮肉にも北朝鮮が初の核実験を実施した。

IAEAで日本人トップとして活躍した天野之弥は、2009年から病死（暗殺説も囁かれている）する2019年までIAEAの事務局長を務めた。任期中は特に**イランの核開発計画（the Iran's nuclear program）**や**福島原発事故（the 2011 Fukushima nuclear disaster）**の調査などで活躍。**被爆国として（as the country that has experienced atomic bombings）**、**核兵器根絶（elimination of nuclear weapons）**を願う日本人だけでなく、世界からの評価も総じて高かった。

■ GATT／WTO：自由貿易の守護神！

1929年に始まった**世界大恐慌（the Great Depression）**は、世界経済をどん底に陥れた。この期間、**資本主義諸国（capitalist nations）**は他国に**高関税（prohibitive tarrifs）**を課すなど**保護貿易主義（protecionism）**に走り、イギリスやフランスは豊富な植民地とだけ貿易を行う**排他的な貿易体制（exclusive trading system）**を取った。これらの**敵対する貿易政策（a hostile trade policy）**による各国の対立の拡大が、第二次世界大戦勃発の要因の1つとされる。

この失敗から、貿易を制限するような各国の**貿易障壁（trade barriers）**を可能な限り取り除き、**自由貿易体制（a free trade system）**のもと国際貿易の拡大を支援するために「**関税及び貿易に関する一般協定（GATT [the General Agreement on Tariffs and Trade]）**」が1948年に発足した。そして、関税引き下げを目的とする**多角的貿易交渉（the Multilateral Trade Negotiations）**が8回実施され、これらの交渉を通じて世界全体の貿易障壁は次第に引き下げられ、貿易が拡大していった。

主な多角的貿易交渉

名称	実施年	内容
ジュネーブ・ラウンド（Geneva Round ）	1947	4万5000項目の関税引き下げ。
ケネディ・ラウンド（Kennedy Round）	1964-67	**工業製品（industrial goods）**の関税50％引き下げ。
東京ラウンド（Tokyo Round）	1973-79	非関税障壁の削減。
ウルグアイ・ラウンド（Uruguay Round）	1986-94	難航したが、農産物、知的所有権、サービス貿易に及んで交渉した。世界貿易機関（WTO）の設立につながる。

GATTは1995年1月、ジュネーブに本部を置く**世界貿易機関（WTO [the World Trade Organization]）**に改組された。WTOは、**農産物（agricultural products）**を含めた物品、**知的所有権（intellectual property rights）**、**サービス貿易（trade in service）**などあらゆる自由貿易の促進、貿易に関わる紛争解決など世界貿易において重要な役割を果たしている。2001年11月には、最高意志決定機関である**閣僚会議（a ministerial conference）**で中国と台湾の加盟が許可されて組織は拡大、現在は加盟国164か国となっている。

トランプ政権下で、**米中貿易戦争（the US-China trade war）**が激化した。アメリカは、中国の**知的財産権侵害（intellectual property infringement）**や**不正貿易慣行（unfair trade practices）**を激しく非難しており、一方が関税を引き上げると他方は**報復措置を実施（implementation of retaliatory measures）**するという、**いたちごっこ（a game of cat and mouth）**が続いて世界経済に大きな悪影響を与えた。WTOは、アメリカが中国製品に**制裁関税（punitive tariffs）**を課すことを不当としているが、アメリカはWTOを批判した。多国主義を標榜するバイデン政権がWTOとどう関わっていくかが注目される。

■ UNDP：途上国の貧困削減・人間開発を目指す！

国連開発計画（UNDP [the United Nations Development Programme]）は、1960年代、急速にアフリカ諸国が国連に加盟した

ことを背景に1965年に設立された。「**国連のグローバル開発ネットワーク（the UN's global development network）**」として、これら開発途上国に対し、**民主的統治（democratic governance）**、**貧困削減（poverty reduction）**、**環境保全（environmental protection）**、**女性のエンパワーメント（female empowerment）**などで各国の開発目標達成を目指して、幅広い分野で個人・組織の**能力育成（capacity building）**などの事業を実施している。

UNDPは1990年以来、毎年『**人間開発報告書（the Human Development Report）**』を刊行している。この報告書では、国民総所得（GNI）のような所得に関する指標だけでなく、**平均余命（life expectancy）**、教育水準を測る**人間開発指数（the Human Development Index）**、また**ジェンダー開発指数（the Gender Development Index）**などの指標を用いて、長期的な各国の**人々の幸福度（the level of people's well-being）**を評価している。

国連総会は1970年にUNDPの下部組織として**国連ボランティア計画（UNV[the United Nations Volunteer Programme]）**を設立した。UNDPの管理下、UNVは**人道援助（humanitarian relief）**、**平和構築（peace-buidling）**、**人権啓発（human rights promotion）**、**選挙関連支援（electoral support）**などの活動に従事している。UNVによって運営されたプログラムには、TOKTEN（the Transfer of Knowledge through Expatriate Nationals）やUNISTAR（the United Nations International Short Term Advisory Resource）などがある。

人間開発指数：トップ3、ワースト3は？

「**人間開発指数（the HDI）**」とは、**所得（income）**、**平均余命（life expectancy）**、**就学状況（education）**を数値化して、国連開発計画（UNDP）が算出する国民の豊かさの指標である。日本は世界189か国中19位。ベスト3は、1位：**ノルウェー（Norway）**、2位：**スイス（Switzerland）**と**アイルランド（Ireland）**で、ワースト3は、下から順に、**ニジェール（Niger）**、**中央アフリカ共和国（the Central Africa Republic）**、**チャド（Chad）**。アメリカは日本より少し上の17位、韓国は少し下の23位。ロシアはグーンと下がって52位、中国はさらに下がって85位となっている。

国連憲章・記念日・国連会議 (The UN Charters, the International Days, and the UN Conferences)

■ 国連憲章：国連の規定・手順などを説明した全加盟国が遵守すべき条約

1945年6月に**サンフランシスコ会議（the San Francisco Conference）**で調印された**国連憲章（The Charter of the United Nations/UN Charter）**は、国連加盟国が遵守すべき規定や各種手順を定めている。

国連憲章は**前文（Preamble）**と**19の章（19 Chapters）**、計**111の条（111 articles）**で構成されている。国連憲章はこれまでに3回改定されたが、国連憲章の改定は、**総会の3分の2（a vote of two-thirds of the General Assembly）**、かつすべての常任理事国を含む安保理の3分の2の賛成が必要である（国連憲章18章第108条）。

国連の目的の1つは「**国際平和および安全を維持すること（To maintain international peace and security）**」であるが（国連憲章1章第1条）、平和・安全が脅かされる場合、**経済制裁（economic sanctions）**や**断交（the severance of diplomatic ties）**などの**非軍事的措置（non-military measures）**に加えて、国際連盟では規定されていなかった**軍事的措置（military measures）**をとることができるとしている。（国連憲章7章第41条、42条）

■ 国連の記念日とは？

国連によって定められた**記念日（anniversary）**は**国際デー（the International Days）**と呼ばれる。国連が発足した10月24日が**国連の日（the United Nations Day）**であることはよく知られている。この他、4月7日の**世界保健デー（the World Health Day）**、5月29日の**国連平和維持要員の国際デー（the International Day of UN Peacekeepers）**、6月5日の**世界環境デー（the World Environment Day）**など、172の国際デーが設けられており、特定の日のテーマに関連した様々な行事が開催される。**ヨガの国際デー（the International Day of Yoga）**、**世界トイレ・デー（the World Toilet Day）**、**英語デー（the English**

Language Day）など興味深い日もある。以下、主要な国際デーを見てみよう。

主要な国連の記念日

月日	名称	内容
6月20日	**世界難民の日（the World Refugee Day）**	2000年に国連総会で決議された、世界中の難民に対して理解を深め支援する日。
9月8日	**国際識字デー（the International Literacy Day）**	1965年にUNESCOが宣言した識字の重要性を訴える日。成人の**識字率**（**literacy rate**）世界平均は78％で、最低はニジェールの15％（2011－16年）。
11月20日	**世界子どもの日（the Universal Children's Day）**	子どもたちの**相互理解**（**mutual understanding**）や**福祉**（**welfare**）を推進するため、1954年に制定された。
12月10日	**人権デー（the Human Rights Day）**	1948年に採択された**世界人権宣言**（**the Universal Declaration of Human Rights**）を記念するため、国連総会で決議された。

■ 主要な国連会議とは？

ニューヨーク国連本部での国連総会に加えて、世界食糧会議や国際人口開発会議など、具体的な課題にフォーカスした国連主導による国際会議が各地で実施されている。以下、主要な国連会議を見てみよう。

名称	開催年	開催地	内容
国連人間環境会議（the UN Conference on the Human Environment）	**1972**	ストックホルム	**「ストックホルム会議」**（**the Stockholm conference**）の異名をとる国連人間環境会議は、深刻化する**環境汚染**（**environmental pollution**）や天然資源の保護など環境問題に焦点を当てた初の国連会議。この会議の結果、**国連環境計画**（**UNEP**）が同年に設立された。

世界人口会議（the World Population Conference）	**1974**	ブカレスト	**人口急増（rapid population growth）**問題などが議論された。この会議で「世界人口行動計画」が採択され、その後、第2回が1984年にメキシコシティ、1994年には国際人口会議がカイロで開催された。なお、国連は1974年を**the World Population Year**と定めている。
世界食糧会議（the World Food Conference）	**1974**	ローマ	1970年代に入り深刻化した**不作（a lean crop）**を軽減し、開発途上国の**食糧不足（food shortages）**を回避するための方策が議論された。この会議の結果、国連専門機関の1つである国際農業開発基金（IFAD）の設立が決まった。
国連環境開発会議（the UNCED [UN Conference on Environment and Development]）	**1992**	リオデジャネイロ	**「地球サミット」（the Earth Summit）**との異名をとるUNCEDでは、**広がる格差（growing gaps between haves and have-nots）**、環境・社会問題などの解決を目指し、172か国代表が参加した。21世紀に向けた行動計画「**アジェンダ21（the Agenda 21）**」、環境・開発に関する各国の責務を定めた「**リオ宣言（the Rio Declaration on Environment and Development）**」、**気候変動枠組み条約（the UN Framework Convention on Climate Change）**などが採択された。**地球温暖化（global warming）**の取り組みに関しては、1997年に採択された**京都議定書（the Kyoto Protocol）**によって、具体的な**CO_2排出量削減（carbon dioxide emission control）**が義務づけられた。
持続可能な開発に関する世界首脳会議（the World Summit on Sustainable Development）	**2002**	ヨハネスブルグ	「**リオ＋10（Rio＋10）**」としても知られるこの会議では主に1992年に採択されたアジェンダ21の進捗を吟味した。国連関係者の他、NGO代表など参加者は2万人を超えた。

第6章

世界の環境問題

Environmental Issues in the World

地球温暖化は人類最大の脅威（Global Warming Is the Most Serious Threat to Humanity）

上昇している世界の平均気温

April 2021　　L-OTI (°C) Anomaly vs 1951-1980

−6.7 −4.0 −2.0 −1.0 −0.5 −0.2 0.2 0.5 1.0 2.0 4.0 6.6

出典：GISTEMP Team, 2021: GISS Surface Temperature Analysis (GISTEMP), version 4. NASA Goddard Institute for Space Studies. Dataset accessed 2021-June-01 at data.giss.nasa.gov/gistemp/.

■ 環境問題は21世紀の人類が直面する最大の課題である！

世界経済フォーラム（the World Economic Forum）がまとめた報告書、**グローバルリスク報告書2021年度版（the Global Risks Report 2021）**によると、**起こり得る影響力の高い10のリスク（the 10 greatest and most likely risks）**の内の４つは**環境に関するもの（environmental degradation）**であった。それは**極端な気象現象（extreme weather）**、**気候変動対策の失敗（a climate action failure）**、**人為的な環境損害（human environmental damage）**と**生物多様性の喪失（a biodiversity loss）**である。

同報告書は環境リスクの高まりが世界的な共通認識になっていると述べ、**人類の生存に関わる脅威（existential threats to humanity）**と断言した。

つまり、環境への損害は**自然災害の頻発（frequent natural disasters）**、**人への健康被害（a negative impact on human health）**、**食糧不足（a food shortage）**、**貧困（poverty）**、**社会不安（social unrest）**、**武力紛争（armed conflicts）**など様々な副作用をもたらす。そこで、まずは我々が直面する最大の課題で、他の環境問題と密接に関係している**気候変動（a climate change）**と**地球温暖化（global warming）**について述べていくことにしよう。

■ 増大する温暖化の脅威の行方はいかに!?

「世界保健機関報告書」は、**"Climate change is the greatest challenge of the 21st century, threatening human health and development".（気候変動は人々の健康と社会の発展を脅かす21世紀最大の脅威である）**と述べた。実際、**産業革命（the Industrial Revolution）**前の1750年に比べて、CO_2の濃度が280 ppmから420 ppmへと5割増加し、その結果、世界の平均気温は約0.8℃上昇しており、2100年には1.8度から4度上昇するとの予測もある。

世界各地で**異常気象（weather abnormalities）**が起こっており、2019年のオーストラリアの240日にわたる**森林火事（a forest fire）**やその後の**洪水（inundation）**は、**生態系に甚大な被害（devastating damage**

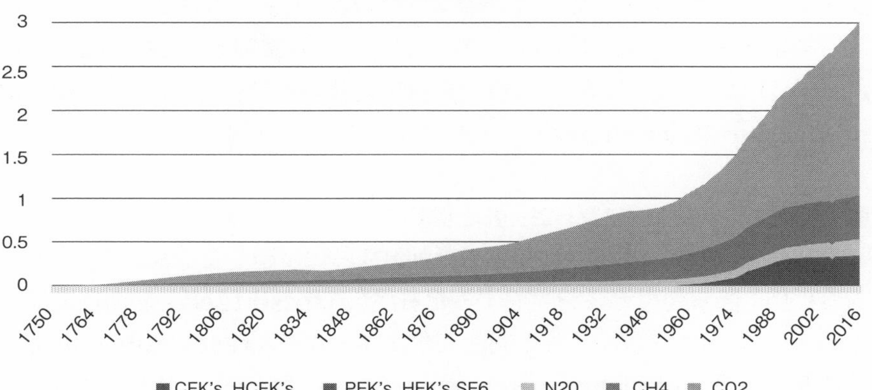

to the ecosystem）をもたらした。これらは、主に**人間の活動によるもの**（**man-made**）で、最大の要因は**二酸化炭素**（**carbon dioxide**）、**メタン**（**methane**）、**亜酸化窒素**（**nitrous oxide**）などの**温室効果ガス**（**greenhouse gases**）の排出であるとされている。

温暖化の影響は、**海面上昇**（**a sea level rise**）、**干ばつ**（**droughts**）、**熱波**（**heat waves**）などの異常気象や**砂漠化**（**desertification**）などで、そこからさらに、**洪水**（**inundation**）、**森林火災**（**forest fires**）、**生態系の攪乱**（**disruption of the ecosystem**）、**食糧不足**（**food shortages**）、**水不足**（**water shortages**）などが起こるとされている。

しかし、温室効果は**CO_2濃度増加**（**CO_2 concentration increase**）の「**対数**（**logarithm**）」関数であるために今後鈍化し、気温がさらに0.8℃上昇するためにはCO_2濃度は現在の420 ppmの1.5倍の630 ppmに達する必要があり、今のような年間2 ppmの増加ペースでは、1.6℃上がるのは2130年、増加のペースが加速して年間3 ppmになったとしても2095年となるので「**ゼロエミッション**（**zero emission**）」にする必要はないという説もある。

実際、台風や**豪雨**（**torrential rain**）、**猛暑**（**intense heat**）などの**自然災害**（**natural disasters**）はほとんど増えておらず、CO_2濃度の増加や**気温上昇**（**temperature increase**）は、植物の**光合成を活発化**（**stimulating photosynthesis**）し、**農業の収穫量を増やし**（**increasing crop yields**）、**生態系に好影響**（**a positive effect on ecosystems**）を与えたと言われ、「産業革命前」の280 ppmの世界より、現在の420 ppmで0.8℃高くなった文明社会の方が住みやすいとも言える。『人類の未来』（NHK出版）に登場する宇宙物理学者のフリーマン・ダイソンも、**炭素削減**（**CO_2 emisson control**）にかける何兆円もの費用を**被災地域の再開発**（**reconstruction of disaster-stricken areas**）にかけよと述べている。

■ CO_2エミッションコントロールとは!?

とはいえ、温室効果ガスの排出量は削減するのに越したことはない。その対策には、温室効果ガスを生成する**化石燃料**（**fossil fuels**）の消費削減が求められる。主な方策として、**再生可能エネルギー**（**renewable energy**）や**原子力発電**（**nuclear power generation**）の普及、**水素エネルギー**

各国の温室効果ガス削減目標

国名	1990年比	2005年比	2013年比
日本	▲18.0%	▲25.4%	削減目標 ▲26.0%（2030年までに）
米国	▲14〜16%	削減目標 ▲26〜28%（2025年までに）	▲18〜21%
EU	削減目標 ▲40%（2030年までに）	▲35%	▲24%
中国	・2030年までに2005年比でGDP当たりの二酸化炭素排出を60〜65%削減 ・2030年頃に二酸化炭素排出のピーク達成		
韓国	・2030年までに、対策を講じなかった場合の2030年比で37%削減		

（hydrogen energy）の開発が挙げられる。そういった中、2015年にパリで開催された**国連気候変動枠組条約第21回締約国会議（the 21st Conference of the Parties to the UN Convention on Climate Change［COP21］）**で、世界**約200か国が合意したパリ協定（the Paris Agreement adopted by almost 200 parties）**は、世界の平均気温上昇を産業革命以前と比較して1.5℃に抑えるために、21世紀末までに温室効果ガスの排出量をゼロにし、**脱炭素化社会（a decarbonized society）**の実現を目指している。

ところで、**日本、アメリカ、EU、中国、韓国の掲げた目標値（nationally determined contributions［NDCs］for Japan, the United States, the EU, China, and the republic of Korea）**は上表記の通りで、現在、日本、EUでは目標に沿って削減が進んでおり、アメリカも目標ラインは達成していないが削減は進んでいる。しかし、排出量が最も多い中国は、**目標がGDP当たり（reduction targets based on GDP）**の排出量に設定されているので、排出総量は増え続けている。経済発展著しいインドも同様に温室効果ガスの排出を増しており、**中国、アメリカ、インドの3か国（China, the US, and India combined）**で**世界の総排出量の半分（half of the world's total emissions）**を占め、全世界排出量の増加の勢いは弱まっているものの、総量は依然として増え続けている。

CO_2濃度は、5000 ppmは**労働衛生上の許容濃度（the permissible**

level for industrial health）だが、3万ppmで**呼吸困難**（**breathing difficulty**）、頭痛、**吐き気**（**nausea**）、**視覚障害**（**visual impairment**）が起こり、8万ppmで**めまい**（**dizziness**）がして**人事不詳**（**coma**）に陥り、9万ppmで**血圧が失われ**（**loss of blood pressure**）、4時間後に死に至ると言われている。

東京消防庁によると、CO_2濃度450ppmは東京・新宿の路上、700ppmは 地下鉄駅の改札口付近、1100ppmは 映画館内、1500～3800ppmはかなり混んだ地下鉄車両内、2800ppmは首都高速道路、5000ppmは閉め切った自動車内となっている。**交通渋滞**（**traffic congestion**）や**満員電車通勤**（**commuting by packed subway trains**）が、大気中のppm増加よりも数段健康を害するもの（**a health hazard**）であることがわかるが、新型コロナウイルスによる在宅勤務（**telework**）がその事態をかなり改善した。

発信力UP重要表現をマスター！「環境」①

- □ 異常気象　**extreme［abnormal］weather**（「気候変動」は **climate change**）
- □ 温室効果ガス排出量を制限［削減］する　**curb［lower］greenhouse gas emissions**
- □ 可燃ゴミの分別　**separation of burnable and non-burnable garbage**（「ゴミ分別」は **a separate garbage collection**）
- □ 海面レベルの上昇　**a rise in the sea level**（「沿岸の洪水」は **coastal flooding**、「水中に沈んだ沿岸地域」は **submerged coastal areas**）
- □ 核廃棄物処理問題　**the problem of nuclear waste disposal**（「核燃料再処理工場」は **a nuclear fuel reprocessing plant**）
- □ 産業廃棄物処理　**industrial waste treatment**
- □ 環境悪化［破壊］　**environmental degradation［destruction］**
- □ 気候変動による熱波、干ばつ、農業生産高低下などの影響　**effects of climate change including heat waves, drought and lower agricultural output yields**
- □ 詰め替え用の製品を買う　**buy refillable goods**
- □ 極地の氷冠の融解　**polar icecap melting**
- □ 再生可能で低炭素エネルギー技術促進のための奨励金　**incentives for the promotion of renewable and low-carbon energy technologies**

□ 再生利用可能ゴミを分別する **separate recyclable from nonrecyclable**
□ 自然資源［オゾン層］の枯渇 **depletion of natural resources [the ozone layer]**
□ 自然保護区 **a nature reserve [sanctuaries]**
□ 手つかずの自然が残る地域に侵入する **invade pristine wilderness areas**
□ 食物連鎖を損なう **disturb the food chain**
□ 人間が動物に抱く同胞意識 **an animal cousin mentality**
□ 生育地の消失 **a loss of natural habitats [a habitat loss]**
□ 生分解可能な材料 **biodegradable materials**
□ 絶滅危惧種の保護 **preservation of endangered species**
□ 絶滅危惧種の密猟や取引の規制 **regulations on the poaching and trading of endangered species**
□ 絶滅危惧種を捕獲して飼育する **breed endangered species in captivity**
□ ヒートアイランド現象 **the (urban) heat island phenomenon** [略：UHI]（都市部の気温がその周辺の郊外部よりも高くなる現象）

砂漠化で世界の食糧生産が大幅に減少！(Food Production Is Seriously Affected by Desertification)

1992年開催の**国連環境開発会議（the United Nations Conference on Environment and Development[UNCED]）**において「**深刻な干ばつや砂漠化に対処するための国際連合条約（the UN Convention to Combat Desertification and Drought[UNCCD]）**」合意に至った。そこでは砂漠化は、「**乾燥、半乾燥、乾燥半湿潤地域での気候変動や人間活動など様々な要因で起こる土地の劣化（land degradation in arid, semi-arid, and dry sub-humid regions caused by climate change and human activities）**」と定義された。土地の劣化はさらなる自然災害を引き起こすだけでなく、**食糧問題（food security）**や貧困問題を深刻化させ、社会の大きな脅威となる。

砂漠化の原因には、まず**森林の過剰な伐採や過剰耕作（deforestation and overcultivation）**や家畜の**過剰な放牧（overgrazing）**などがある。**急激に増加する人口（an exponentially increasing population）**を養うために新たな農地や放牧地を開拓し、森林を伐採し、その結果、土壌の水による**浸食（erosion）**が進行し、結果として土地が劣化してしまうのである。

鉱物資源（mineral resources）を求めての鉱山の開発や、**都市化（urbanization）**、**水資源の無秩序な開発（the poor management of water resources）**もまた砂漠化の原因になる。さらに前述の**気候変動（a climate change）**も砂漠化の大きな要因で、**異常気象（extreme weather）**が引き起こす**干ばつ（drought）**が各地で砂漠化を促進している。

■ どの地域で砂漠化が起こっているか？

ユネスコ（UNESCO）によると、**地球上の陸地の3分の1（one-third of the world's land surface）**が砂漠化の危機にさらされており、それは世界各地で進んでいる。中でもアフリカやアジアでの進行が顕著で、**アラ**

ル海（the Aral Sea）沿岸地域では**農業用水の過剰な使用（an excessive use of agricultural water）**によって**水資源が枯渇（depletion of water resources）**し、アラル海が縮小し砂漠化が広がっている。また、**サハラ砂漠（the Sahara）**周辺の地域では、人口増加による森林の伐採**（deforestation）**、**不法な農地開拓（illegal farm land reclamation）**や都市化によって砂漠化が進行している。さらに、**ソマリア（Somalia）**では砂漠化と干ばつによって飢饉が引き起こされ、**政情不安（political instability）**が続いている。

様々な要因が絡み合って起こる砂漠化の解決は簡単ではない。**土地の計画的な利用（land-use planning）**、農業方法の改良、**農地開拓の抑制（farm land reclamation control）**、**植林（reforestation）**、水資源の有効利用などが挙げられるが、砂漠化を食い止める試みとして「**巨大な緑の壁（the Great Green Wall）**」プロジェクトは有効な解決策と期待されている。これは、土地の46％劣化で食糧難が発生しているサハラ砂漠の南に植林し、砂漠の南進を止めるための11か国参加の計画で、**セネガル（Senegal）**から**エチオピア（Ethiopia）**まで、長さ8000キロメートルの植林地帯をつくるものだ。

3 世界的に深刻な水不足（Water Shortage Is a Global Issue）

■ 深刻な水不足の現状はいかに!?

水は**生命維持に必須（essential for all life）**の資源である。しかし、国際NGOウォーターエイド発表の「2020年世界の水の現状」によると、世界で**安全な飲み水（safe drinking water）**を確保できない人は20億人おり、2050年には世界人口の半数以上に当たる50億人が水不足に苦しむであろうと予測されている。**「世界水会議」（the World Water Council [WWC]）**によると、世界で11億人が**水の入手が困難な状況（a serious water shortage）**にあり、合計27億人が毎日少なくとも1か月にわたって水不足を体験している。しかも 国連（UN）は、今後30年間にわたって世界の人口が20億人増加すると予測している。下の地図は水資源にかかっている「水ストレス」（**water stress：1人当たり年間使用可能水量（an annual water supply）**が1700トンを下回り、日常生活に不便を

世界中で高まる水ストレス

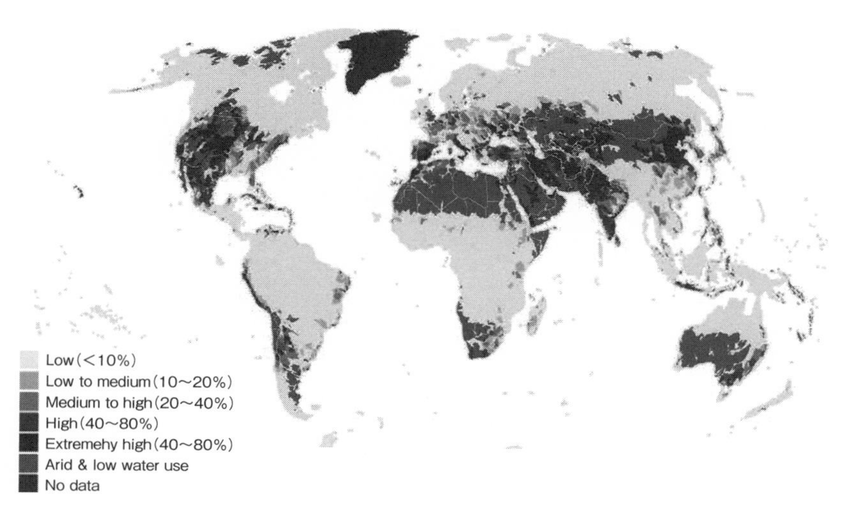

感じる状態を示している。水ストレスが高い地域では、人口の80パーセント以上が**農業用水（water for agricultural use）**、**家庭用水（water for domestic use）**、**工業用水（water for industrial use）**を十分に利用できない状況にある。このまま悪化が進むと世界人口の半分以上が水ストレスにさらされる恐れがある。

下のグラフは**水資源をめぐる紛争（water conflicts）**の件数を示している。21世紀に入ってからその数は急上昇しており、中には深刻な武力衝突に発展したものもある。このように、水不足は直接の被害以外に、様々な社会不安や時には**戦争（water wars）**の原因ともなる。

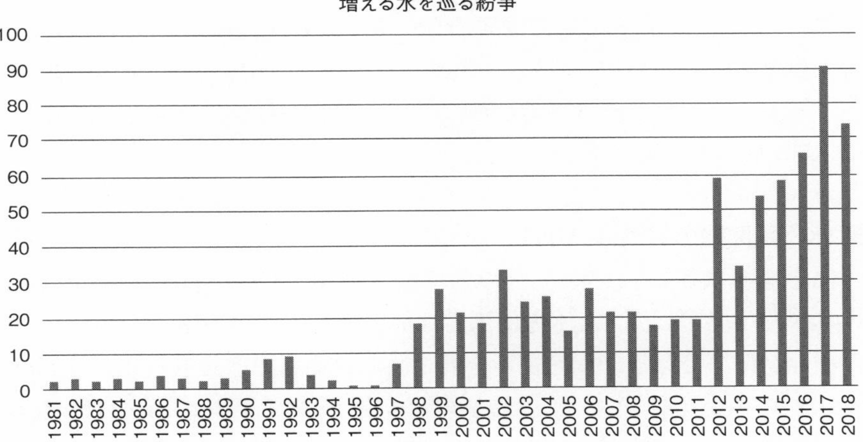

水不足の原因は、**気候変動（a climate change）**が引き起こした水の**蒸発量（evaporation）**の増加による**降水（precipitation）**の減少と**生活水準の向上（a rise in the standard of living）**による**1人当たりの水の使用量の増大（an increase in per capita water consumption）**である。**肉製品（meat products）**や**工業製品（industrial products）**の生産、電力などはいずれも水の利用に依存している。

例えば、1キロの米を生産するには3600倍の3.6トンの水、小麦は2000倍の2トン、大豆は2500倍の2.5トン、鶏肉は4500倍の4.5トン、牛肉は2万倍の20トンの水資源が必要と算定されている。**日本の食料自給率（the food self-sufficiency rate）**は37％であるが、すべて国内で生産するとして必要な**仮想水（virtual water）**は600億m^3で、これは**日本の年間水使用（annual water usage in Japan）**の約3分の2に当たり、世界最大級となっている。さらに世界の総人口が21世紀半ばには**100億（10 billion）**人に達すると予想され、食料生産量は60％増えなければならず、水ストレスはますます強まる一方だ。

大量の水を必要とするのは農業だけではない。**電力発電（power generation）**や工業、鉱業も水を必要とする。水は**水力発電（hydroelectric power）**だけでなく、**原子力発電（nuclear power）**や**火力発電（thermal power）**にも必要である。アメリカでは**水資源からの取水（water withdrawal）**の41％が発電所で冷却に用いられる。**発展途上国（developing nations）**で産業が発達するにつれ、発電や工業の水需要は爆発的に増え、**世界の電力需要（the global demand for electricity）**は今世紀半ばには4倍になると予想される。爆発する需要と、気候変動によって減少する恐れのある供給から、現状は**持続不可能（unsustainable）**ではないかと危惧される。

■ 水不足問題の対策はいかに!?

簡単な解決策はないが、**水の効率的な使用（the efficient use of water）**を促進し、また**水を使用しない技術（water-free technology）**の開発が急務である。水を多く必要としない**品種の改良（crop variety improvement）**や、より**効率のよい灌漑システム（an efficient irrigation system）**の利用などはその例である。**点滴灌漑（a drip irrigation）**とは**チューブ（tubing）**を使って水を土壌に直接、ゆっくりと供給する方法で、これによって水の使用のみでなく、**肥料（chemical fertilizer）**の使用も大幅に減らすことができる。

水のリサイクル（water recycling）も有用な方策であり、例えばイスラエルでは**排水の87％の再利用率（a 87-percent water reuse rate）**を誇っている。アメリカの再利用率はまだ10％で、節水の余地は世界的にまだまだありそうだ。それから都市部では水道配管からの**水漏れ（water leakage）**が問題である。ロンドンでは供給される水の30％が配管からの漏れで失われると推定されている。アジアや中東の都市では、この数字が60％にもなると言われて**配水システム（a water distribution system）**の改善が急がれる。**海水の淡水化（desalination of seawater）**も期待される技術で、シンガポールは水需要の25％が淡水化によって賄われている。しかし、淡水化技術はまだコストが高く、広く利用されるにはさらなる改良が必要である。

発信力UP重要表現をマスター！「環境」②

□大気中に二酸化炭素を放出する　**release carbon dioxide into the atmosphere**

□低炭素経済への移行を促進する　**promote the transition to a low carbon economy**（「二酸化炭素排出量の低い製品」は **low-carbon goods**、「低炭素エネルギー」は **low-carbon energy**、「二酸化炭素排出量の高い産業」は **high-carbon industries**）

□天敵を排除する　**eliminate the natural predators**

□二酸化炭素排出量　**carbon footprint**（個人や企業の日々の活動で排出される温室効果ガスの量）

□燃費の良い車　**energy-[fuel-]efficient cars**（「低燃費車」は **gas sippers**、「高燃費車」は **gas guzzlers**）

□放射性廃棄物の処理　**radioactive waste disposal**（「放射性［核］廃棄物の海洋投棄」は **radioactive [nuclear] waste dumping in the sea**）

□3R（削減・再利用・リサイクル）　**the 3Rs: Reduce, Reuse and Recycle**

□アップサイクリング　**upcycling**（使用済み製品を回収・再生し、付加価値を加えた製品に変身させること）

□エコフェミニズム　**ecofeminism**（自然破壊と男性の女性支配には関連があるという思想・運動）

□キャップ・アンド・トレード　**cap-and-trade**（国・企業の温室効果ガス排出権取引制度）

□コージェネ、熱電併給　**cogeneration**（発電時の排熱を冷暖房に利用するなど、同一熱源より電力と熱を生産・供給するシステム）

□サマータイムの全国一律導入　**nationwide implementation of DST [daylight saving time]**

□シェールガス　**shale gas**（地中の硬い頁岩（けつがん）の岩盤に閉じ込められた天然ガス）

□スギ花粉症　**cedar pollen allergy**

□ディープエコロジー　**deep ecology**（人間を含むすべての生命体が平等に存在する価値を持っているという考え方）

□パリ協定　**the Paris Agreement**（2015年採択の気候変動抑制に関する多国間の国際協定）

4 ますます深刻化する大気・水質汚染（Increasingly Serious Air and Water Pollution）

2017年に発表された**世界保健機関（the World Health Organization [WHO]）**の報告書によると、**"One in four deaths of children under the age of 5 are attributable to environmental pollution."（世界での5歳未満の子どもの死因の4分の1は環境の汚染である）**。環境汚染とは**有害な物質が自然環境に放出されること（the introduction of harmful materials into the environment）**で、火山噴火などの自然現象と人間の活動によって引き起こされる。近年特に問題視されるのは、人間活動による**大気汚染（air pollution）**と海洋・**水質汚染（water pollution）**である。

■ **大気汚染はどれほど深刻か!?**

大気汚染の最大の原因は、**石炭、石油、天然ガスなどの化石燃料（fossil fuels such as coal, oil, and natural gas）**の燃焼だ。車や工場が発生源であり、燃焼の結果、**一酸化炭素（carbon monoxide）**、**二酸化炭素（carbon dioxide）**、**窒素酸化物（nitrogen oxides）**、**硫黄酸化物（sulfur oxides）**や各種**炭化水素（hydrocarbons）**が発生する。これら排出されたガスは、**PM2.5と呼ばれる微小な粒子（atmospheric particulate matter with a diameter of less than 2.5 micrometers）**やスモッグを起こし、人々の健康に重大な悪影響を及ぼす。

大気汚染の影響は経済発展が著しい中国とインドで特に顕著である。インドの**首都デリー（Delhi）**では、大気汚染があまりにひどく、学校が休校になることもある。世界保健機関の推定では、世界で90％の子どもが**健康に有害な汚染された空気（polluted air that can endanger their health）**を吸っている。成長途上にいる子どもへの影響は特に重く、脳の発達や、精神にも悪影響を与える。このような直接的な影響だけでなく、二酸化炭素は**温室効果ガス（greenhouse gases）**であり、温暖化の原因となる。また、酸性雨や海洋の酸性化もこれらの汚染物質によって引き起こされる。このように、大気汚染は世界の人々に大きな被害をもたらしている。

大気汚染による推定死者数、年間10万人当たり

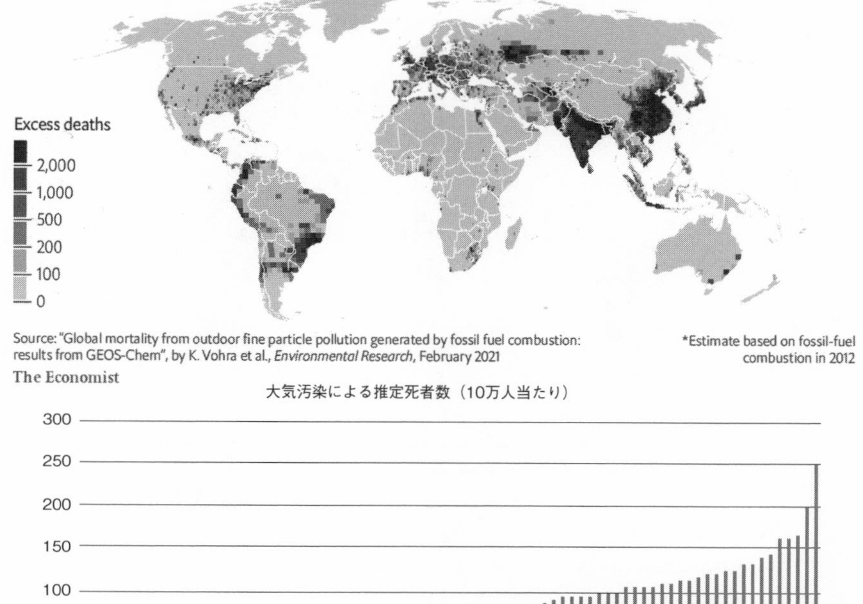

■ 水質汚染はどれほど深刻か!?

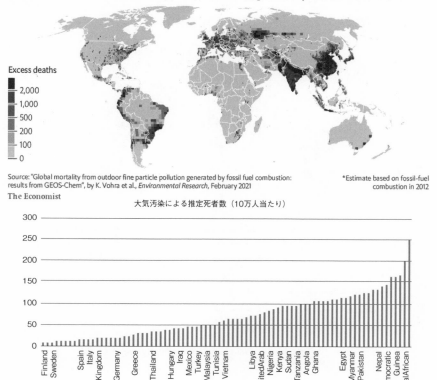

水質汚染（water pollution）は、**産業廃液の放出（the discharge of industrial waste）**、鉱山から出る**酸性排水（acid mine drainage）**、地中に**埋められた産業廃棄物の漏洩（the leakage of buried industrial waste）**などによって起こる。1979年にニューヨーク州で起きた**ラブ・キャナル（Love Canal）**事件は有名な例だ。産業排水以外に、**処理されていない家庭廃液の放出（the discharge of untreated household waste）**も問題だ。インドのデリーでは、2100万人の汚水が処理されないまま**ヤムナー川（the Yamunar River）**に流され、深刻な水質汚染が

投棄プラスチック（年間トン）

Mismanaged plastic waste, 2019

Mismanaged plastic waste is defined as "plastic that is either littered or inadequately disposed. Inadequately disposed waste is not formally managed and includes disposal in dumps or open, uncontrolled landfills, where it is not fully contained.

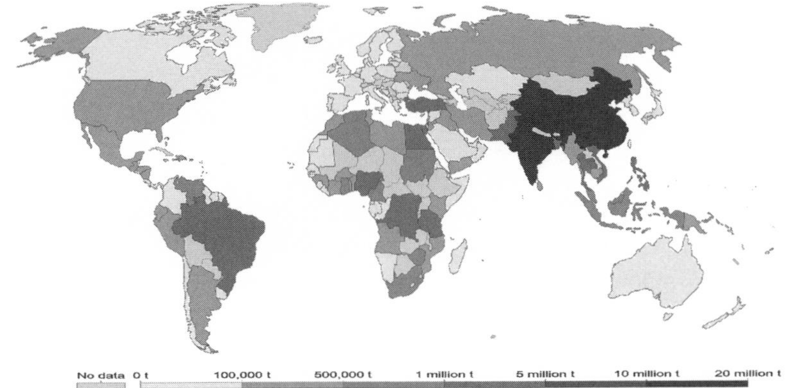

Source: Meijer et al. (2021). More than 1000 rivers account for 80% of global riverine plastic emissions into the ocean. Science Advances.

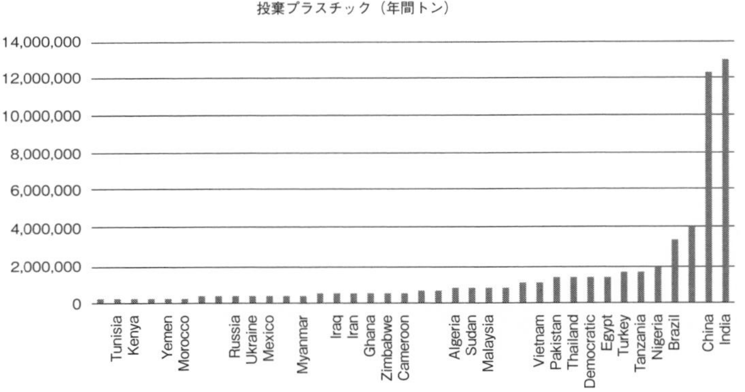

処理されずに投棄されるプラスチックの量。中国、インドは1000万トンを超える。

進んでいる。降水によって土壌から**河川に流される農薬（agricultural chemicals washed into rivers）**も深刻だ。また、**熱（heat）**も一種の**汚染物（pollutants）**と考えられる。冷却に使用された加熱された水がそのまま河川や海に放出されると水温が上昇し、**生態系（the ecosystem）**が乱される。

海洋汚染に大きく貢献しているのは、**ゴミの海への廃棄（ocean dumping of garbage）**である。中でも**プラスチックゴミの廃棄（plastic ocean dumping）**が大きな問題になっている。世界では毎年約**3.8億トン**

のプラスチック生産（the production of 380 million tons of plastic）がなされ、生産されたプラスチックのうち、9％がリサイクルされ、12％が焼却される。残りは地中に埋められて廃棄されるか、そのまま捨てられる。捨てられたプラスチックの多くは海に流され、その量は毎年1000万トンと推定される。いったん海に入ると**回収困難（difficulty in collecting the plastic waste）**となり、**分解することもない（indecomposable）**。このままでは、2050年には重量で、海の中の魚の総量よりもプラスチックの量の方が多くなると言われており、多くの**海洋生物（marine animals）**の生存が脅かされる。

■ 汚染問題対策はいかに!?

地球温暖化対策の一環として、排気ガスや廃棄物の量を減らすことが急務である。現在、**CO_2排出の削減に向けての国際的な協力（international cooperation to control CO_2 emissions）**や各国での規制が進んでおり、1997年に採択された**気候変動に関する国際連合枠組条約の京都議定書（the Kyoto Protocol on the UN Framework Convention on Climate Change）**では、**温室効果ガスや各種排出ガスの削減目標（reduction targets for greenhouse gases and various exhaust gases）**が設定された。この議定書は現在192か国が締約している。

排気ガスの大きな原因である**内燃機関（an internal combustion engine）**に頼る自動車の**電気自動車（electric vehicles[EVs]）**への転換は着実に進んでおり、まだ技術的な改良やコストの低下が求められるものの、2030年までに100％電気自動車に転換することを目標に掲げている国もある。イギリスは2030年以降の**ガソリン車、ディーゼル車販売を禁止する（a ban on new petrol and diesel cars）**案を提示している。

廃棄物の量の削減に関しては、リサイクルを促進し、**不必要な製品の使用を禁止する（a ban on use of unnecessary products）**動きが進んでいる。**レジ袋の有料化（a mandatory plastic bag surcharge）**はその身近な例だ。

発信力 UP 重要表現をマスター！「環境」③

□ 普段どおり **business as usual**（BAU とも。燃料の使用削減の努力をせず、従来のビジネスを続けること）
□ ヘドロ **sludge**
□ メタンハイドレート **methane hydrate**（メタンを主成分とする化石燃料。深海の高圧環境で水と結合してシャーベット状になったもの）
□ 遺伝子組み換え食品 **Frankenfood**（=**genetically modified food**、**transgenic food**）
□ 永久凍土 **permafrost**
□ 液状化現象 **liquefaction**
□ 夏時間 **daylight-saving time [DST]**
□ 海洋牧場、海中栽培 **mariculture**（人為的な環境で育てた海の生物を、自然に戻して漁業の促進を図るもの）
□ 外来種 **alien [exotic] species**
□ 環境ホルモン、内分泌攪乱物質 **hormone-disrupting chemicals**
□ 環境維持 **environmental sustainability**
□ 環境税 **an environmental tax**
□ 環境配慮のふり、偽エコ **greenwashing**（環境破壊に加担しつつ、エコ企業のイメージをうたうこと）
□ 環境保護運動家 **eco-warrior**
□ 気候移民 **climate migrants**（気候変動の影響で移住を強いられる人）
□ 京都議定書 **the Kyoto Protocol**
□ 蛍光灯 **fluorescent light**（「白熱電球」は **incandescent lamp**）
□ 原生林 **virgin forest**（「防風林」は **windbreak**）
□ 固定価格制度 **feed-in tariffs**（再生可能エネルギーの普及拡大と価格低減を目指す助成政策。設備導入時に一定期間の助成水準が法的に保証される）
□ 豪雨 **torrential rain**、**downpour**、**cloudburst**（「霧雨」は **drizzle**、「こぬか雨」は **misty [fine] rain**）
□ 国連気候変動枠組条約 **the UNFCCC (the United Nations Framework Convention on Climate Change)**
□ 砂漠化 **desertification**
□ 再生可能エネルギー **renewable energy**
□ 採取産業 **the extractive industry**（石油・石炭など有限な天然資源を取り出すだけで補充しない産業）

5 ゴミ処理とリサイクリングの歴史（The History of Garbage Disposal and Recycling）

■ ゴミ処理問題の世界比較

資源再利用の歴史は長い。特に**金属の再利用（metal recycling）**の歴史は古く、古代から使い古した金属製の道具や武器は溶かされ、新たな金属製品を作るために使用された。20世紀に入り、産業活動が活発化するとともに、**家庭が排出するゴミ（household garbage）**の量も急激に増え始め、1995年から2003年のわずか8年間で、西ヨーロッパで排出された**都市廃棄物（municipal waste）**の量は23％増加し、年間1人当たり600kgに達した。

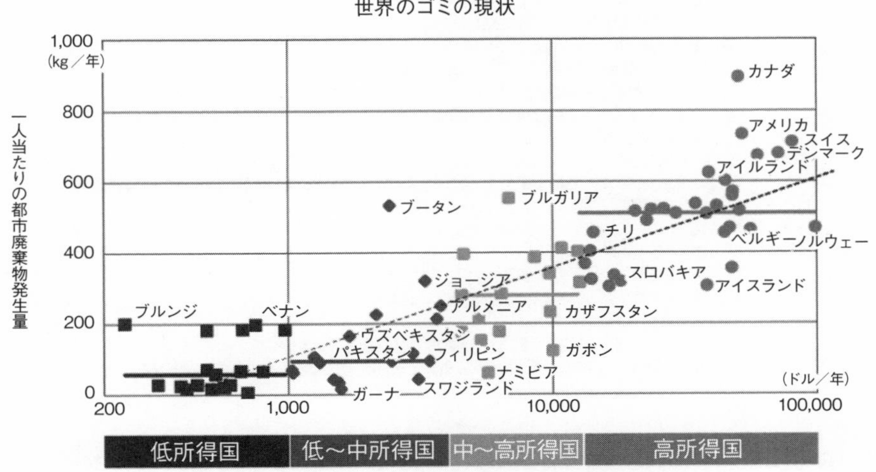

廃棄物発生量は所得に比例する。

経済が成長し所得が増えるにつれ、廃棄物の量も比例して増加する。**1人当たりのゴミ排出量（the waste per person）**が多いのは高所得国**（high income-earning countries）**で、中でもアメリカやカナダが多く、約800kgある。

都市**廃棄物の処理方法（waste disposal methods）**には、**埋立**

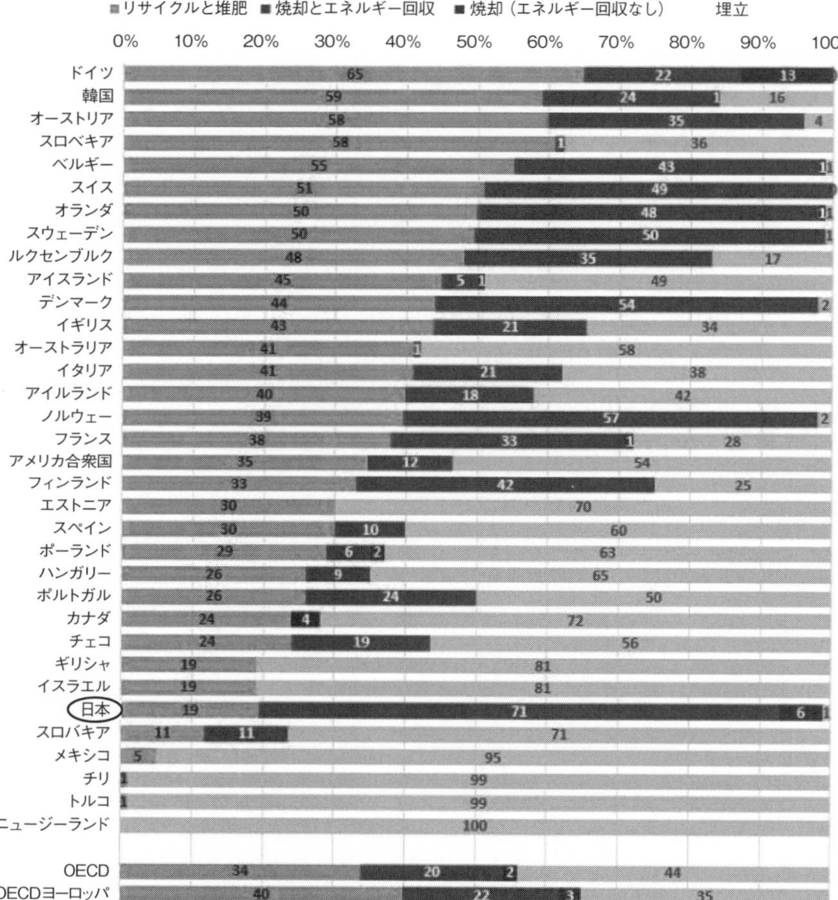

（landfill）、**焼却（incineration）**、**堆肥（compost）**を含めた**リサイクル（recycling）**が挙げられるが、何ら処理されることなく、河川や海に放棄されるゴミも多い。放棄以外にも、焼却や埋立も環境汚染につながるため、注目されているのがリサイクルだ。1960年代以降、**紙（paper）**、**金属（metal）**、**ガラス（glass）**、**プラスチック（plastic）**資源のリサイクルが急速に進められている。特にヨーロッパは**リサイクル率（recycling rate）**が高く、世界で最もリサイクルが進んでいるドイツのリサイクル率は約65％で、残りは**焼却処分（incineration）**され、埋立はほとんど行われて

いない。一方、日本はリサイクル率が約20％と低く、焼却処分に大きく依存している。従来、リサイクルでは**分別回収（a separate collection）**が重要とされてきたが、現在は**一括して回収（a single-stream collection）**し、リサイクル施設で分別する方法に移行している。サンフランシスコ市はこの方法を採用することによってリサイクル率を70％近くまで向上させた。

近年問題になっているのは、**ゴミの輸出（waste exports）**だ。先進国が他国へ**リサイクルするために廃棄物を輸出（waste exported to be recycled）**することで、中国が大きな輸出先となっていた。2017年には約60万トンのプラスチックゴミが世界の90か国から中国に輸出されていたが、2018年に**中国政府が廃棄物の輸入を禁止（the Chinese ban on the import of waste）**して以降、マレーシアやタイなど東南アジア諸国が新たな輸出先となった。これらの国ではリサイクルできる廃棄物の量が中国よりも少なく、**輸入は規制（import restrictions）**される方向へ進んでいる。各国が自国でリサイクルができるように、さらなる技術開発とリサイクルシステムの構築が望まれる。

◐環境問題アーギュメント力 UP！

Is environmental protection compatible with economic growth? **（環境保護と経済成長は両立できるか？）**	
Pros（賛成側の主張）	
1. 環境にやさしい技術の開発により雇用機会が拡大される。これは、特に求職中の若者にとって朗報である。	The development of eco-friendly technologies creates huge job opportunities, which is a boon especially to job-seeking young people.
2. 環境政策を重視する企業は、消費者に高く評価されてビジネスの成功につながる。	Companies' eco-consciousness contributes to success in their business by enhancing their reputation among consumers.
3. 環境配慮型の製品の開発により、国の経済が活性化する。	The development of eco-friendly products can help boost the national economy.
Cons（反対側の主張）	
1. 環境にやさしい製造工場を建てるには多額の費用がかかるため、持続的な発展を達成しにくい。	It costs a tremendous amount of money to build eco-friendly manufacturing plants, which will make sustainable development difficult to achieve.
2. 先進国による搾取後の不公平な要求に対する発展途上国の怒りによって妨げられる。	It is held back by developing countries' indignation about unfair demand after all the exploitation made by developed countries.

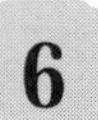

革新的なエコシティ（A Futuristic Ecocity）

■ ゼロエミッションを実現する未来型都市

1975年、アメリカ・カリフォルニアで**アーバン・エコロジー（Urban Ecology）**というNPOが設立された。**建築家や社会活動家（architects and activists)**からなるこの組織は**環境的に健全な都市(environmentally healthier cities)**の設計を目指した。**エコシティ（ecocity）**は、創設者の1人、**リチャード・レジスター（Richard Register）**の造語で、**住人が自然と調和した生活を営み（living in harmony with nature)**、**環境への負荷が最小限に抑えられる（a reduced ecological footprint）**都市のことだ。

エコシティの特徴は、**地元の資源のみへの依存（sole dependence on local resources)**、**再生可能エネルギーの使用による炭素無排出（zero emission by renewable energy use)**、**公共交通機関・歩行・自転車の奨励（promoting the use of public transportation, walking and bikes)**、**排水や廃棄システムのリサイクル化の充実（the advanced recycling of waste management systems)**、そして**持続可能なこと（sustainable）**などが挙げられる。これらの特徴が都市のデザインそのものに組み込まれているのがエコシティだ。

エコシティには、一から新しく建設された都市と、既存の都市が転換されたものがある。後者の例はデンマークの**コペンハーゲン（Copenhagen）**で、2025年までに**世界初の二酸化炭素ニュートラルな首都（the world's first carbon-neutral capital）**を目指している。また、最新のゴミ処理施設は**発電所（power plants）**も兼ねており、海水浴が楽しめる市民の**社交の場（social gathering places）**にもなっている。市内の移動の66％は自転車、歩行、公共交通機関でなされ、暖房の51％は**再生可能エネルギー（renewable energy）**を使用している。しかもこれらの変革は経済成長や市民生活の快適さを犠牲にすることなく実行され、市民はそれを**快楽主義的な持続可能性（hedonistic sustainability）**と呼んだ。

発信力UP重要表現をマスター！「環境」④

□ 緑のニューディール　**the Green New Deal**（再生可能エネルギーや環境関連技術への積極的な公共投資で雇用創出と景気の浮揚を図る）
□ 除草剤　**herbicide**
□ 焼畑式農業　**slash and burn agriculture**
□ 森林破壊　**deforestation**（「熱帯雨林の伐採」は **cutting down [felling] of tropical rainforest**、「植林」は **afforestation**、「森林再生」は **reforestation**）
□ 浸水　**inundation**（「床上浸水」は **flooding above the floor**、「床下浸水」は **flooding up to the floor**）
□ 人工肉　**plant-based meals meat alternative, clean meat**
□ 水圧破砕法　**fracking**（シェール層に含まれるガス・石油を採取するため、水圧で岩盤を粉砕させる手法）
□ 水耕栽培　**hydroponics**（養液を使って植物を栽培する方法）
□ 生物の多様性に関する条約　**the Convention on Biological Diversity [CBD]**（1992年採択）
□ 生物圏　**biosphere**（「大気圏」は **atmosphere**、「水圏」は **hydrosphere**、「岩石圏」は **lithosphere**）
□ 生物多様性　**biodiversity**（「遺伝的多様性」は **genetic diversity**）
□ 相乗り　**carpool**
□ 待機電力　**standby electricity**
□ 淡水化施設　**desalination plants**
□ 炭素税　**a carbon tax**（「脱炭素社会」は **a decarbonized society**）
□ 地球温暖化に対する懐疑論　**climate denial**（温暖化による気温上昇への懐疑論、人為起源の温室効果ガスが主要因とする説への反論）
□ 都市鉱山　**urban mines**（大量廃棄される家電製品の中の有用資源。**rare metal**（希少金属）など）
□ 廃棄物処理場　**a garbage dump**（「ゴミ処理」は **garbage disposal**）
□ 排ガスゼロの自動車　**a ZEV [zero emission vehicle]**（蓄電池式の **EV [electric vehicle]** と燃料電池式の **FCV [fuel cell vehicle]** がある）
□ 排出権取引　**emission trading**
□ 排出枠　**a CO_2 emission quota [cap]**
□ 発光ダイオード　**light emitting diode [LED]**
□ 不法投棄　**illegal dumping of waste**
□ 無計画な伐木　**haphazard logging**
□ 竜巻　**tornado、twister**（「サイクロン」は **cyclone**）

7 オゾン層の問題の現状 (Is the Ozone Layer Damaged?)

■ オゾン層破壊の現状はいかに？

オゾン層（**the ozone layer**）は**成層圏**（**the stratosphere**）の一部で、オゾンの濃度が高い層である。有害な**紫外線**（**ultraviolet radiation**）を吸収し、地球上の生命を守る役割を果たしている。1980年代から**オゾン層の減少**（**ozone layer depletion**）が観測され、特に**南極上空**（**over Antarctica**）で濃度が薄くなり、いわゆる**オゾンホール**（**the ozone hole**）が現れた。オゾン層破壊の原因はフロンガス（**chlorofluorocarbon gases[CFC gases]**）で、これは1930年代に開発された冷蔵庫やエアコンに**冷却剤として広く使用されていた物質**（**materials widely used as coolants**）である。

いったん放出されたフロンガスは成層圏へ達し、オゾン層を傷めていた。オゾン層が薄まるにつれ、地上に到達する**紫外線の量**（**the amount of ultraviolet rays**）が増し、**皮膚がん**（**skin cancer**）の発症などの有害作用をもたらした。そこで、1987年に採択された**モントリオール議定書**（**the Montreal Protocol on Substances that Deplete the Ozone Layer**）で、フロンガスの規制が進められた。

この議定書は197か国によって批准され、オゾン層を破壊する物質の**製造・消費・貿易の規制**（**the regulation of production, consumption, and trade**）が進んだ。これがなければ、150万人が皮膚がんで死んだであろうと言われている。議定書が採択されて30年以上が経った現在、オゾン層の回復が観察され、**2050年頃には完全に回復**（**a complete recovery by 2050**）することが予想されている。オゾン層の問題は、環境破壊が世界各国の協力によって解消された例である。

8 絶滅危惧種の増加で世界の生物多様性が危機に(Biodiversity is Threatened by Extinction of Many Species)

生物個体数の変動（1970年を100として）

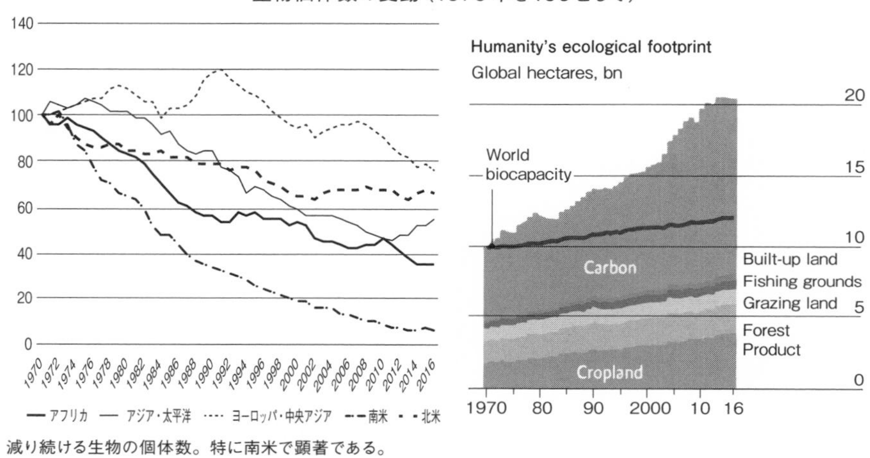

減り続ける生物の個体数。特に南米で顕著である。

■ 生物多様性喪失が世界に与える影響とは!?

自然界には多様な生物が生息し、様々な**生態系（ecosystems）**が存在する。この多様性の総称が**生物多様性（biodiversity）**である。それは**遺伝子（genetic）**、**生物種（species）**、**生態系（ecosystem）**の3つに分類される。**地球上には870万種（8.7 million species）**の動植物が生息していると推定されるが、そのうち我々が知っているのは120万種で大半の種はまだ知られていない。しかし、今、この多様性が危機に瀕している。上記のグラフは世界各地で生物の個体数が大きく減少していることを示している。1970年以降、**世界の野生動物や魚類の個体数（the world's population of wild animals and fish）**は70％近く減少し、南アメリカ大陸では90％以上減少している。人間活動によって様々な生態系が侵されているからだ。

絶滅に追い込まれた生物（extinct species）は多く、1500年以降、約680種類の**脊椎動物（vertebrate species）**が人間活動によって絶滅したと言われている。**国際自然保護連合（the International Union for the Conservation of Nature[IUCN]）**は、約3万5765種の野生生物を絶滅に瀕してる種、**絶滅危惧種（threatened species）**に指定している。**ノーマン・マイヤーズ（Norman Myers）**はその著書『**沈みゆく箱舟（*The Sinking Ark*）**』で種の絶滅速度に関する考察をしており、1975年以降、1年間に絶滅する種の数が飛躍的に増加しているとしている。

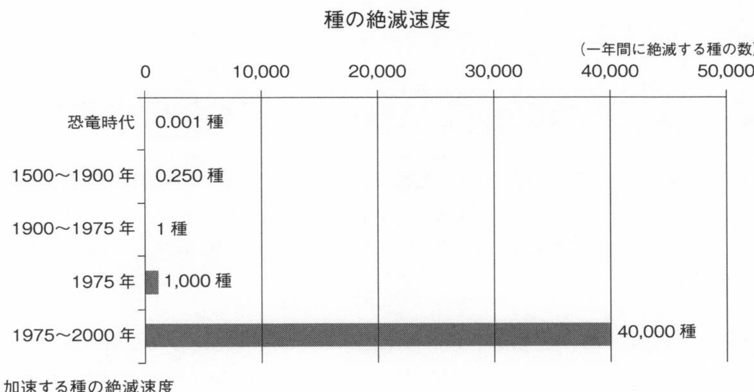

加速する種の絶滅速度

生物多様性の喪失（the loss of biodiversity）は人々の生活を直撃する。多様性の喪失は**環境の劣化（environmental degradation）**であり、食糧資源の枯渇、環境の汚染、自然災害の誘発につながる。生態系が攪乱されることで動物種間の**感染（infections）**が増え、新たな**感染症（infectious diseases）**も発現しやすくなると言われている。新型コロナウイルスはまさにその一例かもしれない。IUCNは、生態系がもたらす恩恵の**経済価値（economic value）**を試算しており、その金額は年間約33兆ドルとアメリカの国内総生産の倍以上だ。

2020年9月、**国連総会（the United Nations General Assembly）**の最終日に**生物多様性サミット（the Biodiversity Summit）**が開催され、各国のリーダーが生物多様性の喪失が世界に及ぼすリスクを訴えた。**生物多様性を維持する活動（biodiversity maintenance efforts）**は多岐にわたり、各国で生態系を損なう開発を規制し、**絶滅に瀕する生物種を守る（the protection of endangered species）**といった行動が取られている。

自然保護区（nature preserves）を設定するのは有用で、現在地球の**陸地面積（land area）**の15％近くが何らかの保護の対象だ。生態系に外部から**異種（invasive species）**が入らないように動物種の移動は厳しく規制されており、**絶滅に瀕している生物種（endangered species）**には積極的に**個体数がまた増えるような手立て（restoration projects）**がなされている。例えば、アメリカの**ヨセミテ国立公園（Yosemite National Park）**にはオオカミが再び放たれた。また、前述の気候変動対策や環境汚染対策も、生物多様性を守る役割を果たしている。

環境問題アーギュメント力 UP！

Is it necessary to protect endangered species from extinction? **（絶滅危惧種を絶滅から守ることは必要か？）**	
Pros（賛成側の主張）	
1. 絶滅危惧種の保護は、健全な生態系維持に貢献する。	The protection of endangered species contributes to the maintenance of a healthy ecosystem.
2. 生物の遺伝子多様性維持のために絶滅危惧種を保護することは、農業や医学発展には不可欠である。	The protection of endangered species to maintain genetic biodiversity is essential to the development of agricultural and medical technologies.
3. 絶滅危惧種保護は地球の美的価値を高める。	The protection of endangered species contributes to the aesthetic value of our planet.
Cons（反対側の主張）	
1. 絶滅危惧種の保護には膨大なコストがかかる。それは他のより重要な計画に費やされるべきである。	Protecting endangered species entails substantial costs, which should be used for other more important programs.
2. 絶滅は人間の存在がなかったとしても起こる自然のプロセスである。	Extinction is an inevitable natural process even in the absence of humans.

9 エコツーリズムの光と影（The Advantages and Disadvantages of Ecotourism）

■ エコツーリズムの現状はいかに!?

増加する観光客（到着地別）

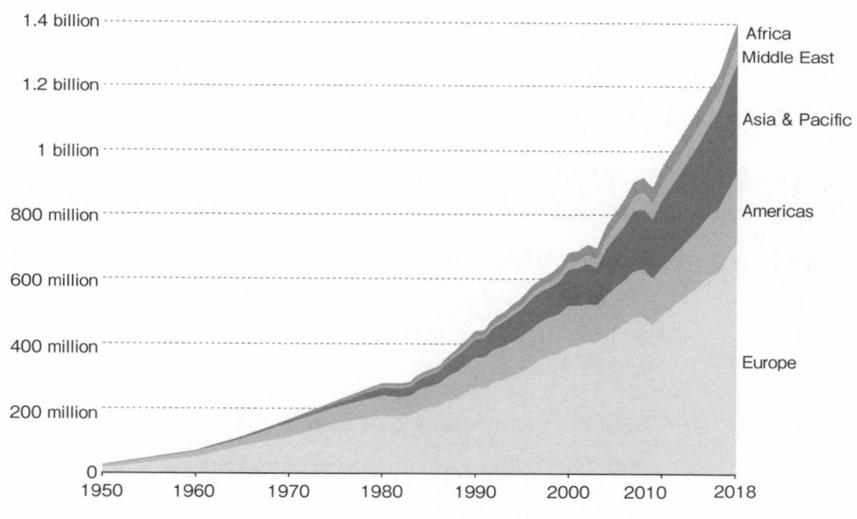

Source: United nations World Tourism Organization - World Tourism Barometer (2019)　OurWorldinData.org/tourism/・CC BY

コロナ禍で打撃を受けたが、観光産業は基本的には**成長産業（a growth industry）**で、2030年には世界で**年間18億人が国外に観光旅行すると予測される（The number of international tourists is estimated to reach 1.8 billion.）**。観光客の増加は観光地の環境に大きな負荷を課す。環境の汚染、生態系の攪乱、水などの**自然資源の枯渇（natural resource depletion）**、観光施設建設のための**乱開発（overdevelopment）**、そして観光客の輸送が引き起こす大気汚染などが挙げられる。

このような弊害を伴った**マスツーリズム（mass tourism）**に対して提唱されたのが**エコツーリズム（ecotourism）**だ。その目標は、**環境への負荷を最小限に抑制（the minimization of the environmental impact）**した、観光地の**住人と自然環境に有益な（beneficial to both local people**

and the natural environment）観光の形態であり、また、観光を通して人々の**自然保護・環境保全に対する意識を高める（the promotion of environmental awareness）**ことである。

コスタリカ（Costa Rica）はエコツーリズムが盛んで、国土の4分の1が**自然保護区（nature preservation areas）**に指定されている。観光客の数は制限されており、保護区内では案内人レンジャーに伴われ、環境を守るように指導される。このように、自然を守りながら観光業を振興することで、**観光収入（tourism revenue）**は国内総生産の8％にまで成長した。エコツーリズム市場は今後大きく成長すると予想されるが、一方、**エコツーリズムをうたいながらも、従来のマスツーリズムの弊害を残しているケース（greenwashing）**もあり、課題はまだ残っている。

環境問題アーギュメント力 UP！

Does the benefit of ecotourism outweigh its disadvantages ? **（エコツーリズムの利点は欠点を上回るか？）**	
Pros（賛成側の主張）	
1. エコツーリズムを通して人々の環境保護への意識を高める。	Ecotourism will enhance people's awareness of environmental protection.
2. エコツーリズムは経済活動に貢献する。	Ecotourism contributes to the economy.
3. エコツーリズムはこれまで続いてきたその土地の文化を残すことができる。	Ecotourism will contribute to the preservation of local culture that has stood the test of time.
Cons（反対側の主張）	
1. 人間が自然環境に侵入することで、生態系に深刻なダメージをもたらす可能性がある。	Human invasion of the natural environment can cause serious damage to the ecosystem.
2. エコツーリズムは人々が飛行機などで移動することで二酸化炭素排出量を増加させる。	Ecotourism increases CO_2 emissions from transportation including airplanes.
3. エコツーリズムは旅行中の人的被害の増加につながる。	Ecotourism can lead to an increase in human casualties during ecotours.

第7章

テクノロジー

Technological Development in the World

1 AIは本当に世界の創造主か？（Is AI the Creator of the World?）

■ AIがもたらす未来とは!?

スイスの経済学者であり世界経済フォーラム創設者で知られるクラウス・シュワブは『**第四次産業革命**（***The Fourth Industrial Revolution*, 2017**）』において、「我々は今、第4次産業革命の始まりの時期にいる、第1次産業革命（1760年～1840年）、第2次（19世紀後半～20世紀初め）、第3次（1960年代～1990年）に比べて**その変化は規模、スピード、範囲において歴史的に類を見ないものである**（**The changes are historic in terms of their size, speed and scope.**）」と述べた。

現在進んでいる技術革新である**人工知能**（**artificial intelligence[AI]**、**ロボティックス**（**robotics**）、**自動運転車**（**autonomous vehicles**）、3Dプリンター、**ナノテクノロジー**（**nanotechnology**）や**生物学的技術革新**（**biological innovations**）は、すべてネットによってつながっている。それによって物理学、生物学といった**異なる領域が互いに深く関連し合い、さらに高度化、融合し**（**amplify each other in a fusion of technologies**）、結果、**ビジネスモデルの変容**（**transformation of business models**）、さらには**社会や世界経済に大きな変化**（**a significant change in society and the world economy**）がもたらされる。

しかし、技術革新は新たな**進歩や機会を生み出す**（**create advancement and opportunities**）一方で、**テクノロジーの進化による雇用の喪失**（**a loss of employment resulting from technological development**）やテクノロジーの暴走など、これまでになかった懸念や問題をも生み出している。とはいえテクノロジーの進化は止まることがなく、**便利さや需要**（**utility and demand**）があれば受け入れられていくことになるだろう。最終的に問題を引き起こすのはテクノロジーではなく、人間の暴走であるといえる。

宇宙事業やインターネットなど国家による**軍事利用**（**military use**）のために開発がすすめられ、**民生利用**（**civilian use**）されるようになったも

異なる分野の関連と融合によるテクノロジーの進化　イメージ図

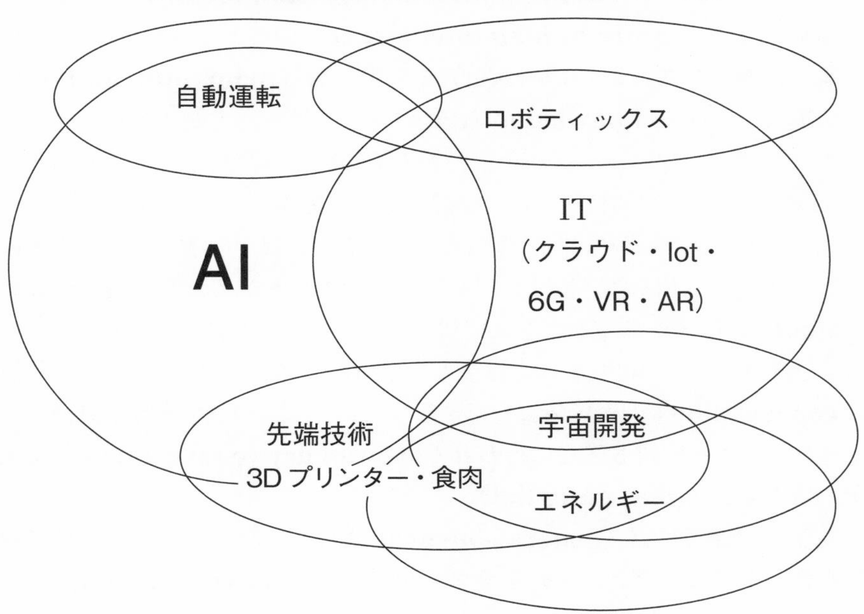

のがたくさんあるように、科学技術の開発は政治・経済・社会的文脈と切り離せない。現代は産業力強化のために、**産学官の連携（a collaboration between industry, academy and government）**によるイノベーションが進められる一方、グローバル化による開発競争が激化している。

■ AIとは一体何なのか!?

人工知能（artificial intelligence）ときくと、**改造人間（a muscular cyborg）**が標的を追いかけながら**無差別殺人を繰り返す（repeating indiscriminate murders）**ディストピアを描いた映画『ターミネーター』を思い浮かべる人も多いかもしれない。この映画のサイボーグは、**人工知能を備え、超合金の骨格を持ち体内にセンサーが埋め込まれた半分ロボット、半分人間（a partially robot and partially human with AI, titanium alloy endoskeleton and embedded sensors）**であるものの、「息まで人間臭く」**人込みに紛れるとわからない（difficult to spot when the cyborg is lost in the crowd）**として描かれている。

人工知能（AI）とは、**人間の知性が必要とされる仕事をこなすことの**

できる知的マシーンの工学技術（technology capable of performing tasks which require human intelligence）のことで、簡単にいえば、**手順（アルゴリズム）（algorism）**と**事前情報（prior information）**や**知識（データ）（knowledge（data））**を準備し、人間にしかできない知的行為を、コンピューターを用いて人工的に行う技術のことである。

AIの研究は1950年代後半に、パズルや迷路を解くことから始まり、1980年代から1990年代初めには、専門家の知識をインプットすることで現実の複雑な問題をAIに解かせようとする**エキスパートシステム（an expert system）**の研究がなされた。AIは複雑で例外的な問題に対応できずブームは途絶えたが、2000年代半ば頃から**ディープラーニング（深層学習）（deep learning）**の登場によって再びブームが起こり、**将来性を見通してファンドによる投資も盛んに行われている（an active investment from funds for its great potential）**。

現在、「**汎用型AI（general-purpose AI）**、すなわち**大量、多様で複雑なデータ（ビッグデータ）をうまく組み合わせ（a combination of a large volume of various and complicated data）**、別の場面に流用・転用し、**様々な想定していない未知の問題にも対応できるAI（AI capable of finding solutions to unexpected and open-ended questions）**の研究がなされている。これが実現すれば、文字どおり「人工知能」と呼べる存在に近づくと言えよう。

ディープラーニング（deep learning）とは、コンピューターによる**機械学習（machine learning）**で、人間の脳をまねた**ニューラルネットワークの中間層を多層にする（multilayering the medium layers of the neural**

AI・機械学習・深層学習の関係図

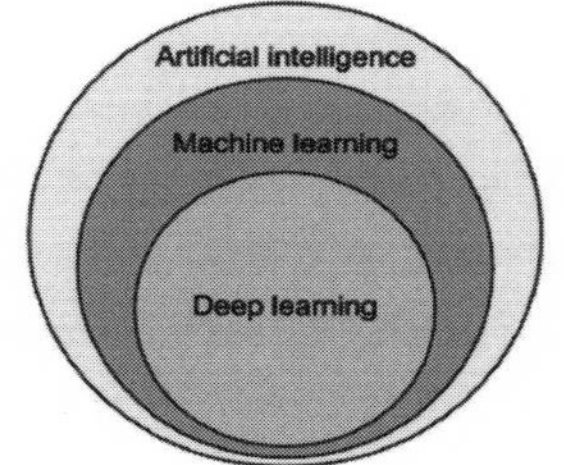

https://en.wikipedia.org/wiki/Machine_learning#/media/File:Fig-X_All_ML_as_a_subfield_of_AI.j pg

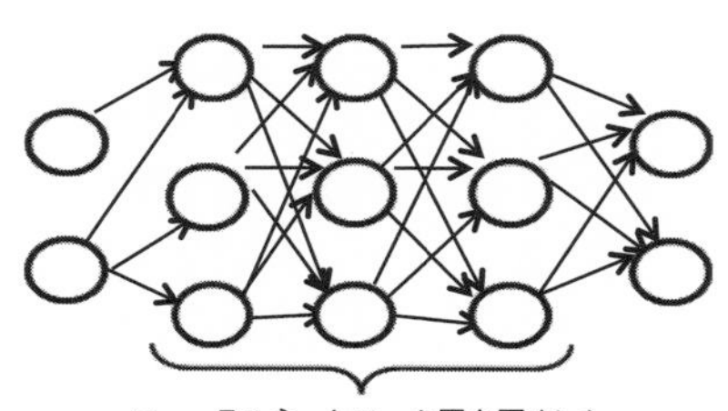

ニューラルネットワーク層を厚くした

network）ことである。コンピューター自らが、データに含まれる潜在的な特徴をとらえ、正確で効率的に判断ができるようにする技術や手法であり、コンピューター上のシステムで演習を重ねるごとに学習が深まる。

■ AIの応用分野とは!?

AIの応用分野（application fields of AI）は、①医療、②ビジネス、③**会話や創作活動（conversation and creative activities）**、④**事故・災害対策（emergency preparedness, disaster countermeasures）**、⑤教育などと幅広く、今後さらなる応用が期待されている。

例えば、「**ダヴィンチ**（***da Vinci***：1990年代に米国で開発された**手術支援ロボット（a robotic surgical system）**）」を使うと、術者は3Dモニター画面を見ながら、**小さな創（きず）より内視鏡カメラとロボットアームを患者の体内に挿入し（inserting an endoscopic camera and robotic arms in the patient's body through small incisions）**、**高度な内視鏡手術が行える（performing high-level endoscopic surgery）**。がんの治療では**選択できる治療法や薬剤の種類の組み合わせが膨大な数になっている（huge combinations of therapy options and types of drugs）**が、AIの診断支援ツールによる分析で、**精密医療（precision medicine）**（**患者の遺伝子情報、生活環境、ライフスタイルなど詳細な個人情報を基に**個々の患者に最適な予防対策や**医療を行う（practicing medicine based on patients' genetic information, living environments, and lifestyles）**）ことが進んでいる。

ディープラーニングにより複雑な判断が可能となり、現在の翻訳アプリや**ウェアラブル（wearable technology）**では精度が高い翻訳ができるようになってきた。ブランドバックの買い取り時には**AIが真贋を判断（authenticate）**して**通販サイトの閲覧状況（a browsing status of a mail order site）**なども加味して**買い取り相場（market prices to purchase and sell）**を導き出すという例もみられる。

Google翻訳などのAI翻訳は便利で、会話をするとその音声を翻訳してくれるアプリや**自動翻訳機（an automatic translation system）**も発売されて旅行者に愛用されている。しかし、筆者の経験では、旅行先で熟年世代の相手の話した言葉が、なぜか日本のティーンエイジャーの友人同士の崩れた言葉に訳されて表示された。完全に頼り切ってよい水準になるにはさらなるアップデートが必要で、特に日本語の場合、場面や会話者の属性に応じて言い回しが微妙に変化するため、完璧な翻訳には課題が残っていると思われる。

■ AIの応用例はこれだ！

AIは生活の中に驚くべき勢いで浸透してきており、次のような応用例がある。

<table>
<tr><td rowspan="2">医療</td><td>診断補助
治療技術の客観的評価・技術向上</td><td>・画像診断（an image diagnosis）
・手術補助（a surgical assistance）
・医師と患者の会話分析から精神疾患の有無判定（determination of the presence of mental disorders）
・内視鏡手術（an endoscopic operation）の手術器具（surgical instruments）の動かし方を評価</td></tr>
<tr><td>治療法提案</td><td>・患者ごとに最適な医療（optimum medicine）を提供
・精密医療（precision medicine）、ゲノム情報（genome information）、MRI画像診断（an image diagnosis）、血液検査、遺伝子の変異（mutation of a gene）など</td></tr>
<tr><td rowspan="3">ビジネス
会話・芸術</td><td rowspan="3">業務効率化
（Making business operations efficient）</td><td>・顧客行動や売上予測、接客・応対の自動化（an automated customer service and response）、人事評価（personnel evaluation）、面接試験の絞り込み（job screening）、株価予測（stock price projection）</td></tr>
<tr><td>・高品質のビジネス向けAI翻訳により時間・費用を節約</td></tr>
<tr><td>・アニメ制作の色塗りなどの自動化。
・真贋の判定</td></tr>
</table>

事故・災害対策	シミュレーションによる予測・検証（accurate prediction through simulations）	・ドローンによる3Dマップで浸水の被害予測（prediction of flooded damage）、ハザードマップ作成 ・竜巻の進路・速度予測（prediction of the course and speed of tornados） ・避難行動のシミュレーション（simulation of evacuation behaviors）や効率のよい避難経路（effective evacuation routes）の提案
教育	生徒への個別対応（an individual approach to learning）	・受講者の表情・声・回答速度（participants' facial expressions, a voice and response speed）などから受講状況の分析（an attendance analysis）や現在のレベル測定を判断。カスタマイズされた授業（customized classes）で効果的な学習提供 ・英会話を通じて生徒の発音や語彙などの英語力を分析。効率的な英語学習の機会を提供

■ AIの光と影とは!?

第3回星新一賞（日本経済新聞主催）ではAI小説が第1次審査を突破、2020年の第8回では最終選考まで進んだといわれる。AIによってこれまでできなかった、個人に合わせた、質の高いサービスが速く、安く提供できると言われており、今後はAI小説やAI絵画、AI音楽などこれまでになかった分野が生み出され、**AIと人間の相互交流（an AI-human interface）**によって新たなビジネスや芸術が創出される可能性がある。

AI利用の利点や可能性として、医療やビジネスでは**人的ミスによる損失を少なくし（minimize loss from human errors）**、安定したサービスの提供や業務効率化による**人件費の削減（labor cost reduction）**、**労働力不足解消（alleviating labor shortages）**が見込まれている。AIシミュレーションによって時間やコストが軽減され、人間ができないクリエイティブな文学や芸術が登場し、それが人間の創造性を刺激してまた新たな芸術が生み出されることだろう。

しかし、AIの利用のデメリットには、**①プライバシーの侵害（invasion of privacy）**：個人の行動様式などの情報から**生体情報（biological information）**や**DNA遺伝情報（DNA genetic information）**まで漏洩したときの損害が非常に大きい、**②新たな差別（new types of**

discrimination）の発生、**③既存産業の空洞化（the hollowing-out of existing industries）・雇用の消滅（employment loss）・格差拡大（widening income gaps）**、**④危険な兵器になり得る（a potential use as dangerous weapons）**、**⑤法的・倫理的問題（legal and ethical concerns）**の発生、**⑥ AI の暴走（an AI runaway）**などにつながる懸念がある。

■ AI の未来―人間と共存できるのか!?

アメリカの AI 研究者・未来学者レイ・カーツワイルは著書『ポスト・ヒューマン誕生：コンピュータが人類の知性を超えるとき（*The Singularity is Near: When Humans Transcend Biology,* 2005）』の中で、「**特異点（singularity）**について述べ、**AI が自分を改善することで加速度的にその知的能力を向上させて（an accelerating growth of AI's intellectual ability by the self-improvement）**、2045 年には人間の精巧さと柔軟さを追い抜き、進歩が予測不能になると予測した。実現の条件は、AI が自分自身のプログラム・アルゴリズムを書き換えて自分を改善できる能力を持つこと（「**再帰的自己改善（self-recurrency）**」）といわれる。さらに **GNR（遺伝学（genetics）・ナノテクノロジー（nanotechnology）・ロボット工学（robotics））**の進化による特異点へのタイムスケジュールを描き、現在は特異点の前の「**人間のテクノロジーと脳に蓄積された知識が融合（a merger of human technology with human intelligence）**」しつつある時期という。特異点に達すると、健康・肉体的・精神的苦痛からの解放などが得られる一方、非友好的な自己改良型の「**Strong AI（汎用型 AI）**」の「暴走」などの危険が生まれる。

カーツワイルは、完全な防御は不可能としながら、将来の**非生物的な知能（nonbiological intelligence）**に自由、寛容、知識、多様性の尊重という人間の価値観を最大限反映させることが、**加速するテクノロジーを適用（apply accelerating technologies）**しながら、**人類の価値を高める（enhance human value）**効果的な方法であると述べている。グーグルが開発した囲碁 AI は世界最強のプロ棋士に勝ったことがあり、今後は、特定の仕事を安心して任せられる **AI アシスタント（AI assistants）**がどんどん登場してくると考えられている。将来的に、社会のニーズの高さから**人と親和性の高い AI（AI with high affinity for people）**は積極的に開発されていくと思われるが、AI が人類に危害を加えないようにするためには、AI が自らの目的を追求できないようにその能力を制御したり、**人間が望む目的に合致した目的（a purpose that matches the purpose of human desire）**を AI に与える必要がある。

テクノロジー問題アーギュメント力 UP！

Do the benefits of AI outweigh its disadvantages ? **（AI の利点は欠点を上回るか？）**	
Pros（賛成側の主張）	
1. AI は人の運転をアシストすることで交通安全に貢献する。	AI contributes to road traffic safety by assisting human drivers.
2. AI は早期の病気診断を可能とするなど医療に大きなメリットをもたらす。	AI brings substantial benefits to medicine including early diagnosis.
3. AI は高齢化社会の問題を軽減する。	AI will alleviate the problem of an aging society.
Cons（反対側の主張）	
1. AI が人間の多くの仕事を奪ってしまい、失業者の増加を招く。	AI can deprive humans of many jobs, thus leading to a rise in unemployment.
2. AI が犯罪者に悪用されると解決困難な犯罪が増える。	Misused by offenders, AI will increase the number of difficult crimes.
3. 制御不能となった AI は、人類にとって脅威となる。	Uncontrollable AI can pose a threat to humans.

第4次産業革命を担うテクノロジーとは？（Technologies of the Fourth Industrial Revolution）

■ コンピューターテクノロジーの進化の速度は凄まじい！

現代は第4次産業革命の真っただ中で、それを担うのは**AI[Artificial Intelligence]**、**IoT[Internet of Things]（モノのインターネット）**と**ビッグデータ（big data）**である。IoT技術によって収集された膨大なデータをAIが分析・**自己学習（self-learning）**し、コンピューターやシステム自体の**最適化（optimization）**を行う**超効率的なプロセス（extremely efficient processes）**が実現する。

コンピューターは、1945年頃から**真空管（vacuum tubes）**が**トランジスタ（transistors）**、**集積回路（integrated circuits[ICs]）**、**LSI（大規模集積回路：large scale integration circuits）**へと進化し、同時に**大型汎用コンピューター（large general-purpose computers）**はパソコンへと進化しながら高速化、小型化、大容量化が進んだ。チップに集積されるトランジスタの数は18か月で倍増するという**ムーアの法則（Moore's law）**は終焉を迎えると言われるが、今では通信と融合したコンピューターの進化は終わらないと言われている。

さらに、次世代型究極のコンピューターと呼ばれる、**量子力学の現象（phenomena in quantum mechanics）**を用いて計算する**量子コンピューター（quantum computers）**の研究が進んでいる。これは**チューリングマシン（Turing machines）**と呼ばれる古典的なコンピューターに比べ、特定の分野の計算について**圧倒的なスピードを発揮し（demonstrate an overwhelming speed）**、**産業構造や生活を根底から変える（transformation of human industries and lifestyles）**可能性がある。従来型のコンピューターでは宇宙の寿命ぐらいかかる**演算処理（arithmetic operations）**をあっという間に実行するのだ。

2019年グーグルは**ショアの開発したアルゴリズム（algorithm developed by Shor）**に基づき、「世界最速のスパコンが1万年かかる演算処理を200秒で実行した」と発表した。また、2020年に中国科学技術大学（USTC）が開発した量子コンピューターは、古典コンピューターの100兆倍、グーグルマシンの100億倍の演算能力に相当すると言われている。中国政府が約1兆円の予算をかけて、量子コンピューターとAIに特化した国立量子情報科学研究所を建設していると言われているのに対して、アメリカの連邦政府の量子コンピューター関連予算は約1000億円といわれ、アメリカが先端技術で中国に後れを取る可能性は大きい。

コンピューターテクノロジーの進化の概略（一例）

世　代	特徴・例
第1世代 （1945年 ～1950年代）	・メインフレーム ・真空管（vacuum tubes） ・ENIAC, UNIVAC-1, IBM650 など
第2世代 （1950年代後半 ～1960年代前半）	・トランジスタ（transistors） ・プログラミング言語 FORTRAN, COBOL の開発 ・IBM7000 シリーズなど
第3世代 （1960年代半ば～ 1971年頃）	・集積回路（integrated circuits） ・ミニコンピューター ・インテル世界初のマイクロプロセッサー 4004 を発表
第4世代 （1972年頃～ 2010年頃）	・マイクロプロセッサーの進歩 ・大規模集積回路（Large Scale Integrated：LSI）circuits.） ・パーソナルコンピュータ全盛に ・OS：Windows（Microsoft）、Macintosh（Apple） ・W eb1.0・インターネット（the Internet） アマゾン・グーグル　ガレージでの起業から世界的企業に ・Web2.0・SNS（フェイスブックなど）） ・クラウド ・分散型 OS（distributed operating system） ・モバイルコンピューター・スマートフォン ・リアルタイムネットワーク
第5世代 （2010年頃～）	・AI ・ビッグデータ ・分散型システム ・大規模データの効率的分散処理・管理用ソフトウェア

DigitalWorld839.Com. A Digital Platform For Computer and Internet Technology（https://digitalworld839.com/generations-of-computer-first-to-fifth）などを参考に作成

■ クラウドによるビッグデータとは⁉

クラウド・コンピューティング（Cloud computing）とは、一般的にデータやアプリケーション等の**コンピューター資源（computer resources）**をインターネット経由で**必要な時に、必要な分だけ利用できる（available on-demand）**サービスのことをいう。クラウド・コンピューティングの根底には、所有から利用へ、という概念があると言われる。

クラウド・コンピューティングの利点には、**費用の削減（cost reduction）**、システム構築や拡張の容易さ、**利便性の向上（improvement of convenience）**などがある。具体的には**物理的スペース縮小（a decreasing physical space）**、ソフトウエアを購入せずに**システムの運用・保守点検作業（operation, maintenance and inspection of the system）**が行える、ある程度の大容量の保存が可能でバックアップ作業が不要、ということなどが含まれる。

一方、課題として、セキュリティの問題（**大規模情報漏洩（massive information leakage）・不正アクセス（unauthorized access）・ウイルス感染のリスク（the risk of virus infections）**）への対応、**運用・管理コストの増加（increasing operation and management costs）**、**データ通信の混雑時におけるアクセス障害（an system access error in data communication congestion）**による**通信効率の低下（decrease of communication efficiency）**などがある。

クラウドやIoTの進展により**膨大で多様なデータ（huge and diverse data）**（ビッグデータ）、**位置情報（location data）**や**行動履歴（behavior history）**、**消費行動（consumption behavior）**等に関する情報がAIなどで分析され活用されるようになっており、**コロナ渦での在宅勤務の推進（promoting remote working in the corona crisis）**によってクラウドの利用はさらに広がるだろう。

■ 宝の山ビッグデータを集めるIoT（モノのインターネット）！

IoT（アイオーティー[the Internet of Things]）とは、PCに限らずいろいろなモノ（家電や自動車、衣服、病院や工場、**警報器（an alarm）**、**監視カメラ（a security camera）**など）にセンサーをつけ、インターネットを通してモノから取得した情報をクラウドに蓄積、分析し（必要に応じてAIを利用)、分析の結果を人にフィードバックする概念やサービスのことをいう。

例えば、家電の利用状況から**高齢者や子どもの状態を把握(monitor the status of elderly people and children)**、空調のコントロールや**施錠・解錠の操作・確認(locking control and checking)**、体重計の情報をスマートフォンやPCに送り健康管理を支援、在庫情報・出入庫情報のデータを収集・分析し作業効率を改善、費用を削減することなどができる。

■ 次世代通信システム6Gとは!?

6Gとは、2030年の実用化をめどに開発が進められている**第6世代移動通信システム(the 6th Generation Mobile Communication System)**で、**超高速(an ultra-high speed)**、**超カバレッジ拡張(ultra-coverage expansion)**、**低遅延(low latency)**、**超多接続(ultra-multi connection)**、低コスト化を目標としている。

移動通信システム技術の進化

1G	2G	3G	4G	5G	6G
1979年〜	1993年〜	2001年〜	2010年〜	2020年〜	2030年代〜
アナログ	デジタル				
2.4〜10kbps	11.2〜28.8kbps	0.06〜14Mbps	0.04〜1Gbps	10Gbps程度	100Gbps程度
音声通話	音声通話 簡単なメール	iモードによるデータ通信、および写真・音楽・動画などの通信	スマートフォンの爆発的普及、多種多様なマルチメディア通信サービス登場	AI・IoT時代のICT基盤	サイバー空間と物理的空間の融合による未来予測や、新たな知の発見による社会問題解決やビジネスへの活用

通信手段 →
生活基盤　5G以降
社会産業基盤6G〜

総務省　令和2年　情報通信白書のポイント　第1章　令和時代における基盤としての5G　(1) 移動通信システムの進展　https://www.soumu.go.jp/johotsusintokei/whitepaper/ja/r02、　株式会社NTTドコモ.ホワイトペーパー 5Gの高度化と6G　https://www.nttdocomo.co.jp/binary/pdf/corporate/technology/whitepaper_6gを参考に作成

移動通信システムの技術は約10年の周期で規格変更されてきた。4Gまでは通信手段を中心として開発、5GはIoT・自動運転・VRなどの生活基盤に対応するための**次世代通信システム（the next generation communication system）**としてすでにサービスが開始されており、**信頼性が高く遅延の少ない高速通信（highly reliable and low latency high-speed communication）**を特徴とするが、社会産業基盤を実現するには**カバレッジ（coverage）**、**上りリンクの性能（an uplink performance）**、産業向けへの高性能提供について課題があるといわれている。

6Gによって、従来の移動システムができなかった遠隔地域や宇宙までカバーできるようになり、**アクセスの集中による伝送遅延（a transmission delay caused by data access congestion）**の問題が解決し、今後のIoTにも対応ができるようになると言われている。また、6Gの**自動ワイヤレス充電技術（wireless automatic charging）**によって、6G通信エリア範囲では充電する手間や**電池切れの心配がなくなる（no worry about running out of battery）**とされている。6Gが実現すれば意識が現在の時間や距離を離れる「テレポーテーション（teleportation）」の**疑似体験（a virtual experience）**が可能になると言われている。

■ リアリティとフィクションの境がなくなる！

VRとは**仮想現実（virtual reality）**のことで、頭部に**ヘッドマウントディスプレイ（head mount display[HMD]）**、VRゴーグルあるいはVRビューアーを装着して、自分がまるで仮想世界にいるような感覚や**没入感（a sense of immersion）**を味わえる。

ARとは**拡張現実（augmented reality）**、つまり現実世界を軸にしながら現実世界を拡張する技術のことで例えば「ポケモンGo」でスマートフォンのカメラを通して映し出される現実世界の公園のベンチに、まるでピカチュウがいるように見える仕組みのことをいう。さらに、**複合現実（mixed reality[MR]）**とは**現実世界と仮想世界をより融合させて（blend physical reality and the digital world）**、ARよりもリッチなコンテンツを提供できる技術である。

移動通信システムの進化（development of mobile communication

systems）などによる**日常的な VR・AR の利用（a daily use of VR and AR）**は、**ビジネスや私たちの生活を大きく変える（revolutionize our business and life）**だろうと言われている。

VR・AR は私たちの生活をより豊かに便利にする点がある一方、リアル感・臨場感ある **VR ゲームに浸りすぎ（addiction to VR games）**、日常生活に支障をきたす人も出てくることが考えられる。

■ **VR・AR・MR がもたらすビジネス・ライフスタイルの変革！**

VR・AR・MR によって、リアルさを感じながら、バーチャルではあるが**場所と時間を超える（beyond space and time）**ことができるようになると言える。例えば、リアル会議よりバーチャルな会議の方が便利であり、VR による完成前のマンションの**内覧会（viewing）**、**窓口業務（counter service）**対応ができるようになり、バーチャル資料による**臨場感のある歴史の授業（lively historical lessons）**も可能だろう。**バーチャルで肌触りを感じて（virtually feel the texture）**試着して服を選択、自宅にいながらリアル感ある**スポーツ観戦（watching sports）**、亡き人とのリアルな感じの「再会」なども考えられる。こうして、**バーチャル経済圏（the virtual economy）**がリアルな経済圏をしのぐ勢いで拡大すると、**リアルな体験の価値の見直し（review the value of real experiences）**や**リアルなものを「所有」する価値の変化（change the value of possessing real things）**ということが起こるかもしれない。

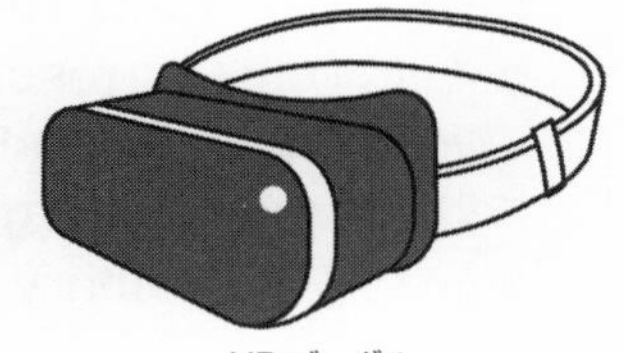
VR ゴーグル

V チューバー（virtual YouTuber）と初めて名のった「キズナアイ」は、2019年のチャンネル登録者数280万人と人気を博し、V チューバーの数は7000を超えると言われる。**コロナ禍（coronavirus pandemic）**でのリモートワークの環境において、社員の**分身（a graphic representation of self）**のアバターが VR オフィスへ「出社」し、実際のオフィスのようなコンピューターグラフィックの世界で仕事をする。こうすることによって、**コミュニケーションの円滑化（facilitating communication）**も期待できる。VR 書店が開店し、VR 空間内に陳列された書籍をクリックして購入できたり、新しい本との出会いや楽しみ方を創出することも目指されている。

発信力UP重要表現をマスター！「テクノロジー」①

【個人用ロボット　personal robots】

□ 介護・福祉ロボット　**care support robots**（介護支援型（**a care assistant type**）と自立支援型（**an independence assistant type**）がある）

□（被介護者の自立支援目的の）マッスルスーツ　**a muscle suit**

□ コンパニオンロボット　**companion robots**（**partner robots** とも）動物の形をしたアニマルロボット（**animal robots**）や人間の形をしたソーシャルロボット（**social robots**）などがある）

【産業用ロボット　industrial robots】

□ 組み立てロボット　**assembly robots**

□ 建設ロボット　**construction robots**

□ 災害救助ロボット　**rescue robots**

□ 宇宙飛行士ロボット　**astronaut robots**

□ 手術支援ロボット　**surgery-assisting robots**

□ 軍用ロボット　**military robots**

3 ロボットの大きな可能性(The Great Potential of Robotics)

■進化するロボットとは!?

ロボットといえば、イメージとして、漫画・アニメの主人公である「鉄腕アトム(Astro Boy)」のように人間の**信頼できるパートナー(a reliable and trustworthy partner)**という存在のものもあれば、映画『**ウエストワールド(*Westworld*, 1973)**』に登場する、**いつのまにか制御不能になったロボット(a robot that becomes uncontrollable without even realizing it)**や、『**ターミネーター(*Terminator*, 1984)**』で登場する時空を超えて追ってくる恐ろしいロボットのように**人間と敵対する(hostile to humans)**存在のものもある。これらのロボットたちが登場した当時はまだ遠い未来のことでしかなかったことが今や、技術革新によってどんどんと現実化している。そして、**人間とロボットの関係(human-robot interactions)**をより深く考察する必要性が高まってきている。

ロボティクス(robotics)とは、**ロボットの設計・製作・制御などの技術を研究する分野(the branch of technology that deals with the design, construction, operation and application of robots)**で、**機械工学(mechanical engineering)**、**電気工学(electrical engineering)**および**コンピューターサイエンス(computer science)**と重なる分野である。

ロボットは、**知能・制御系(an intelligent control system**:人間の頭脳や神経系にあたるコンピューター])、**駆動・構造系(drive / a structural system**:手足にあたる**アクチュエーター(actuator)**や**モーター(motor)**)、**センサー系(a sensor system:感覚器官(a sensor organ)**にあたる)からなる。

産業用ロボット
https://commons.wikimedia.org/wiki/File:Industrial_robot.jpg

産業用ロボットは①**3軸以上の自由度を持つ、**

自動制御、プログラム可能なマニピュレーター（automatic multipurpose manipulators programmable in three or more axes with a degree of autonomy）、②**マニピュレーターの動きを制御するコントローラー（a system to control the motion of manipulators）**、③**作業内容を設定しプログラミングするティーチペンダント（teach pendants − a control box for instructing and programming the robot motions）**の3つで構成されている。

■ **ロボットの応用分野はこれだ！**

ロボットは製造、物流、医療・介護、農業などで広く使われており、そのメリットは**人件費の節約（labor cost savings）**や**効率性向上（work efficiency improvement）**、**重いものの搬送（carrying heavy loads）**、**微小な作業（detailed work）**、**過酷な環境下での作業（work in hostile environments）**などであるが、デメリットは**高額な初期投資、動作プログラミングと広範囲の作業スペースの必要性（high initial costs, and a need for motion programming and operational space）**などである。

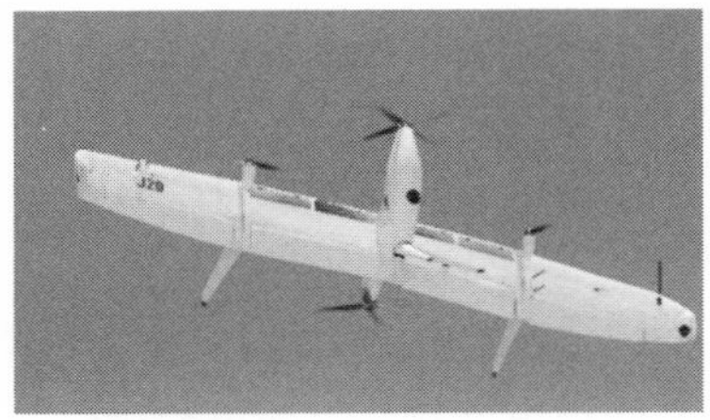

垂直離着陸型無人航空機（ドローン）
https://upload.wikimedia.org/wikipedia/commons/4/43/Swift020_flying_in_Kobe_Merikenpark.jpg

しかし、AIをロボットに組み込むことで、**ティーチング工程の一部自動化（partial automation of the teaching process）**、**作業負担の削減（workload reduction）**、**ロボット導入期間の短縮（shortening of the robot introduction period）**が可能となり、**ネットによる他のデバイスとの接続（connecting devices through the Internet）**などにより短所を上回る利便性の向上が期待できるといわれている。ちなみに、**ドローン（drone）**もロボットの一部と考えられる。

■ロボットの応用例

製造業	・溶接（welding） ・商品移動・梱包包装・選別を自動化 （automatization of moving, packing and selecting products） ・作業の見守り（overseeing the machine during the operation） ・自動車生産における塗装（painting in automotive production） ・定型の商品組み立て（routine assembling of products） ・接着剤塗布（applying adhesives to products） ・機械的切断（mechanical cutting）、研削（grinding）、 つや出し（polishing） ・検査（inspection）、水噴射による切り取り（waterjet cutting）、 はんだ付け（soldering）
農業	・無人コンバイン収穫機（an automated combine harvester） ・無人田植え作業（automated rice seeding）
医療・介護	・手術支援ロボット（surgery assist robots） ・病院内搬送ロボット （delivering heavy items such as large medical equipment and diagnostic materials） ・移動介助ロボット（transfer assist robots）
家事・生活	・掃除・床洗浄ロボット（cleaning robots, floor cleaning robots） ・災害対応ロボット（emergency response robots） ・（災害事故現場における人間の代わりの）探索救助ロボット （searching and rescuing robots）

■ヒューマノイドロボットの未来はいかに!?

現在、**ヒューマノイドロボット（humanoid robots**：人型のロボット）の開発が、モーターや電池を中心とした機能向上・応用拡大を目指して進められている。柔軟な**空気アクチュエーター（a pneumatic actuator）**でできた**可動関節（movable joints）**と全身が柔らかなシリコン製で**触覚センサーを有する皮膚（skins with haptic sensors）**を持った、（細かな指の動きなど）**人間のように精密かつ持続的な動き（human-like sophisticated and continuous movements）**ができるロボットの開発が続けられる一方、精神的支援を行う**コンパニオンロボット（companion robots）**や**人生の同伴者としてのロボット（socially assistive robots）**が開発されている。

コンパニオンロボットには、人型、動物型、フレンドリーな雰囲気や**癒し（healing）**を感じさせるその他の形態のものがある。**人間の感情をくみ取り（make allowances for human feelings）**応答するロボットが研究開発されており、高齢者の**フレイル・認知症予防（prevention of frailty and dementia）**や高齢者を含めた**孤独対策（measures for loneliness）**に活躍が期待されている。今では、**好みの体形や性格（preference of figures and personalities）**を備え、**話し相手（a conversation partner）**にもなる**セックスロボット（sex robots）**や、**説法（preaching）**をするロボットといったものまで販売されているが、これには賛否の論争が起こっている。

ロボットが**身近な存在（familiar existence）**となり、**愛情（affection）**と**信頼（trust）**を感じて人間がロボットと**新たな関係を形成していく（build a new relationship）**という**肯定的な見方（a positive view）**がある一方、ロボットによる業務**自動化（automation）**による**失職（a loss of employment）**への懸念など、**ロボットへの否定的な見方（a negative view of robots）**もある。ロボットがあふれる環境に順応できるのか、**効率優先（efficiency first）**となり、人間が課題や仕事を成し遂げたときに感じる**充実感（a sense of accomplishment）**は置き去りにされるのか、という問いに対する答えはまだ出されていない。

発信力 UP 重要表現をマスター！「テクノロジー」②

□ 情報格差　**a digital divide**
□ 電子環境成熟度　**e-readiness**（ICT を利用して国・地域・市民が社会・経済発展できる態勢であること）
□ ネットワーク社会　**a wired society**
□ 情報疫学　**infodemiology**（情報（**information**）と疫学（**epidemiology**）の合成語。ネット上の悪質な偽情報やウイルスの拡散防止を科学的に研究）
□ 電子メールによる抗議　**e-march**
□ いたずら電話　**a crank call**（**hoax call** とも）
□ クローラー　**crawler**（**spider** とも。web 情報を集めてまわるプログラムのこと）
□ スキマー　**skimmer**（カード磁気情報読み取り機）
□ ディープフェイク　**deepfake**（人工知能の **deep learning**（深層学習）を利用した人物画像合成技術。有名人の偽ポルノや偽報道などの動画に使用され問題になっている）
□ ファーミング　**pharming**（金融機関などを装った偽サイトへ誘導し、個人情報を得ようとする手口）
□ フィッシング　**phishing**（金融機関などを装い、ユーザーをだましてパスワードやクレジットカード番号などの個人情報を搾取する行為）
□ 個人情報を盗むこと　**an identity theft**（**identity fraud** は「なりすまし、身分詐称、ID 詐欺」）
□ なりすまし　**spoofing**
□ オレオレ詐欺　**an "It's me" fraud**
□ 出会い系サイト　**an Internet dating[matchmaking] site**
□ 毎日長時間コンピューターの前で過ごす人　**a mouse potato**
□ 動画でつづるブログ　**vlog**（**video blog** の略）
□ 分子コンピューティング　**molecular computing**（ナノテクを用いて性能を向上させる試み）

輸送の未来とは？（The Future of Transportation）

2263年のニューヨークであの黄色のタクシーはどうなっているだろうか。リュック・ベッソン監督のSF映画『**フィフスエレメント**（***The Fifth Element*, 1997**）』でブルース・ウィリス演じるタクシー運転手は**空飛ぶタクシー**（**a flying taxi**）を運転する。もちろん**自動運転**（**autonomous driving**）も可能だ。この映画では、自動車が空をビュンビュンと行きかう未来が描かれているが、そんな**絵空事**（**a pipe dream**）であったことが、今や「**100年に一度の大変革の時期**（**a once-in-a century transformational period**）」を迎え、現実化へ向けて大きく進化している。

■ 自動運転車の自動化レベル

現在、人間が運転操作をしなくても安全に走行し、目的地まで到達する、**自動運転車**（**self-driving cars**）の研究開発に拍車がかかっている。自動運転車を包括する概念は「CASE（ケース）（**Connected**（**つながる**）、**Autonomous**（**自動運転**）、**Shared & Service**（**シェア／サービス**）、**Electrics** **または** **Electricity**（**電動／電気**））」と言われる。

世界中で、「自動運転車」の定義や呼称はまちまちであるが、**自動運転のレベルの定義**（**the definition of levels of autonomous driving**）は、世界的に**SAE**（**the Society of Automotive Engineers**）による定義が標準とされ（0～5までの6段階に自動化レベルを分類）、日本でも主流となっている。2020年4月以降、日本では自動運転レベル3が可能となっている。

自動運転車の自動化レベル（Levels of autonomous driving）

レベル0：運転自動化なし（No driving automation）

レベル1：運転支援（Driver assistance）

レベル2：部分的運転自動化（Partial driving automation）

レベル3：条件付運転自動化（Conditioned driving automation）

レベル４：高度運転自動化（High driving automation） レベル５：完全運転自動化（Full driving automation）

SAE J3016（2016）「自動運転レベルの定義を巡る動きと今後の対応（案）」平成28年12月7日 内閣官房IT総合戦略室 を参考に作成

■ 自動運転車の仕組みとは!?

人間は車を運転する際、**眼による視覚情報（visual information received from the eyes）**で**外界の様子を感知し（perceive the outside environment）**て判断し、アクセルとブレーキを調整しながら目的地へ走行する。自動運転車では、**ライダー（LiDAR：レーザー光を対象物に発射して距離を測定（measuring the distance by emitting laser beams to objects））**や周波数帯30GHz～300GHzの**高周波の電磁波（high-frequency electromagnetic waves）**の**ミリ波レーダー（millimeter-wave radars）**で対象物までの距離や方向を検出し、悪天候や光の変化が大きい状況でも安全性を判断することができる。そして、センサーによって周囲の物体や歩行者、**信号や標識などを認識（signal and road sign recognition）**し、道路の白線の検出、運転制御などをAIが行う。

■ 自動運転車のメリットと課題とは!?

自動運転によって、**交通渋滞の解消・緩和（easing traffic congestion）**、**不要な加速・減速の低減による交通事故の削減（reduction of traffic fatalities caused by unnecessary accelerations and decelerations）**、**環境にやさしい運転（eco-friendly driving）**、高齢者の移動支援、**長距離運転の快適性向上（enhancing long-distance driving comfort）**、**物流の効率化（efficient distribution）**などが期待できるといわれる。

一方、課題として、①**一般車両との共存体制構築（creating a system for the coexistence of autonomous and non-autonomous vehicles）**、②**情報セキュリティ対策（information security measures）**、③**自動車交通システム全体の計画（establishing a comprehensive car transportation network）**、自動運転普及に向けた道路、信号、安全、通信網の整備、④**危険負担の法制度（a legislative framework for potential risks）**、⑤**交通安全教育（traffic safety education）**が必

要で、**倫理面での問題についての議論の必要性（a need for discussions on ethical problems）**も挙げられる。

■ 超高速輸送システム：リニア、ハイパーループとは⁉

超電導リニア方式（an electromagnetic levitation system）は、車両に搭載した**超電導磁石（super electromagnets）**と地上に取り付けられたコイルとの間の**磁力（magnetic attraction）**によって浮上して走行する方式で、地面から10cm浮きながら時速500kmで走る。**車輪とレールの摩擦（a friction between wheels and rails）**を使って走行する通常の「鉄道」は、高速で**車輪が空転する（spin wheels）**という限界がある。

このリニア方式は、日本では現在工事が進められている中央新幹線で採用され、最高時速500kmを目指している。中国では超電導リニアに**真空チューブ技術（vacuum tube technology）**を組み合わせて開発中で、時速は**音速（a sonic speed）**を超える1500kmを目指している。アメリカではイーロン・マスク氏らが「**ハイパーループ（Hyperloop）**」構想の実現化に向けて開発中で、1900年頃からあったコンセプトを利用して、**減圧されたチューブ（an evacuated tube）**の中をアルミ製の車両ポッド（定員数十名程度）が磁力で走行、時速約1200kmを目指している。安全性など技術的な問題があり、**運行（service）**は2030年頃になると言われている。

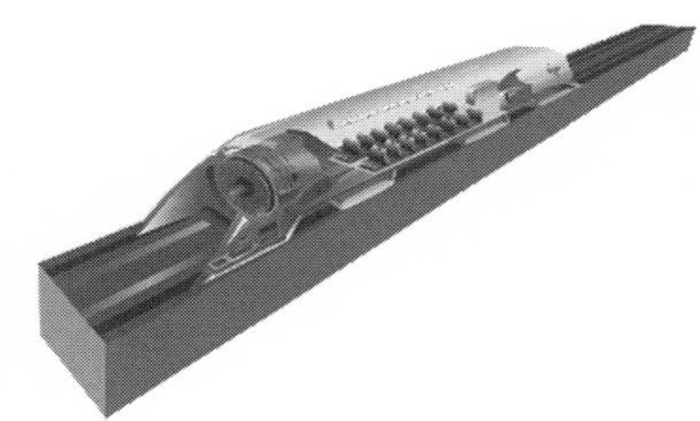

ハイパーループ
https://en.wikipedia.org/wiki/Hyperloop#/media/File:Hyperloop_all_cutaway.png

■ 輝かしい超音速旅客機の未来

超音速旅客機（supersonic transport[SST]）と聞くと、英仏が共同開発し1969年に初飛行した「コンコルド」を想起する人が多いかもしれない。近年そのDNAを受け継ぐ新しい超音速旅客機の**スタートアップ（startups）**が運行実現に向けてしのぎを削っている。

日本の航空会社も出資するあるスタートアップ企業の計画するSSTは、2020年代半ばの**初飛行（the first flight）**を計画しており、**最高時速約2300km（a maximum speed of 2,300 km per hour）**、**航続距離（a**

cruising distance）約8300km、座席数55席、ニューヨーク・ロンドン間運賃約5000ドルと想定されている。

SSTの課題として**環境問題への対応（addressing environmental problems）**と**収益性（profitability）**の確保がある。前者ではSST特有の騒音対策と**CO_2排出を激減させる技術（technologies to sharply reduce CO_2 emissions）**の確立が必要で、後者ではSSTの**維持・運行コストの低減（reduction of maintenance and operating costs）**と**需要の掘り起こし（boosting potential demand）**が重要である。

■コラム：様々なモノの動くスピード■

	秒速	時速	マッハ（1,225km/h）
人間の歩行	1.1~1.7 m	4～6 km	
人間の水泳	1.7 m	6 km（イルカは45km、カツオは60 km）	
船の巡航	6.7 m	24 km	
人間の最高走行	10.4 m	38 km（ボクサーのパンチ速度）	
チータの最高速度	33 m	120 km（猫は48km、ダチョウ80km、キリン50km、ゴリラ/ゾウ40km）	0.1
新幹線最高速度 FIカー	89 m	320 km（ハトは151km、ハヤブサの降下は360km）	0.26
飛行機平均速度	240 m	864 km	0.67
鞭 （腕の10倍の長さ）	277 m	1,000 km	0.82
ピストルの弾丸	250～1,388m	拳銃：900～1,600 km ライフル：3,000～5,000km	0.7～4.1
地球の自転速度	472 m	1,700km	1.38
ロケット	7.9km~11.2km	28,440km～40,320km（人工衛星を地球の軌道に乗せる速度と地球の重力を脱出できる速度）	23～33
地球の公転速度	30 km	108,000km（太陽の周りを回る速度）	88

光・電波	299,792km	10.8億km	880,000

＊人間の走る最高速度を基準にして、チータはその3倍、新幹線は9倍、飛行機は24倍、音は30倍、ライフル弾は100倍、ロケットは100万倍、光は3000万倍となっている。また、光の速度では地球から月まで38万キロを1.3秒、ロケットでは13時間ぐらいで行ける。太陽までは1.5億キロあるので光の速度で8分、木星までは7.5億キロなので光の速度で40分、ロケットで2年ぐらいかかる。

■ 空飛ぶクルマの可能性はいかに!?

空飛ぶクルマ（flying cars）は、従来の自動車に翼が生えてそのまま飛ぶようなイメージを持つ人も多いだろうが、現在開発中のものは、人を乗せることのできる**大型ドローン（large drones）**に近い"multi-copter type"が多いと言われる。日本では、「**電動垂直離着陸型無操縦者航空機（eVTOL：electric Vertical Take-off and Landing vehicles）**」が正式名称とされる。その特徴は、①**ヘリコプターより低騒音（less noise than helicopters）**、②**運転が比較的容易で自動運転も可能（relatively easy handling and autonomous driving）**、③垂直に離発着できるため**点から点への移動が可能（take-off and landing in a limited space）**で、**インフラはコンパクト（small-space infrastructure）**ですむ。

空飛ぶクルマを可能にする技術としては、①**軽量で強靭な新素材（light-weight and robust new materials）**、②**3Dプリンター（3D printers**：小型、軽量化された**回転翼（rotary wings）**など部品の迅速な製作が可能）、③**高性能・低価格の電池（high-performance, low-cost batteries）**、④**発達したAI（advanced AI**：多数の電池や空中での飛行制御が可能）などが挙げられる。

そして、想定される用途は、①都市部および地方都市間での渋滞のないスムーズな移動、②交通手段が限定される地域（離島・山間地域など）における便利な移動や輸送、③**災害時または緊急時における負傷者・医療関係者の搬送（transportation of the injured and medical personnel at times of disasters and emergencies）**や**救援物資の運搬（transportation of relief supplies）**、④景観を楽しむ観光などが挙げられる。

しかし、①**機体や運航の安全性を確保するための方策（measures to secure the safety of flying car operation）**、②用途や空域の設定と

関係法律の整備（legal framework establishment）、③**空路交通管制システム（flight safety and control system）**の構築や空路マップの整備、④自動車並みの**容易な操作性（easy operations）**を持たせること、⑤**社会的受容（social acceptance）**など課題は多い。

発信力UP重要表現をマスター！「スペースサイエンス」①

- □ 天体　**a celestial body**（「星座」は**constellation**、「十二宮図」は**the zodiac**）
- □ 銀河（系）　**the galaxy**（「天の川」は**the Milky Way**）
- □ 太陽系　**the Solar System**
- □ 水星　**Mercury**（「金星」は**Venus**、「火星」は**Mars**、「木星」は**Jupiter**、「土星」は**Saturn**、「天王星」は**Uranus**、「海王星」は**Neptune**）
- □ 地球型惑星　**terrestrial planets**（水星、金星、地球、火星などの岩石質の惑星のこと。「木星型惑星（木星、土星、天王星、海王星などのガス状惑星）」は**Jovian planets**）
- □ 恒星　**a fixed star**（太陽のように自ら発光する天体）
- □ 準惑星　**a dwarf planet**（「白色矮星（わいせい）」は**white dwarf**）
- □ 小惑星　**asteroid**（「小惑星衝突」は**asteroid impact**）
- □ クエーサー　**quasar**（非常に離れた距離に存在し、恒星のように見える天体のことでかつては「準星」と呼ばれていた。（quasarという語は**quasi-stellar**（準恒星）の短縮形）。
- □ 超新星　**supernova**（大質量の恒星がその一生を終えるときに起こす爆発現象）
- □ 北極星　**Polaris、the polestar**（「北斗七星」は**the Big Dipper**）
- □ 流星群　**meteor shower**（meteorは「流星、隕石（**meteorite**）」の意味）
- □ コロナ　**corona**（プラズマからなる太陽大気の外側であり、皆既日食の際に太陽の周りにうっすら光輪として見える）
- □ 暗黒エネルギー　**dark energy**
- □ 暗黒物質　**dark matter**（通常の天体観測手段の電磁波では見つかっていないが、銀河系内に存在するとされている仮説上の物質）
- □ ニュートリノ天文学　**neutrino astronomy**
- □ ロケットの軌跡　**a rocket trajectory**
- □ ロケットの打ち上げ　**lift-off**（「着水」は**splashdown**）
- □ 宇宙ゴミ　**space debris**
- □ 宇宙の膨張　**space expansion**

5 高度化するサイバー犯罪にどう立ち向かうか？(How to Deal with Sophisticated Cybercrime)

■ 増え続けるサイバー犯罪

今日、ネットワークを通じた、**サイバースペースでの交流（cyber-exchange）**や**買い物やお金の引き出し（Internet shopping and banking）**などができるようになっており、それに伴い**サイバー犯罪（cybercrimes[offensive actions that target computer information systems]）**が急激に増えている。

サイバー犯罪の動機には、**金銭的理由（financial gains）**、**政治・宗教的理由（political/religious reasons）**、**復讐など感情的理由（emotional reasons including revenge）**などがあるが、従来型の犯罪と比べ、**物理的空間や場所の制約がなく（no limitation of physical space and time）**、犯罪の動機も特定しにくく**取り締まりが難しい（difficult to crack down on cybercrimes）**。しかも、**コンピュータ技術に豊かな人材や防止予算も不十分（a lack of system engineers and budget for cybercrime prevention）**で、**サイバー犯罪対策（countermeasures for cybercrimes）**には国際的な協力が不可欠と言われている。

■ サイバー犯罪への取り組みはいかに!?

アメリカでは、2011年、サイバー空間を陸、海、空、宇宙に続く「**第五の戦場（the fifth battle field）**」と位置づけ、サイバーセキュリティー人員や予算を増やしている。**米国家防諜安全保障センター（the National Counterintelligence and Security Center [NCSC]）**を軸に官民のリソースを結集し、**米国ネット犯罪苦情センター（the Internet Crime Complaint Center[IC3]）**は**ネット関連犯罪に関する苦情処理の要望（requests for dealing with Internet-related crimes）**を受け付け調査し、産業界や司法団体と協力する体制が整えられている。

ヨーロッパでは、**欧州ネットワーク情報セキュリティ庁（the European Network and Information Security Agency[ENISA]）**が、**EU加**

盟国や民間部門と連携（cooperation between EC member countries and the private sector）し、**サイバーセキュリティーの助言・提言（advice and proposals for cyber security strategies）**を行い、**欧州サイバー犯罪センター（the European Cybercrime Centre**[EC3]**）**を、**欧州刑事警察機構（Europol）**内にサイバー犯罪対策専門機関として設けている。

日本では、**内閣サイバーセキュリティーセンター（the National Center of Incident Readiness and Strategy for Cybersecurity [NISC]）**が**情報システムへのサイバー攻撃の監視や対処（monitor and deal with cyber attacks on the information system）**、対策方針の策定や行政機関への助言・援助を行い、**脆弱性（vulnerability）**など**潜在的な脅威の調査（investigations on potential threats）**を実施するなど、主導的役割を担っている。

国際的な取り決めについては、**サイバー犯罪条約（the Convention on Cybercrime [Budapest Convention on Cybercrime]）**が**欧州評議会（the Council of Europe）**で策定、2004年に発効し、加盟国間で**国境を越えたコンピューター犯罪（cross-border cybercrimes）**やサイバー攻撃に対応がなされている。ただし、ロシアと中国は加盟しておらず、国連での**政府専門家会合（Group of Governmental Experts [GGE]）**においても自国の望むサイバー空間のあり方への考え方の違いもあり、**情報セキュリティーに関する国際行動規範の一致（agreement on international codes of conduct for information security）**がみられていない。

その一方、フィッシング詐欺対策にはthe Anti-Phishing Working Group（APWG）、サイバーセキュリティーの脅威追跡と法の執行にはthe Spamhaus Project、**児童性的虐待画像等の撲滅（combating online child sexual abuse materials）**や**ネット上の性的虐待を最小限にする（minimizing the availability of online sexual abuse content）**にはthe International Association of Internet Hotlines（INHOPE）やthe Internet Watch Foundation（IWF）と、NGOが国際的に活動している。

■ 高度化・多様化するサイバー犯罪！

殺人、**爆弾テロ（terrorist bombing）**、**暴動（riot）**、**強盗（robbery）**

などの犯罪が減少する一方で、サイバー犯罪は増加の一途をたどっている。事実、アメリカでは、**なりすまし事件(spoofing)**が年間1000～1500万件、**フィッシング(phishing scams)**と、**個人情報窃盗(identity theft)**が数千万件に上っており、迷惑メールによる時間ロスの経済損失は年間2兆円に上ると言われている。また、FBIの2020年インターネット犯罪報告書(IC3)によると、**フィッシング(phishing)**、**恐喝(extortion)**、**個人情報の漏洩や窃盗(personal information leakage and theft)**などによって最も多くの被害者を出し、往々にして犯人がどこの国にいるかすら突き止められない状況である。さらに、2016年の米大統領選では、ロシアのハッカーがトランプ候補に勝利させるため、民主党のコンピューターに侵入し、電子メールとボイスメールを盗んだ疑いがあると言われている。

日本では警視庁統計によると、詐欺不審メール・不審サイト、個人情報等不正取得、**業務妨害(obstruction of business)**が多いとされており、なりすましによる個人情報漏洩、不正アクセスによる**情報の改ざん(data diddling)**、Dos攻撃などによるシステム**動作不良(malfunction)**によるリスクに備えるために、サイバーリスク保険の取り扱い件数も増えている。サイバー犯罪の個人と組織への脅威のトップ5(2020年)は次のとおりである。

順位	個人向け脅威	組織向け脅威
1	**スマホ決済の不正利用(unauthorized use of smartphone payment)**	**標的型攻撃による機密情報の窃取** (標準型攻撃とは特定の組織、個人を標的としたサイバー攻撃のこと)
2	**フィッシングによる個人情報詐取** 金融機関などからの正規のメールやWebサイトを装い、暗証番号やクレジットカード番号などを詐取	**内部不正による情報漏えい(internal information leakage)**
3	**クレジット情報の不正利用** フィッシング詐欺、なりすまし、**悪質出会い系サイト(vicious online dating sites)**、**ファーミング(pharming)**などからの情報取得と使用	**ビジネスメール詐欺による金銭被害(financial loss from business email frand)**

4	**インターネットバンキング不正利用（unanthorized use of Internet banking service）**	**サプライチェーンの弱点を悪用した攻撃（attacks by exploiting vulnerabilities in its supply chain network）**
5	**メールやSMSを使った脅威・詐欺の手口による金銭要求** **スミッシング（smishing）**：スマートフォンなどのショートメッセージサービス（SMS）を悪用してフィッシングサイトなどに誘導する詐欺	**ランサムウエアによる被害** **ランサムウエア（ransomware）**とは悪意あるソフトウエアのこと。ファイルやシステム・ネットワークにアクセスできなくし、それと引き換えに「**身代金（ransom）**」を要求する

情報セキュリティ10大脅威　2020「個人」及び「組織」向けの脅威の順位
総務省　令和2年情報通信統計白書　最近のセキュリティ事案より作成
https://www.soumu.go.jp/johotsusintokei/whitepaper/ja/r02/html/nd134110.html#n3401040

その他のサイバー犯罪には、**ネット上の嫌がらせ・いじめ（cyber harassment/bullying）**、**サイバーポルノ（cyber pornography）**、**サイバーテロリズム（cyber terrorism）**、**サイバーストーキング（cyber stalking）**、**ウイルスのばらまき・氾濫（flowing of virus）**、**偽警告（bogus warnings）**による**インターネット詐欺（Internet scams）**などがある。

テクノロジー問題アーギュメント力 UP !

Do the benefits of the Internet outweigh its disadvantages? **（インターネットの利点は欠点を上回るか？）**	
Pros（賛成側の主張）	
1. インターネットは情報の宝庫なので、瞬時にしてあらゆる種類の情報が得られる。	The Internet is a great source of information, which allows people to find various kinds of information in a matter of second.
2. インターネットは電子商取引やネット広告、SNS サービスなどを通じて世界中でビジネスの機会を広げる。	The Internet expands business opportunities in the world through e-commerce, online advertising and social networking services.
3. インターネットは辺鄙な地域に暮らす人々にも教育の機会を広げる。	The Internet will broaden educational opportunities even for people living in remote areas.
Cons（反対側の主張）	
1. インターネットユーザーは、サイバー犯罪の影響を受けやすい。	The Internet users are susceptible to cybercrime.
2. ネットサーフィンやゲームは中毒性があり、非生産的になる。	Surfing and playing games on the Internet can cause addiction, resulting in productivity decline.
3. インターネットにより青少年が簡単に有害サイトにアクセスできてしまう。	The Internet allows the adolescent easy access to harmful websites.

6 3Dプリンターでできた家に住む日が来た！(A House Can Be Made with a 3D Printer!)

■ 人面マスクも印刷できる3Dプリンターとは？

デスク上の機器がせわしなく動く。薄い層面が現れ、次第にその層が厚くなり、**立体のフォルム、生々しい表面の人面マスク（a 3-dimensional, vivid-surfacing face mask）**ができあがる。これは、映画『ミッション：インポッシブル／ローグ・ネイション（*Mission: Impossible — Rogue Nation,* 2015）』の一場面だ。今や、デジタルデータと3Dプリンターさえあれば、**生体の皮膚と寸分変わらない精巧なもの（a living skin-like, precise product）**を短時間で容易に作ることができるようになっている。

3Dプリンターは、**立体物を表すデータをもとに材料の薄い層を積み上げて立体造形物を作る機器（a device to laminate thin layers of material to build 3D objects based on 3D data）**のことだ。**引き算の方法で形を作る従来の切削加工（conventional cutting to build shapes by subtraction）**と逆のプロセスで、**additive manufacturing**（付加製造）とも言われる。使用される主な材料は、**樹脂（resin）**、金属、ゴム、**石膏（plaster）**などで、3Dデータを作成⇒造形⇒**成形物の後処理（post-processing of molded products）**という流れで行われる。近年の技術進歩により安価で小型なものが登場し、家庭用で3万円程度から容易に入手でき、気軽にフィギュアやアクセサリーを作れるようになっている。

■ 3Dプリンターの方式と特徴とは!?

3Dプリンターは主に4種類ある。**熱溶解積層方式（fused deposition modeling［FDM］/fused filament fabrication［FFF］**：家庭用プリンターで熱により溶かした樹脂を積層)、**光造形方式（stereolithography［SLA］**：光硬化性の液体樹脂の材料を使用して、紫外線レーザー光の照射により一層ずつ積層)、**インクジェット方式（multi-jet modeling［MJM］**：インクジェットヘッドから光硬化性樹脂を輻射して造形)、**粉末燃結法（selective laser sintering［SLS］**：粉末状の樹脂や金属にレーザー光を照射して焼結）などがあり、表面の**質感（texture）**や色彩を見たいのか、スピード重視なのか、細部の精度が必要なのかなど条件により方式が変わってくる。

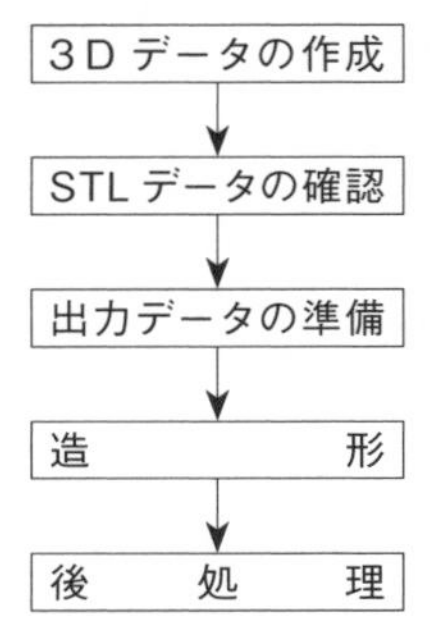

3Dプリンターは**試作品（prototypes）**、**模型（models）**（建築や医療用など）、カスタマイズ生産、一品物の**特注品（special order products）**、**少量生産品（small quantity products）**、**交換部品（replacement parts）**などに向いているといわれる。**金型を作って成形や切削（molding and cutting using a die）**をした従来の製造方法と比べ、3Dプリンターを使えば、外注業者に依存せずに**内製化（in-house production）**し、**設計・開発から生産までの時間や費用を削減（reduction in the time and cost for designing and production）**できる。

このようにイメージから製造まで直接行い、**生産の流れを変える（revolutionize the production flow）**3Dプリンターは、教育用教材、装飾品、靴、服などの**消費材（consumer goods）**、工業品（航空機や自動車部品）、**人工臓器装具や医療機器（artificial organs and medical apparatuses）**などに使われており、オランダや中国では3Dプリンターで作った長い橋が架けられ、アメリカや欧州諸国などでは3Dプリンター住宅の開発・導入が進行中である。

一方、3Dプリンターで製造した銃の存在が問題となっている。2013年、アメリカで、**3Dプリンターで作った銃の設計図（blueprints of a 3D printed gun）**がネット上に公開され、連邦政府介入までに10万回ダウンロードされ、日本でも2014年、ネット上で作り方のビデオを公開する者が現れた。2018年、カリフォルニアで3Dプリンター銃の**番号登録（serial number registration）**と**自己作成銃の譲渡禁止（a ban on selling and transferring self-made firearms）**の規制が始まったが、**未登録で追跡できず（unregistered and intraceable）**製造番号もない3Dプリンター製造による「**ゴースト銃（ghost guns）**」は増える一方で、最近ではバイデン政権が規制に向けて動いている。

宇宙開発：宇宙観光は目前に（Space Exploration: Space Tourism Is Becoming a Reality）

人々は古くから月を見てさまざまな思いを心に抱いてきた。現在、月にとどまることなく行われている**宇宙探査（space exploration）**は、**科学技術の革新（scientific technological innovations）**や**将来の人類生存（future human survival）**に貢献し、人々の好奇心を刺激していくことと思われる。

■ 冷戦下の宇宙開発競争

第二次大戦後の冷戦下、**米ソによる宇宙開発競争（the space race between the United States and the Soviet Union）**が展開された。最初は、ソ連の**スプートニク計画（the Sputnik Project）**が先行。1957年に**人類最初の人工衛星（the world's first artificial satellite）**スプートニク1号を打ち上げ、1961年にはボストーク1号で**最初の有人宇宙飛行（the first human space flight）**を果たし、1966年にルナ9号が**最初の月面軟着陸（the first soft landing on the moon）**、その後、ルナ10号が無人月周回探査をする、というように次々と実績を重ねた。一方、アメリカは、ソ連の宇宙開発での数々の成功からの衝撃（**スプートニクショック[the Sputnik crisis]**）から一転、巻き返しを図り、それは1969年のアポロ11号による有人月面着陸となって結実する。その後、冷戦が一部沈静化して**宇宙開発のデッドヒート（the fierce space race）**も落ち着きを見せた。

■ 現在の宇宙開発は再び月に注目！

1969年のアポロ11号による**人類初の有人月面着陸（Apollo's landing on the moon）**から半世紀経過し、**火星（Mars）**や**金星（Venus）**、**木星（Jupiter）**、**土星（Saturn）**、その他の**地球近傍小惑星（near-Earth asteroids[NEAs]）**などへの探査が行われてきた。2020年、月における**水存在（presence of water）**の**決定的証拠（conclusive evidence）**発見によって、物資補給をする、**火星探査などの基地（a base for sending**

astronauts to Mars）や**将来の永久居住地**（**future permanent habitation**）として月の役割が期待されており、現在、アメリカ、中国をはじめ各国が競って月への宇宙探査を行っている。

■ 現在の宇宙開発は火星のテラフォーミングへと！

太陽から4番目の惑星（**the fourth planet from the sun**）であり、その外観から「**赤い惑星**」と**呼ばれる火星**（**the Red Planet Mars**）は、**地球の半分程度の直径**（**half the diameter of the earth**）で、**二酸化炭素を主成分とする極めて薄い大気**（**extremely thin atmosphere composed of carbon dioxide**）で覆われており、**地球の3分の1程度の重力**（**about one-third the gravity of the earth**）であり、水の存在が確認されている。

1976年、アメリカのバイキング1号が初着陸に成功、**火星の地質学的進化**（**the geological evolution of Mars**）から**過去や未来の地球の姿を知り**（**gain an insight into the past and future of the earth**）、将来の**居住先としての可能性**（**potential as a habitable planet**）を探るために現在、火星探査が積極的に行われている。また、**火星環境を人間が住みやすい環境に変えるテラフォーミング**（**terraforming to transform Mars into a habitable earth-like environment**）の研究も行われている。例えば、**高性能断熱材**（**super insulation**）や**シリカエアロゲルブランケット**（**silica aerogel blanket**）は、**表面温度**（**surface temperatures**）マイナス40度程度の火星を覆って、**温室効果**（**greenhouse effects**）をもたらし**地球環境に近づける**（**earth-like environments**）ものである。

■ 現在の宇宙開発は木星と地球近傍小惑星探査へと！

太陽から5番目の惑星（**the fifth planet from the sun**）である**木星**（**Jupiter**）は、地球の300倍以上の質量をもつ**ガス惑星**（**gaseous planets**）で、地球の誕生に大きく関わっている**太陽系の最重要惑星**（**the most important planet of the Solar System**）と言われている。確認された多

https://en.wikipedia.org/wiki/Jupiter#/media/File:Jupiter_and_its_shrunken_Great_Red_Spot.jpg

数の衛星のうち、1610年ガリレオによって発見された**ガリレオ衛星（the Galilean satellites）**の**イオ（Io）**、**エウロパ（Europa）**、**ガニメデ（Ganymede）**、**カリスト（Callisto）**が特に大きな衛星である。

1973年、**アメリカの木星探査機（an American spacecraft for probing Jupiter）**パイオニア10号（Pioneer 10）が木星観測を行い、2000年には土星探査機カッシーニ（Cassini–Huygens）が木星近傍を通過し観測を行い、2021年にはジュノー探査機（Juno）が木星を周回しながら観測している。2022年には**欧州宇宙機関（the European Space Agency[ESA]）**主導の**木星氷衛星探査計画（the Jupiter Icy Moons Explorer [JUICE]）**が、表面の下に液体の水や氷を持つと考えられる衛星ガニメデ、カリスト、エウロパを観測する予定であり、**太陽系の起源解明（illuminating the origin of the solar system）**と**地球外生命の探求（quest for extraterrestrial life）**のための調査が計画されている。

地球近傍小惑星（Near-Earth Asteroids[NEAs]）については、2020年「はやぶさ2」がリュウグウのサンプルリターンに成功し、その粒子や気体サンプル分析が続いている。**生命起源や地球形成の謎の解明（unravel the mystery of the origin of life and formation of the earth）**をはじめ、**風化（weathering）**前に地下物質採取用の**人工クレーターをつくるインパクター（an impactor to create artificial craters）**や**はるか遠い宇宙での高速通信（high-speed communications in deep space）**、**新観測機器（new observational devices）**など新テクノロジーの試行を行った。探査による知識と技術は、**小惑星との衝突（an asteroids' collision）**から地球を保護するのに役立つと言われている。

■ ニュートリノの発見によって宇宙の起源を解明！

物質を構成する最小単位（a fundamental constituent of matter）である**素粒子（elementary particles）**の1つである**ニュートリノ（neutrino）**は、原子の1億分の1の大きさであり、**電子型（electron neutrinos）**、**ミュー型（muon neutrinos）**、**タウ型（tau neutrinos）**の3種類がある。1998年、スーパーカミオカンデにおいて、3種類が別の種類に変化する現象「**ニュートリノ振動（neutrino oscillation）**」が確認され、これが質量ゼロとされてきたニュートリノが有限の質量を持つ**証**

拠（evidence）となり、**素粒子物理学（elementary particle physics）**上の基本的な理論の見直しを迫る超重大発見となった。ニュートリノは**宇宙で**光の**次に多い素粒子（the second most elementary particles in the universe）**で、**超新星爆発（a supernova explosion）**の情報などをもたらすため、その解明は宇宙誕生や物質起源の謎を解き明かすことができると考えられている。

■ 宇宙技術の応用はこれだ！

宇宙技術（space technology）とは、**宇宙での探査や活動に関連する技術（technology related to the exploration and activity in space）**である。宇宙は地球とは全く異なる環境なので、その中で活動するには新しい技術や知識が必要である。例えば、コンピューターや**遠隔測定法（telemetry）**は、**ブースター（booster**：打ち上げロケットや多段式ロケットの1段目）や**宇宙船にとって不可欠（indispensable to a spacecraft）**で、かつて宇宙技術における最先端技術であった。

宇宙に関連する新技術は他の経済活動で活用されるようになると言われ、天気予報、**リモートセンシング（remote sensing）**、**衛星測位システム（a satellite positioning system）**、**衛星放送（satellite broadcasting）**、**遠距離通信（telecommunications）**といった日常生活に関連する科学技術もその基本は宇宙技術に大きく依存している。現在、多数の通信衛星によって、地球上あらゆる場所への電話やインターネット接続が可能になり、位置情報もわかる。**測位衛星（positioning satellites）**によって**絶滅危惧動物の追跡（tracking endangered species）**ができ、**地球観測衛星（earth observation satellites）**によって気象観測が進歩した。また、**水の濾過装置（water filtration devices）**や**埋め込み型人工心臓（an implanted artificial heart）**も宇宙技術からきている。

■ 広がっていく宇宙旅行の可能性！

月への宇宙旅行の夢は、大砲の砲弾で月に行く話を描いた、19世紀のフランスのSF作家ジュール・ヴェルヌ（Jules Verne）の小説*Autour de la Lube*（英語タイトル*Around the Moon*）, 1869などで語られてきた。宇宙開発は、かつては**国家の威信をかけた超大国のプロジェクト（a grandiose**

project of national prestige）だったが、最近では「宇宙ビジネス」と呼ばれる分野に注目が集まるようになっている。例えば、**民間の宇宙ベンチャー企業（private space venture companies）**などが**小型ロケットの開発を活発に行っており（promoting the development of small rockets）**、その1つが、主として衛星通信会社などが展開する**コンステレーション（小型衛星群：constellation）**である。これは小型の衛星を多数打ち上げ、地球の全域を隈なくカバーする**衛星通信網（a satellite communication network）**を展開するものだ。低コスト材料と**再使用可能なブースター（a reusable booster）**を利用することで、打ち上げを容易にする商業打ち上げサービスのビジネスがその背景にある。

さらに、**宇宙への観光旅行（space tourism）**が挙げられる。例えば、ある航空会社の創業者や大手IT企業が設立した会社が、ロケットで宇宙空間まで行き、数分間の**弾道飛行（a suborbital spaceflight）**を楽しむという宇宙空間への旅行を計画している。**無重力状態（weightlessness）**を体験し、青いと言われる**地球の姿を自分の目で確認する（observe the earth with one's own eyes）**ことができるという。その他、宇宙に滞在するホテルの計画もあることが報道されている。2021年には日本で宇宙旅行ガイドブックが出版され、「**サブオービタル宇宙旅行（suborbital space travel）**」や「**月周回旅行（lunar orbit travel）**プラン」など宇宙旅行への夢をかきたてる記事が掲載されている。ヴェルヌが創作したSF上の世界が約一世紀半後、実現に近づきつつある。

発信力UP重要表現をマスター！「スペースサイエンス」②

- □アメリカ航空宇宙局　**the National Aeronautics and Space Administration (NASA)**（「連邦航空局」は **the Federal Aviation Administration (FAA)**）
- □国際宇宙ステーション　**the International Space Station (ISS)**
- □宇宙航空研究開発機構　**the Japan Aerospace Exploration Agency (JAXA)**
- □静止衛星　**a stationary satellite**（地球の自転と同じ周期で同じ向きに公転するため、地上からは静止しているように見える人工衛星のこと）
- □ハッブル宇宙望遠鏡　**the Hubble Space Telescope (HST)**（地上約600 km上空の軌道を周回する宇宙望遠鏡）
- □宇宙飛行士からの報告聴取　**debriefing**（**debrief** は他動詞で「（特定の任務が終わった人から）報告を受ける」）
- □宇宙遊泳　**spacewalk**（「無重力」は **weightlessness**）
- □遠地点　**apogee**（「近地点」は **perigee**）
- □月着陸船　**a lunar module**「テラフォーミング（**terraforming**）とは「惑星地球化計画」で、惑星を地球のように変化させて人が住めるようにすること）
- □公転　**revolution**（「自転」は **rotation**）
- □子午線　**meridian**（「日付変更線」は **the International Date Line**）
- □事象の地平面　**the event horizon**（ブラックホールの周囲にあると数学的に定義されている帰還不能点）
- □成層圏オゾン　**the stratospheric ozone**（「成層圏」は **the stratosphere**、「対流圏」は **the troposphere**）
- □脱出速度　**the escape velocity**（ロケットなどが惑星の表面から脱出しきるために必要な速度のこと）
- □地球外生物　**extraterrestrial**（「地球外知的生命探査」は **the search for extra terrestrial intelligence (SETI)**）

8 地球温暖化を防ぐエネルギー (Anti-global Warming Energy)

■ ゼロエミッションの希望の星、アンモニア！

「**カーボンニュートラル(carbon neutrality)**」とは、地球上の炭素(カーボン)の総量に変動をきたさない、**二酸化炭素（CO_2）の排出と吸収がプラスマイナスゼロ（net-zero carbon dioxide（CO_2）emissions）**になるようなエネルギー利用のあり方で、**ゼロエミッション（zero emissions）**とほぼ同義である。さらに進化したものとして、大気中のCO_2を直接減少させる**ネガティブ・エミッション技術（negative emissions technologies）**という概念もある。

日本では、**2050年までに温暖化ガスの排出量を全体としてゼロにすること（net-zero emissions by 2050）**を目標としており、**CO_2の削減（CO_2 reduction）**は**待ったなしの課題（an urgent task）**だ。各方面でさまざまな取り組みが検討・推進されている。その将来の主たる選択肢は**再生可能エネルギー（renewable energy）**、**水素（hydrogen）**、そして**アンモニア（ammonia）**の利用があると考えられている。

アンモニアは**臭気（odor）**のイメージがあるが、ゼロエミッションの取り組みの希望の星となっている。とくに、発電に関する排出炭素を減らすための技術として、**石炭火力発電所（coal-fired power plants）**で**石炭とアンモニア（NH_3）を混焼させる技術（the coal-NH_3 co-firing technology）**の開発が進められている。アンモニアの利点は、**取扱方法（handling methods）**とサプライチェーンが明確で、**直接燃焼（a direct combustion）**させることができ、燃焼させてもCO_2が発生せず、コストが石炭より安い点である。また、**水素燃料電池を搭載した自動車（fuel cell vehicles[FCV]）**が発売されており、さらに船舶分野では、水素燃料電池を動力源とする**ゼロエミッション船の実現可能性調査（feasibility studies of zero-emission boats）**が進められている。

■ 世界の発電技術の進歩と発電方法の推移は!?

テクノロジーの中でも極めて重要性の高いのは**発電技術の進歩（development in power generation technologies）**である。**地球温暖化の脅威の増加（the growing threat of global warming）**や**天然資源不足（natural resource shortage）**とも関わって重大な分野となっている。世界の発電の形態を歴史的に見てみると、2010年には主要国の**化石燃料（fossil fuels）**による**火力発電（thermal power generation）**が、**原子力依存型（nuclear power-dependent）**のフランス以外では、6割から8割で、再生可能エネルギーが1割から2割であったのが、2020年になると、前者は4割から7割で、後者が2割から5割近くになった。

日本は再生可能エネルギーが倍になっても、かつて3割依存していた原子力を事故の反省から7分の1に減らすようになったために、**環境に悪い火力発電（eco-unfriendly thermal power generation）**が増えてしまっている。イギリスやドイツは火力を大幅に減らし、再生可能エネルギーを増した環境保全のモデル国で、アメリカや中国も火力を1割以上減らして再生可能エネルギーをかなり増やしたが、当分**化石燃料依存（fossil fuels-dependence）**は続くだろう。

2010年各国発電源

国名	**火力（thermal power）**	**原子力（nuclear power）**	**再生可能エネルギー（renewable energy）**
日本	61％	29％	10％
アメリカ	70％	20％	10%
中国	77％	3％	20％
ロシア	66％	17%	17％
韓国	67％	30％	3％
イギリス	77％	16％	7％
フランス	10％	74％	16％
ドイツ	58％	20％	22％
インド	83％	2％	15％

2020年各国発電源

国名	**火力** （therwal power）	**原子力** （nuclear power）	**再生可能エネルギー** （renewable energy）
日本	69％	4％	22％
アメリカ	60％	19％	21％
中国	66％	5％	29％
ロシア	63％	19％	18％
韓国	64％	27％	7％
イギリス	38％	15％	45％
フランス	9％	66％	25％
ドイツ	41％	11％	47％
インド	74％	3％	23％

地球温暖化が進むにつれて、**二酸化炭素排出量を抑える（curb CO_2 emissions）**必要性が高まり、**太陽光発電（solar power generation）**のような**再生可能エネルギー発電（renewable power generation）**が重視されるようになった。しかし、1KW当たりの日本の売電価格は2013年の38円から2021年に半分の19円に下がり、ますます普及しにくくなっている。しかし、同時に**蓄電効率が上がり（increase in storage efficiency）**、日中は太陽光発電システムで発電した電気を、電力消費をまかないつつ蓄電し、発電できない夜間は蓄電池に貯めた電気を使うといった、太陽光発電と家庭用蓄電池をうまく活用することで、**自家発電（private power generation）**の可能性が高まっている。

発信力UP重要表現をマスター！「発電&その他のテクノロジー」

□ 自撮り棒　**a selfie stick**（**narcissistick**、**narcisstick** とも）
□ 3D プリンター　**3D printers**（3次元製造装置。医療用人工骨や歯形の成形などでの応用も開始されている）
□ 燃料電池車　**fuel cell cars**
□ 地熱発電　**geothermal power generation**
□ 潮力発電　**tidal power generation**
□ 火力発電　**thermal power generation**
□ 水力発電　**hydroelectric power generation**
□ バイオ燃料　**biomass energy**
□ ハイブリッド自動車　**hybrid electric vehicles [HEVs]**
□ 使用済み燃料処理　**spent fuel disposal**
□ 電気自動車　**electric vehicles [EVs]**
□ 燃料電池　**fuel cells**
□ 停電　**blackout/power failure**
□ 放射能汚染　**radioactive contamination**
□ 保存食　**preservative food**（「レトルト食品」は **retort pouches**）
□ 医療目的のクローニング　**therapeutic cloning**
□ ヒトのクローン化　**human reproductive cloning**
□ 穀物の画一化　**crop uniformity**

9 培養肉が食卓に並ぶ未来が来る？(Is Cultured Meat the Wave of the Future?)

■ 開発・商品化が進められている人工肉とは？

世界人口の増加（world population growth）や**食品ロスによる食料不足（food shortage due to food waste）**の問題、食料生産による**環境への負荷（environmental impacts）**の問題への対応が迫られる中、**フードテック（FoodTech**：食とテクノロジーの融合**（the intersection between food and technology）**）によって新技術を開発し、食を取り巻く次世代型の商品やサービスを生み出す分野は、700兆円を超える巨大市場となり、世界各国で**人工肉の開発・商品化（development and commercialization of artificial meat）**が本格化している。

人工肉は、「**植物肉（plant-based meat）**」と「**培養肉（cultured meat）**」からなる。「植物肉」とは大豆や小麦などの**植物性たんぱく質（vegetable proteins）**を肉状に加工した食品であり、「**代替肉（alternative meat）**」とも呼ばれる。「培養肉」は牛や豚などの**家畜から採取した細胞を培養（culture cells extracted from livestock）**した食品で家畜を屠殺せずに家畜由来の肉を生産できることから「クリーンミート」とも呼ばれる。

■ 未来の農業・漁業は大きく変わる！

新素材（**昆虫（insects）**や**藻（algae）**など）を利用した食品も盛んに開発されている。また、**IoT（モノのインターネット）**や**AI（人工知能）**などを活用したスマート農業やスマート漁業などにより、農業や漁業の未来のイメージは大きく変わるだろう。バイオテクノロジーの発展に伴い、2010年代から**人工肉の実用化に向けた開発（development for the practical use of artificial meat）**が急速に進展してきている。今後は、生身の動物を使用しない人工肉「**フランケンフード（Frankenfood）**」に反対する人と、**動物の権利を主張する人（animal rights advocates）**との間で論争が激化していくだろう。

テクノロジー問題アーギュメント力 UP！

Should genetic engineering be promoted? **（遺伝子工学は推進されるべきか？）**	
Pros（賛成側の主張）	
1. 遺伝子組み換え食物を生産することで、世界に広がる飢餓を軽減できる。	Genetic engineering can alleviate world hunger by producing genetically modified foods.
2. 遺伝子工学は、環境保護に大きく貢献できる。	Genetic engineering can contribute greatly to environmental protection.
3. 遺伝子工学は平均「健康寿命」の延長に大きく貢献できる。	Genetic engineering can contribute greatly to the extension of people's average "healthspan".
Cons（反対側の主張）	
1. 遺伝子操作に関する倫理的な問題がある。	There are ethical problems with genetic manipulation.
2. 遺伝子治療はアレルギーや白血病を引き起こす可能性がある。	Gene therapy can cause allergies or leukemia.
3. 遺伝子組み換え食品は、まだ安全だと証明されていない。	The safety of genetically modified foods has yet to be proven.

第８章

世界の教育・ジェンダー問題

Education & Gender Issues in the World

1 多様さを増す教育格差の実態（Various Educational Divides）

■絶望的な貧困の中で生きる子どもの権利とは⁉

世界では実に3億8000万人もの子どもたちが**極度の貧困状態にあり（living in dire poverty）**、**基本的な人権すら保障されない（have no basic human rights）**環境で暮らしている。TIME（Apr. 26, 2018）によると、**2億6300万人以上の子どもたちが学校へ通えず、そのうちの6300万人が初等教育の対象である（"More than 263 million children and young people are now out of school, 63 million of them of primary school age."）**。

また、戦争で子どもが受けた**心身のトラウマ（physical and emotional trauma）**への反省から、1989年11月20日に国連総会で「**児童の権利に関する条約（the United Nations Convention on the Rights of the Child）**（通称：子どもの権利条約）」が採択された。ここでは、子どもの生命の安全に加え、医療や教育が与えられ、彼らに**社会に参加し潜在能力を十分に発揮できる機会（chance to realize their full potential by meaningfully participating in society）**を提供することが定められている。2019年2月の時点で196の国と地域が締結しているが、アメリカは署名のみで批准していない。

■「先進国」なのに悪化する子どもの貧困！

極限下で苦しむ子どもがいる一方、先進国でも**家庭の事情から十分な教育を得られず（no adequate education because of family circumstances）**に育つ子どもがいる。わが国の子どもの**貧困率（the poverty rate）**は**OECD加盟国（the OECD member countries）**

昭和時代の学校給食

でも最低の水準で、1980年代から上昇傾向にあり、今日では7人に1人が**相対的な貧困状態にある（living in relative poverty）**。ちなみに、2018年の厚生労働省の調査によると、所得が低くなるほど**栄養バランスの取れた食事の摂取頻度が下がる傾向（less tendency to eat a well-balanced diet）**にあり、子どもの健康において**学校給食の重要性は大きい（critical roles of school meals in student health）**。

イギリスでは2014年以降、就学後3年間は**公立校（public school［米］、state school［英］）**に通う全児童が給食無料となった。アメリカは、2010年に学校給食の改善や子どもの**飢えや肥満をなくす取り組みに関する法律（the Healthy, Hunger-Free Kids Act on efforts to eliminate hunger and prevent obesity）**が成立し、全米3000万人の子どもがその対象となっている。

また我が国の、給食を教育の場ととらえる「**食育（*shokuiku*/food education）**」という考え方が**日本の長寿を支えている（conducive to Japan's longest life expectancy in the world）**として、近年世界で脚光を浴びている。学校給食は、**適切な栄養の摂取（adequate nutritional intake）**による健康の保持増進を図るだけでなく、健全な食生活に対する知識を深め、豊かな**人格形成（character development）**に寄与する教育機会であるとし、**無償提供（provision of free school meals）**を求める声も広がっている。

■ 親の格差が継承される!?教育格差に見られる負のスパイラル

ハーバード大学医学大学院

また、近年深刻化する経済格差の要因である**教育格差（inequality in education）**は、**子どもの学力（children's academic abilities）**や**最終学歴（the degree they have earned）**に影響を与える。先進国の大学進学率に見るように、**世界全体が高学歴化する中（an increasing global tendency toward receiving higher education）**、我が国でも**所得階層（income brackets）**別に大学進学率に差がある。**低所得層（the**

low income bracket）で41％、**高所得層（the high income bracket）**で71％である（2016年文部科学省）ことや、大卒の親の割合が高い学校ほど、生徒の平均的な学力が高い（IEA国際数学・理科教育動向調査（Trends in International Mathematics and Science Study［TIMSS］）、2015年）ことがわかっている。

TIME（Feb. 1, 2020）によると、アメリカでも**およそ半数の生徒が、連邦の貧困対策である無料または安価な給食の支給対象となっている（"Nearly half the students in this country now qualify for free or reduced-price lunches, which is the federal measure of poverty."）**とし、**成績に影響を与える要因として貧富の差を挙げている（"Poverty and affluence are the most important determinants of test scores."）**。

所得による格差だけが問題ではない。生徒の家庭の**社会経済的地位（socioeconomic status）**（親の教育年数や家庭の蔵書数など）が高いほど、**偏差値の高い学校に進学する割合が高く（a higher rate of entrance to prestigious colleges）**、これが教育環境の**学校間格差（educational disparities among schools）**を生んでいる。こうした状況はどの国でもあり、生産性や所得の格差といった大きな**社会的損失（a massive social loss）**をもたらすにもかかわらず、十分な調査および対策が取られていない。**社会構造による教育上の不平等（educational inequality caused by socioeconomic problems）**は、**公的支援の重要性（importance of public assistance）**を物語っている。

■ 教育は未来への投資!?各国の公的支出の実情

OECDの2020年の発表によると、**小学校から大学に相当する教育機関に対する公的支出のGDP比率（the percentage of public expenditure on primary to tertiary educational institutions in GDP）**は、ノルウェー6.4%、アメリカ4.2％、韓国3.6％に対し、日本は2.9％と比較可能な**38か国中、下から2番目となった（ranking the second-lowest among the OECD's 38 member nations）**。

公的支出の割合が低いということは、**教育にかかる費用を個人または家計に大きく依存（high costs of education born by students or their parents）**しているということで、我が国における**教育費の家計負担の高さ**

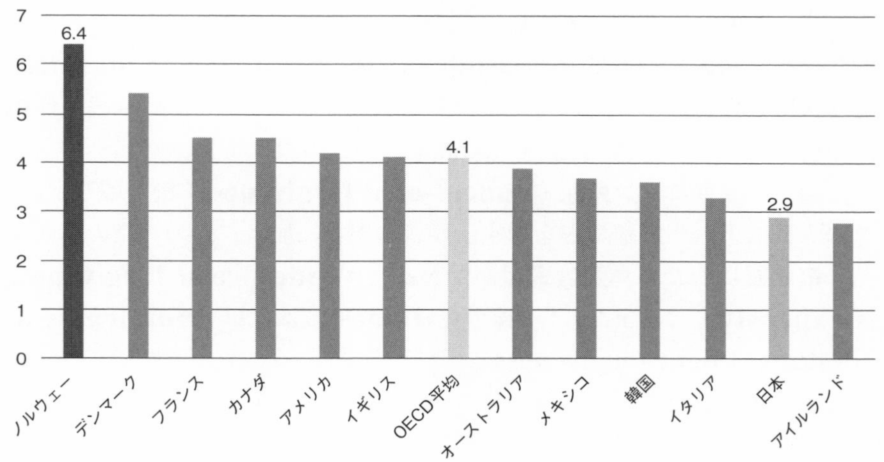

（high household spending on education）は限界に達している。**低所得層に対する軽減税率（tax reduction for low-income earners）**や、**授業料の無償化（free tuition systems）**が急速に導入され始めたが、進学希望者の多くが高所得者層であることから**進学格差（disparities in college entrance rates）**の是正は難しい。

一方で、アメリカやイギリスでは**高授業料・高奨学金（high tuition/high aid）**を前提とした私的（= 受益者・本人）負担主義が採られている。例えば、ハーバード大学ではおよそ6万ドルの授業料に対し**給付奨学金（scholarship/grant）**が平均4万ドル、低所得者層にはローンフリー政策が採られている。しかし、多くの**奨学金が何らかのメリットを持つ学生に限定（scholarships limited to outstanding students）**されていることから教育機会を拡大できない。

■ 学生の未来を蝕む増え続ける教育ローン！

高等教育を受ける学生が増えるにつれて、**学生が抱えるローンの総額も増え続け（ever-increasing student loan debts）**ている。アメリカでは、授業料が1980年代の2倍以上となり、学生ローンを利用した**卒業生1人当たりの債務（a loan debt per student）**は2019年で3万7172ドルに達している。ローン利用者は4500万人を超え、その総額は1.5兆ドルでクレジットカードのローン総額よりも多い。返済には平均19.7年もかかると言われ、その後の人生に大きな負担を残して、**過剰な借金苦から自殺する学生の数も増えている（increasing suicide from tremendous debt stress）**。この問題は、2020年のアメリカ**大統領選の争点（a key election issue）**にもなった。TIME誌（Apr. 12/19, 2021）では、バイデン大統領が掲げる**教育ローン免除（student-debt forgiveness）**策を取り上げ、コロナ禍により一層厳しさを増す債務者の現状に加え、この施策の問題点を「**広範囲にわたる免除は費用がかかる（"Widespread forgiveness is expensive,"）**」また、「**一律の免除は公平ではない（unfairness of all-student debt forgiveness）**」と指摘している。その一方で、経済状況が改善するまでは、このようなローン免除によって債務者が再び経済活動に参加できるようになるとも述べている。

このような中、オーストラリアが採用する**所得連動型（income contingent loan）**で授業料相当額を返済する**高等教育貢献制度（the Higher Education Contribution System［HECS］）**が、低所得者層の負担を軽減し、高等教育機会に好影響を与えるとして注目を浴びている。

これだけ巨額の費用がかかるにもかかわらず大学進学を希望する学生が増え続けるのは、それが**高収入を得られる有力な経路（a high-paying career path）**であるからに他ならない。実際、平均以上の収入を得られる職業の半数以上が**学士号保有者（bachelor's degree holders）**であると言われている。

しかし一方で、教育費用の増大と**産業の多様化（industrial diversification）**による**雇用機会の拡大（expanding job opportunities）**が、新たな**キャリア形成（career advancement）**の手法を創出していることは興味深い。Newsweek（Jan. 10, 2021）によると、時間と費用、**所得能力（earning potential）**を考慮すると、コミュニティーカレッジ（アメリカの2年生の公立学校）が**キャリア開発の最前線にある（programs on the forefront of career development）**とし、オンラインでコースを修了で

コミュニティーカレッジ、Fullerton Junior College

きる大学も現れるなど、**高等教育の在り方（the significance of higher education）**も転換期を迎えている。とはいえ、教育費用の負担は、依然学生のキャリアや**生活設計（life planning）**、ひいては経済全体に悪影響を与えている。一定の収入を得られるまで返済の義務が生じない**所得共有プラン（income-sharing agreement）**や、就職先がその費用を負担する制度なども試みられているが、**抜本的な解決（a drastic solution）**には至っていない。

発信力 UP 重要表現をマスター！「大学教育」

- □ ギャップイヤー　**a gap year**（欧米で高校と大学の間や卒業と就職の間の1年に社会経験を積むこと）
- □ 4月［9月］入学　**the April / September enrollment system**
- □ 仮入学許可　**probationary acceptance**（「授業料免除」は **tuition waiver**）
- □ 学業成績平均点　**a GPA (grade point average)**
- □ 内申書　**a school recommendation**
- □ 学業成績　**academic achievement**
- □ GED **(the General Educational Development)**（後期中等教育課程修了に等しい学力を有する証明となる北米の試験）
- □ 学部カリキュラム　**undergraduate curriculum**
- □ 学部生　**an undergraduate student**（「大学院生」は **a graduate student**）
- □ 学問が必要ない仕事　**nonacademic careers**
- □ 学歴偏重社会　**academic background-oriented society**
- □ 教育学、教授法　**pedagogy**
- □ 教育実習　**teaching practicum**（「教育実習生」は **a trainee [cadet] teacher**）
- □ 教科書持ち込み可能な試験　**an open-book examination**（「抜き打ちテスト」は **a pop quiz**）
- □ 修士論文　**a master's thesis**（「博士論文」は **dissertation**）
- □ 書類選考　**documentary elimination**（「合格通知」は **an acceptance letter**）
- □ 推薦入学　**admission on recommendation**
- □ 生涯教育　**continuing [lifelong] education**
- □ 大学公開講座　**extension courses**（「講義要綱」は **course syllabus**）
- □ 大学進学率　**college entrance rate**（「進学組」は **college-bound students**）

□ 聴講する　**audit the class**（「(大学の) 聴講生」は **an auditor**）
□ 超学際的アプローチ　**an interdisciplinary approach**
□ 長期有給休暇（大学教授の）　**a sabbatical**（「大学を正当な理由で一定期間休学すること」は **a leave of absence**）
□ 通信教育　**correspondence courses [distance learning]**
□ 同窓生男性　**an alumnus**（「同窓生女性」は **an alumna**）
□ 母校、出身校　**an alma mater**
□ 名門大学　**a prestigious [prestige] university**
□ 名誉教授　**an emeritus [honorary] professor**
□ (卒業生の) 別れの演説　**a valedictorian speech**

■ コスト？人材？デジタル教育にも広がる格差

経済格差は、就学・就業機会に格差を生むだけでなく、**学習環境（a learning environment）**にも多大な影響を与える。画像や動画を用いた**視覚的かつ双方向型の授業（visual and interactive classes）**を可能とする**ICT（the information and communications technology）**教育は、子どもたちの学習への興味や関心を高め、**主体的な学び（active learning）**を可能にするが、その普及の度合いは国家間で大きな差が見られる。

OECDが実施した「**学習到達度に関する調査（the Programme for International Student Assessment[PISA]**、2018年）」によると、

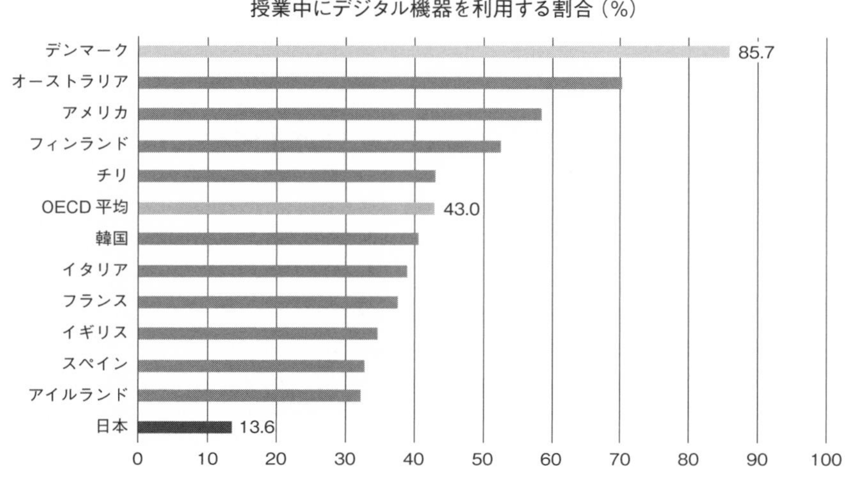

国語・数学・理科の**授業中にデジタル機器を使用する（use the digital devices in class）**と答えた割合はデンマークが最も高く85.7％、オーストラリアは70.2％、アメリカ58.4％、OECD加盟国平均は43.0％だったが、日本は13.6％と最下位であった。ICT普及の課題としては、**導入費用（the initial costs）**と、**ITリテラシー（IT literacy）**とスキルを兼ね備えた**教員の確保が難しい（difficulty in finding qualified teachers）**ことが挙げられる。ICTと合わせてプログラミング教育の需要も高まる中、各国はどのような取り組みを行っているのか。

フィンランドでは10年以上前からICT教育カリキュラムを実施し、生徒にも**タブレット端末（a tablet）**が1人に1台支給されているが、紙媒体の利用も継続し、**バランスの取れたICT教育（well-balanced ICT education）**が進められている。イギリスでは2014年、**義務教育課程の大幅改訂（a major revision of compulsory education curriculums）**に伴い教科を「ICT」から「Computing」に変更し、5歳～16歳の生徒へのプログラミング教育が義務化されている。小学校でも教室に**電子黒板（electronic blackboards）**やプロジェクターが整備され、週に2回はプログラミングの授業が行われている。

プログラミング教育

アジアで最も早くICT教育を導入した韓国では、2007年に**選択科目（elective subjects）**としてプログラミング教育が提供され、2017年には**小学校でもコンピュータープログラムに関する科目（subjects related to computer programming education in primary schools）**が必修化されている。アメリカでは、**ICT教育がもたらす経済的優位性（the economic benefits of ICT education）**が強調され、オバマ元大統領の主導のもとNPO団体による無償のプログラミング教育が提供されている。

これらに後れを取る我が国でも、2020年から**プログラミング教育の小学校での必修化（mandatory programming education in elementary schools）**が始まった。**第4次産業革命を支えるIT人材を育成する（development of IT human resources to support the Fourth**

Industrial Revolution）目的で、この流れはさらに加速することが予測される。

しかし現状では導入コストの問題から教育用コンピューター1台当たりの児童・生徒数は全国平均で5.6（2018年）で、**地域間格差（regional gaps）**も大きい。加えて、多忙を極める教員には**十分な知識やスキルを身につけるための時間の確保は難しく（difficulty in finding time to acquire computer knowledge and skills）**、**外部講師の依頼にはさらなる予算が必要となる（costly to hire instructors from outside the school）**。

今後10～20年で**半数近くの職業がAIにとって代わられ（AI will replace almost half of workers）**、今の子どもたちの多くが大学卒業時には現在存在していない職業に就くと言われる中、この**予測不能の未来を生き抜く（survive in the unpredictable future）**すべを身につけるためのプログラミング教育の在り方について、一層活発な議論が求められる。

2 技術の進歩は21世紀の教育問題を解決できるか？（Can Technological Progress be a Remedy for Educational Problems?）

■ 未来を生き抜くスキルを！進むデジタル教育

いわゆる**教育のデジタル化（the digitalization of education）**は、**新型コロナウイルスの世界的蔓延（the Covid-19 pandemic）**という**未曽有の災害（an unprecedented disaster）**によって、急激に進展した。国連によると2020年、180か国以上が**休校措置（school closures）**を取り、15億人以上の子どもたちが学校に通えなくなった。わが国でも全国の国公立大学の80％以上が**遠隔授業（remote classes）**を実施するなど、多くの教育機関でデジタル化が進んだ。

リモート授業の風景

遠隔授業には**双方向型（interactive）**と**録画配信型（on-demand）**があり、どちらもそのメリットとして①**いつでもどこでも授業を受けられる（the versatility of online learning）**、②交通費をはじめとする**コストや時間の節約（cost- and time-efficient）**ができる、③災害等発生時にも教育を継続することができる、などが挙げられる。

一方で、それらの実施に当たっては、**ITインフラの整備（development of IT infrastructure）**にかかるコストと、**システム障害（system failures）**や**リスクのマネジメント（risk management）**、また講義の質の保証という負担を伴う。オンライン教育の成功には、良好な**インターネット環境（network environments）**と**デジタル端末（digital devices）**の普及が欠かせない。**インターネットの普及率（internet penetration rate）**は先進国で80％以上、新興国で40％以上となっているが、1つの国の中でも**世帯間、地域間格差（inequality among households and regions）**が著しい。

TIME（Mar. 27, 2020）は、「**およそ2100万以上のアメリカ人が高速**

ブロードバンドにアクセスできておらず、国内におけるコミュニティー間の情報格差＝デジタルディバイドを際立たせている（"Over 21 million Americans lack access to high-speed broadband. All this highlights the nation's "digital divide," or the stark contrast in broadband internet access between different communities."）」と指摘している。学習環境におけるデジタルディバイドは、その後の雇用機会や収入格差にもつながる深刻な問題であり、世界規模の対策が望まれる。

■ 子どもを取り巻くオンライン教育の落とし穴！

オンライン教育の普及に伴って、**子どもの健全な発達に与える負の影響（a negative influence on healthy mental development of children）**も指摘されるようになった。**紙媒体（paper-based material）**を用いた従来の授業に比べて、長時間画面を注視することで起こる**眼精疲労（eyestrain）**や**視力の低下（weakening eyesight）**、長時間座ったままの姿勢での受講による**精神的・身体的疲労（physical and mental fatigue）**が見られることは早くから確認されている。

さらに**有害なサイトへのアクセス（access to harmful website contents）**や、**インターネットゲーム中毒（online game addiction）**、**ソーシャルメディア上でのいじめ（cyber bullying in social media）**などの問題が深刻化している。TIME（Mar. 14, 2019）は、12歳〜25歳のアメリカ人の8人に1人が**深刻な精神的落ち込み（serious mental depression）**を経験しているとし、その要因として**過度のSNSやインターネット使用（the heavy use of social media and the Internet）**を挙げている。SNSは未成年者を巻き込んだ**性犯罪の温床（a breeding ground for sex crime）**でもあり、**なりすまし（spoofing）**投稿による**誹謗中傷（defamation）**なども後を絶たない。こうした問題を未然に防ぐには、インターネットの情報や事象を正しく理解して適切に判断・運用できる**インターネットリテラシー教育（internet literacy education）**を早期から行うことが重要である。

■ オンライン教育が叶える教育の平等とは！

オンライン教育は**教育格差是正の効果的な手段（an effective measure to address educational disparities）**としても注目を集めている。2012年にアメリカで始まった**MOOCs（ムークス：Massive Open Online Courses）**と呼ばれる大規模オンライン講座の受講者は2019年の時点で1億1000万人を超え、**修了要件（all the requirements of the course）**を満たせば**大学の学位（a college degree）**を取得できるコースもある。

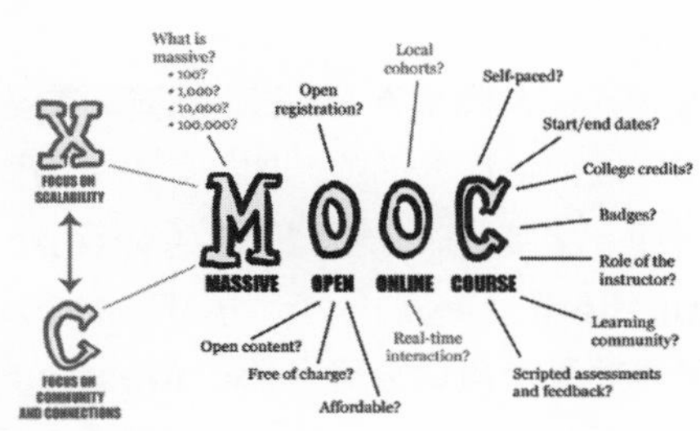

大規模オンライン講座 MOOCs のポスター（アメリカ）

経済的または地理的な理由で就学をあきらめていた人々に、安価で良質な教育を与えるだけでなく、高齢化が進む社会において**リカレント教育（reccurent education）**や**生涯学習（lifelong learning）**の実現という点においても高く評価されている。

3 グローバル社会で成功するためのスキルとは？(Skills Necessary for Success in the Global Community)

■ どんどん高まるSTEM教育の重要性

今後、女性の活躍も期待される分野としてコンピューターや数学、工学関連、すなわち**STEM（science, technology, engineering, mathematics）**分野が挙げられる。卒業後5年の給与で比べると**最も費用対効果が高い分野（the most cost-effective field）**ともいわれており、我が国でも「**リケジョ（理系女子）（math- and science-oriented women）**」という言葉が生まれたことは記憶に新しい。

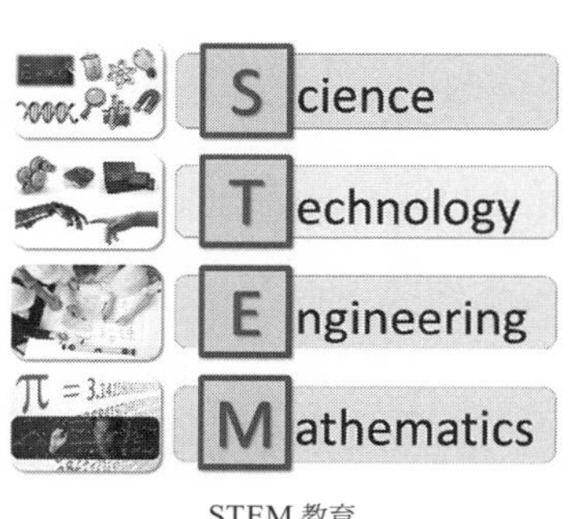

STEM教育

アメリカや新興国では21世紀初頭より国家主導でSTEM教育を実践し、ITおよび**グローバル社会で活躍する人材育成（development of human resources who can contribute to a global society）**を目指してきた。TIME（May. 7, 2015）は、**半数以上のSTEM分野に関連する職業では4年制大学を卒業することなく就職が可能である（A half of all STEM jobs are available even to those with no four-year college degree.）**とし、この分野における**人材不足（shortages of human resources）**を指摘している。

インドでは2015年からSTEM人材を育成するためのプロジェクトを開始し、中国は2030年までに学生の半数以上が、STEM分野の学士号を取得すると言われている。一方、日本では長らく**文系（liberal arts majors）**の人気が高く、PISAの学力調査でも**科学的リテラシー（scientific literacy）**では加盟国中1位ではあるものの、教科に対するモチベーションは国際平均よりも低いことがわかっている。

STEM教育は、**実践的な経験（hands-on experience）**を通して**自発性（initiative）**や**創造性（creativity）**、**判断力や問題解決力（critical**

thinking ability）を養うことを主眼としている 。

我が国では2020年の**学習指導要領**（**the Ministry's official guidelines for school teaching**）の改訂により、**課題の把握や探求・解決する能力**（**the ability to explore and tackle problems**）の育成や、身の回りの自然の事物・現象に**知的好奇心**（**intellectual curiosity**）を持って接するようになること、自己の考えを持ったうえで**意見交換や議論など対話的な学び**（**interactive learning through an exchange of ideas and opinions**）を取り入れることなどが提示された。STEM 教育に関していえば、高等学校に「**理数探求**（**inquiry-based study of science and mathematics**）」や「**数学 C**（**Mathematics C**）」が科目として新設された。「数学 C」は「**データ活用**（**data utilization**）」などで構成され、**ビッグデータ時代に求められる資質**（**qualities and skills required in the Age of Big Data**）の育成という意図がうかがえる。

しかし、前述の ICT およびプログラミング教育と同様に、設備の拡充や教科担当人員の確保・育成など解決すべき問題は多い。これらへの実質的な支援なしには「**イノベーション人材の輩出**（**developing innovative human resources**）」という目標の到達は非現実的であると言える。

■ 芸術とスポーツが STEM を進化させる！

そして、この STEM 教育に**芸術**（**art**）を加えて発展させたものが STEAM 教育である。芸術が育んでいるのは**創造性**（**creativity**）であり、**一見関連がないように見える事象を有機的につなぎ合わせる能力**（**ability to organize seemingly unrelated phenomena**）や困難に直面したときにも**新たな解法を導き出す能力**（**innovative problem-solving abilities**）である。テクノロジーの発展著しい社会を生き抜くうえで、科学技術の使い手であるにとどまらず、それらを利用して新しいものを生み出す力を養う STEAM 教育に対する期待は高い。

また、近年では STEM にスポーツを組み合わせる重要性を説く声も上がっている。Newsweek（Jan. 1, 2021）によると、カナダのスポーツ＋STEM プログラムで、野球やホッケー、サッカーの授業を通じて**エコシステム**（**ecosystem**）や**ブロックチェーンのプログラミング**（**blockchain programming**）を教えたところ、89％の生徒が**スポーツを通じての概**

念の理解しやすさ（conceptual understanding through sports）を述べた。スポーツは多くの教科で使用される言葉や概念に現実性を持たせ、子どもたちに未来の成功に対する新たな見地を与えることができる。

もちろん、子どもの**肥満や生活習慣病（obesity and lifestyle-related diseases）**が問題視される現代にあって、この「スポーツ＋STEM」は**心身のバランスを図り（achieve a mind-body balance）**、**健康で幸福な生活を送る（lead a happy, healthy life）**ための有効な手段でもある。

この他、ここ数年で急速に注目を集めている**eスポーツ（e-sports/electronic sports）**も**ゲーム理論（the game theory）**を用いて、**複数の主体が関わる状況で意思決定や問題を数学的モデルに基いて分析（analyzing situations where parties make decisions based on mathematical models）**する学問といえる。経済学以外にも様々な学問分野で応用されていて、リーダーシップスキルを学ぶのに有効であると評価されている。

eスポーツの大会（Intel Extreme Masters）

■テストでは測れない!?大切なのは非認知能力

これらの教育が目指すものは総じて**非認知能力（non-cognitive skills/competencies）**（※OECDではこれを**社会情動的スキル（social and emotional skills）**としている）の育成であり、これはテストや**IQ（知能指数：intelligence quotient）**などの数値では表せない能力である。

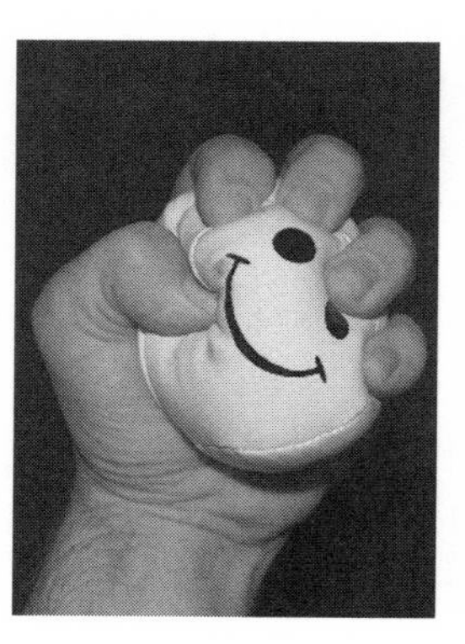

前述の自発性や創造性といった能力以外にも、**自制心（self-discipline）**や**自己肯定感（self-esteem）**、「**やり抜く力（GRIT：グリット）**」（ペンシルベニア大学の心理学者、ダックワース教授が提唱。**長期的な目標を情熱を持って追い続ける（passionately pursue one's long-term goals）**ことのできる力）、**協同力（collaboration skills）**、そして**回復力（resilience）**などもこれに含まれる。

これからの教育現場では、これらが**教科横断（cross-curricular）**的に実践されるが、そこで問題となるのがその評価方法である。**非認知の能力（non-cognitive abilities）**なので、生徒が**自己評価（self-evaluation）**を行うことは難しい。そこで、評価の方法の1つとして、**相互評価やフィードバック（peer review and feedback）**といった他者の視点を活用したものが挙げられる。教師や同級生からの**ポジティブな評価（positive evaluations）**を受けることで、自分が気づけなかった長所を自覚でき、これが**自己肯定感（enhancing self-image）**にもつながる。

しかし、**客観性を欠いた評価（subjective assessment）**は時に生徒のモチベーションの低下につながりかねない。また、データの比較が難しくなることでカリキュラムや指導法の**効果測定（effectiveness measurement/evaluation）**も難しくなる。こうした課題を解決するためには**妥当性の高いルーブリックの策定（development of highly valid rublic）**や、各学校のデータを集約して作成する**エビデンスベースの指導および評価プログラム（evidence-based guidance and evaluation program）**の設計、またAIを活用した測定ツールの開発などが急がれる。

◐教育問題アーギュメント力 UP！

Which should school curricula emphasize more, competition or cooperation? （学校教育では競争と協力、どちらを重視すべきか？）	
Competition（競争重視側の主張）	
1. 競争心を中心とした教育課程は、生徒の精神力を鍛える。	Competitiveness-centered curricula develop students' mental strength.
2. 競争指向の教育課程は、生徒の知的発達をより効果的に促す。	Competition-oriented curricula encourage students' intellectual development more effectively.
3. 競争を重視した教育課程は、世界の科学と経済の発展により貢献する。	Competition-focused curricula contribute more to scientific and economic development in the world.
Cooperation（協力重視側の主張）	
1. 協力型教育は、ビジネスの世界で他者とうまく働くためのチームスピリットを育む。	Cooperation-oriented curricula can develop a team spirit so that they can successfully work with others in the business world.
2. 協力を中心とした教育過程は生徒たちが人間関係で成功する助けとなる。	Cooperation-centered curricula will help students become successful in interpersonal relationships.
3. 協力重視型教育過程は高等教育に不可欠なグループワークの成功を助ける。	Cooperation-focused curricula will help students become successful in group work, which is an integral part of higher education.

いまだ解決されない教育上の問題 (Unsolved Problems of Education)

■ 非行問題を解決するカギは「矯正」ではなく「育成」!?

急激な社会構造の変化に伴って、**青少年の非行問題（juvenile delinquency）**も複雑化している。1990年の「**少年非行の防止に関する国際連合指針（リヤドガイドライン、the United Nations Guidelines for the Prevention of Juvenile Delinquency［The Riyadh Guidelines］）**」の**基本原則（the fundamental principles）**に示されている通り、少年非行の防止は**社会における犯罪防止（crime prevention in society）**において不可欠であり、このためには**人間主義的な社会思考と人生観を身につけることのできる教育（education that develops a humanistic orientation and outlook on life）**を幼少期から施すことが必要である。

現代の非行の特徴として、低年齢化と**凶悪化（brutalization of crime）**が指摘されており、犯罪件数だけを見れば長らく減少傾向にあるにもかかわらず、**重大少年事件（serious juvenile offense）**が後を絶たない。

ユニセフが発行している「世界子供白書2011（The State of the World's Children 2011）」は青少年期に焦点を当て、**世界的な課題の1つ（one of the global challenges）**として少年犯罪と暴力を挙げている。それによると、**法を破るリスクの高い青少年（adolescents with a high risk of breaking a law）**は、**貧困（poverty）**、**家庭の崩壊（family breakdown）**、**親による虐待（parental abuse of children）**、**アルコール中毒（alcoholism）**などを抱えた家庭環境に置かれていることが多い。実際、アメリカやイギリスで行われた調査では、特に**親の監督の欠如（lack of parental supervision）**が非行予測の重要なポイントであると指摘している。

若者の非行は経済情勢にも左右されやすく、**大都市部の貧困地区に集中する傾向（concentration in the inner city）**がある。**移民（immigrants）**

や**少数民族（ethnic minorities）**といった集団に属する若者の犯罪率も高く、問題は一層複雑なものとなっている。Newsweek（Sep. 9, 2019）によると、アメリカでは**有色人種の若者の拘留数が白人に比べ5倍も高く（"Black youth are five times more likely to be locked up than their white peers."）**、非行問題においても人種問題の存在は明らかである。

非行の性質としては、**無断欠席（truancy）**や**家出（running away from home）**といった、青少年であるがゆえに非行とされる「**地位犯罪（status offences）**」に比べて、**麻薬の使用（narcotic use）**や武器を使用した暴力といった重い犯罪に関わった青少年は、その後も**犯罪組織（criminal organizasions）**に取り込まれるなどして、成人後の**再犯率（recidivism rate）**や**重犯罪を犯す割合（felony rate）**が高くなる。

さらに、上述の白書によると、女性よりも男性の方がはるかに犯罪率が高く、これには、**成長期のフラストレーションが暴力といった形で発露しやすい（"Males are more likely to express their frustration through violence during the transition to adulthood."）**、多くの文化で**男子の逸脱行為に対して寛容である（"Many cultures are more tolerant of deviant behavior among boys."）**、**攻撃することを男性優位社会における男性のアイデンティティの一部とする既成概念が存在する（"Aggression is often established part of the construction of masculine identity in male-dominated society."）**ことなどが挙げられている。

彼らの更生には、適切な施設やプログラムの提供、**社会復帰（social rehabilitation）**後のコミュニティー全体を通じての支援が不可欠である。近年では、低年齢化・凶悪化の背景にある非行少年の**発達上の未熟さ（developmental immaturity）**を指摘する声も多い。つまり、**少年院（a reformatory [reform school]）**などでは**矯正（correction）**を目的とした教育が行われているが、彼らの**健全な発達を促すような支援（proper guidance to facilitate their healthy development）**が必要なのである。

先のNewsweekの記事でも、安易な収監は問題の解決にならず、**コミュニティーによる支援の方がはるかに有効である（community-based**

alternatives are much more effective）と述べられている。しかし、その主体となるべきソーシャルワーカーやカウンセラーは**慢性的に不足**（**a chronic shortage**）している。青少年が**自身の潜在能力を十分に発揮し有意義な人生を送れる**（**fulfill their potential and lead a more meaningful life**）よう、適切な教育と環境の実現が望まれる。

■ 複雑化＆長期化！学校に通えない子どもたち

各国で**学校教育制度**（**school education system**）並びに学校に通わないという選択に対する考え方が異なるために、**不登校**（**school refusal**）に関する国際的な比較を行うことは難しい。しかし、適切な教育が受けられないことによる弊害は明らかで、**就学機会を保障するための様々な取り組み**（**various measure to ensure educational opportunity**）が提供および検討されている。

イギリスでは2017年~2018年に小・中・高校および**支援学校**（**a special school**）に通う児童・生徒は約810万人で、その11.2％が**長期欠席**（**chronic absence**）（全体の10％以上の授業日数を欠席）している。また、アメリカでは同じく2017年～2018年、全体の16％に当たる800万人の子どもたちが長期欠席状態で、都市部と郊外の**地域差**（**regional differences**）はないが、**貧困率**（**poverty rate**）の高い地域で重度の長期欠席状態（全体の30％以上欠席）が多く見られた。また、特別支援学校や**職業訓練学校**（**a vocational training school**）も平均より欠席率が高く、**成果主義的**（**results-oriented**）な考えも欠席率を高めている。

一方、日本の長期欠席者はここ15年ほどはおおむね5万人、全体のおよそ2％で推移しており、その理由としては小・中学校では「**無気力や不安**（**apathy and anxiety**）」、「**いじめ**（**bullying**）や友人との人間関係」、「親との関係」が挙げられ、高校になるとこれに「**生活リズムの乱れ**（**circadian rhythm disturbance**）や非行」が加わる。中でも「いじめ」は世界的な問題としてユニセフなどが調査を行い、各国で様々な対策が講じられている。PISAが2015年に15歳の生徒に行ったアンケートによると、「**何らかのいじめ**（**any type of bullying acts**）を受けたことがある」と答えた割合は、イギリス23.9％、アメリカで18.9％、スウェーデン17.9％、韓国11.9％で、日本は21.9％とOECD主要7か国の中では2番目に多かった。

EU諸国やアメリカではいじめ対策として**加害生徒（a bully）**への罰則の強化や、**生徒の監視（monitoring of students）**を強める傾向が見られるが、いじめ対策先進国と言われるフィンランドでは、周りで見ていた生徒＝**傍観者（bystanders）**を**仲裁者（mediators）**へ転換する試みがなされている。学校全体に与える影響を重視する我が国とは、その考え方が大きく異なると言えるだろう。また、日本財団が行った中学生を対象とした調査によると、年間欠席数が30日未満の**不登校傾向（a higher tendency for truancy）**にある中学生は全体の10.2％にのぼり、上述の理由以外に「**授業についていけない（unable to keep up with the class）**」など学業に対する不安の声も多く聞かれた。

不登校（refusal to go to school）はその後の高校**中退（dropping out）**や**引きこもり（social isolation）**、**無就業（workless）**を招き、子どもの人生と社会全体へ与えるインパクトは甚大である。にもかかわらず、**学内の施設や機関等で何らかの支援・指導（school support and guidance）**を受けた者は半数に満たず、学外になるとそれを大きく下回る。先のアメリカ政府の調査でも、たとえ貧困率の高い地域であっても適切なプログラムの導入により、**長期欠席率（long-term absenteeism rate）**がかなり低く抑えられている地域もあり、不登校児に対する**教育的介入の必要性（need for educational intervention）**は疑うまでもない。

■ 校則は必要か？

児童・生徒が**健全な学校生活（a healthy school life）**を営み、よりよく成長・発達できるように定められる**校則（school discipline/rules）**は、国によってその性質が異なり、各国の学校教育に対する姿勢を反映している。**個人の自由を尊重する（respect for individual freedom）**国というイメージの強いアメリカだが、**ゼロ・トレランス（zero-tolerance policing）**と呼ばれる、細部まで罰則を定めて大きな問題が起こることを防ぐというモットーのもと、**遅刻や欠席などに対する厳しい罰則（severe punishments on tardiness and truancy）**が作られた。

そこでは、生徒と保護者は自身の権利と義務を入学前に確認し署名する必要がある。しかし、**大人と同じルールを子どもに適用しているだけでは無意味（It's ineffective to treat problem youths and adults equally.）**である、暴力や薬物乱用の抑止に役立っていない、安易な**停学（suspension）**や**退学（expulsion）**措置は子どもと学校の両方にとって多大なマイナスとなる、などの批判がある。**服装規定（school dress codes）**に関しては、公立学校では原則自由である。また、**保護者（parents or guardians）**の介入を重視し、問題が起きた場合は彼らが率先して行動することが求められている。

ドイツでは児童生徒の**法的地位（a legal status）**や**権利に触れる事柄（infringement of the rights）**は校則では規定できないので、学校生活に必要最低限のルールしか存在しない。生徒自身と保護者に権利と責任が与えられ、**服装や髪形の自由（freedom of clothes and hairstyles）**がある。

一方、我が国の校則は各国と比べて特殊である。戦後の**義務教育化（compulsory education）**とともに、**画一的な教育（uniform school education）**を重視した校則は、1980年代に**校内暴力（school violence）**が多発したためにさらに厳しくなった。現在でも**髪型や服装に細かいルール（strict rules on clothes and hairstyles）**があり、生まれつきの明るい頭髪の色を黒く染めよと命じられた生徒が、**精神的苦痛のために訴訟（a lawsuit for her mental suffering）**を起こしたケースもある（地裁にて勝訴）。しかし2000年代以降、**生徒の自主性育成や保護者の教育参加の重要性（the importance of fostering students' independence and parents' participation in education）**が認識されるようになり、校則の在り方も再考されつつある。

いかなる形であれ、校則は**教育的な意義（educational significance）**を持ち、児童・生徒の将来に役立つものでなければならない。しかし、**多様性が増す社会（increasingly diverse society）**において**誰にとっても公平なルール（fair rules for everyone）**を定めることは容易ではない。実際、ドイツと日本の**若年者の失業率（the youth unemployment rate）**はほぼ同じ水準にあり、乱暴ではあるが、校則が厳しい社会とほとんど校則のない社会が若者に与えるインパクトは変わらないと言えよう。いずれ

学校でムチ打ちの罰を受ける子どもたち（1888年）

にせよ、**子どもたちの自由と権利が脅かされることなく（their freedom and rights are not threatened）**、豊かな学校生活を送ることができるよう、**校則に柔軟な枠組み作り（a flexible approach to school rules）**が必要である。

発信力 UP 重要表現をマスター！「青少年非行」

□ いじめられっ子 **bullied children**（「ネット上のいじめ」は **cyber bullying**、「集団でのいじめ」は **group bullying**）
□ 引きこもり **social withdrawal**
□ 児童への虐待 **child abuse**
□ 少年院 **reform school/reformatory**
□ 親によるしつけや指導 **parental discipline and guidance**
□ 体罰 **corporal punishment**
□ 退学 **withdrawal**（自主的退学）、**expulsion from school**（罰としての退学）
□ 登校拒否 **refusal to go to school**（「無断欠席、ずる休み」は **truancy**）
□ 放任主義の親 **liberal [neglectful] parenting**（「甘やかす親」は **indulgent parenting**、「権威を押しつける親」は **authoritarian parenting**）
□ 模倣犯罪 **a copycat crime**
□ 落ちこぼれ **an underachiever**（「成績優秀者」は **a high-achiever**, ［「優等生」は **an honors student**、「模範生」は **a model student**］
□停学 **suspension from school**（「高校中退者」は **a high-school dropout**）

5 高まる個別教育の重要性 (The Growing Importance of Individualized Education)

■ 多様化する教育の形態とは!?

何らかの理由で学校に通えない、あるいは**通わない選択（the choice not to go to school）**をした子どもたちが教育を受ける場として近年、増加傾向にある**代替教育（alternative education）**の1つが**ホームスクーリング（homeschooling）**である（ヨーロッパでは**ホームエデュケーション（home education）**と呼ばれることが多い）。保護者が直接教える以外にも、**保護者の監督のもと（under the supervision of parents）**、インターネットを介して在宅講座を受ける「**ラーニング・アット・ホーム（learning at home）**」や、他のホームスクール生とともに講義を受ける「**アンブレラ・スクール（an umbrella school）**」といった形態がある。

ホームスクーリングの風景（デンマーク、1889）

近代以前のホームスクーリングは、ヨーロッパの**王族や貴族が子どもに家庭教師をつける（private tutoring of children by royal families）**のが一般的であった。1960年代に入ると、アメリカで**公的教育に対する批判や不信（criticism and distrust of public education）**から、従来とは異なる教育方法が模索されるようになった。その後、保守的なキリスト教徒が**自分たちの求める教育（Christian education for their children）**を行うための運動を起こし、これが契機となってホームスクーリングは大きく成長することとなった。

2000年代に入ると、インターネット技術の発達に伴い、p.297のMOOCsなど**多様な教育方法（broad types of teaching methods）**が世界中で提供されるようになる。アメリカやカナダ、イギリスなど多くの国が**ホームスクーリングを合法化（legalization of homeschooling）**し、**正規の教育の一環であると認める（acceptance as regular school education）**

に至る。一方、ドイツでは子どもの教育を受ける権利とともに**就学する義務（obiligation to attend primary and secondary schools）**も合わせて定められており、不登校やホームスクーリングは、保護者も含めて**処罰の対象（subject to punishment）**となる。また、我が国では保護者に対して子どもを就学させる義務があり、**子どもの意志で通学しない（voluntary absence from school）**場合は違法とはならないが、ホームスクーリングを義務教育とは認めていない。このほかイスラム社会では、**長らく女性に就学の権利が与えられず（Islamic women have long had no access to education）**、このような国々ではその教育をホームスクーリングに依存してきた。

生徒自身または保護者がホームスクーリングを選択する理由は、いじめ以外にも、**治安の悪い地区に学校がある（schools located in crime-ridden areas）**、**授業内容や風紀の乱れに満足できない（dissatisfaction with class and the degenerate school environment）**、親の宗教や信条に適した学校が近隣にない、**子どもに高度な教育を与えたい、子どもの個性を伸ばすための教育を与えたい（desire to develop children's intelligence and individuality）**、などである。2000年のTIME（Sep. 11, 2000）によると、全米で100万人以上がホームスクーリングで学習しており、その数は年15%の割合で増加、**一流大学に合格する生徒（home-schooled children who gain admission to prestigious universities）**も増えている。

子どもの安全が確保され、**心身のストレスから解放される（relief from mental and physical stress）**、本人や保護者の**望む教育を実現できる（realizing their desired education）**など多くのメリットが認められる一方で、**子どもが社会性を学ぶ機会が減る（lack of development of social skills）**、**多様な価値観を学ぶことができない（lack of opportunity to learn different values）**、保護者の負担が大きい、そして**教育の質の保証が容易ではない（difficulty in providing quality education）**、といった問題点も指摘される。

これに対して、例えばアメリカは**ホームスクール法（homeschool laws）**を制定し、**子どもの学力チェック（measurement of students' academic abilities）**だけでなく**保護者の適格性（qualification of**

parents）の確認や、カリキュラムおよび**出席状況の提出**（**reporting of attendance rate**）を求め、教育の質が保たれるよう努めている。

不登校児や移民の増加、そして**感染症の蔓延**（**the Covid-19 pandemic**）といった新たな危機により一層多様化する社会において、ホームスクーリングは**従来の教育の代替として不可欠な存在**（**an indispensable alternative to traditional education**）になりつつある。我が国でも2016年、教育の機会の確保等に関する法律が制定され、地方自治体が率先して個々の児童の状況に応じた支援を提供することが明記された。

■「天才」の定義とは？飛び級制度の是非

早期教育（**early education**）や**エリート教育**（**elite education**）の1つとされる「**飛び級**（**academic acceleration/grade skipping**）」制度は、**児童・生徒の発達段階**（**the developmental stage of students**）に合わせた教育を与えるものである。先進諸国ではこの制度を容認している国が多いが、我が国では法的には可能であるものの、医学部や芸術学部といった**専門性の高い学部**（**highly specialized departments**）など、一部の大学・学部で実施されているにとどまる。

アメリカは**ギフテッド教育**（**gifted education**）などに積極的であり、飛び級制度も肯定的に受け入れられている。高IQや特別な才能がある子どもは「ギフテッド」と呼ばれ、**GATE［Gifted and Talented Education］**プログラムという特別教育を受けることができる。ちなみに**IQ（Intelligence Quotient）**とは**知能検査**（**an intelligence test**）の結果を数字で表したもので、「知能指数」と呼ばれる。算出方式はいくつかあるが、一般的には「**精神年齢**（**a mental age**）÷**生活年齢**（**a chronological age**）×100」で表され、中央値が100、**標準偏差**（**standard deviation**）は15前後で定義されている（全体のおよそ3分の2が85から115の間に収まる）。

GATEプログラムへの参加要件は**IQ130以上**（**students with a minimum IQ score of 130**）なので、100人に2人はこの要件に当てはまることとなる。しかし、この知能指数はあくまで能力の一部分を測定しているにすぎず、年齢や成長に応じて変化するものでもあるので、これをギフテッドの基準とすることには反対の意見も多い。TIME（Apr. 25, 2013）でも、「**ギフテッドの定義を測定する手段は限られており、テスト対策を行**

えるかどうかで結果が変わりうる（“The measure for defining giftedness is narrow — and can be manipulated by access to test-prep programs.”）」と指摘している。

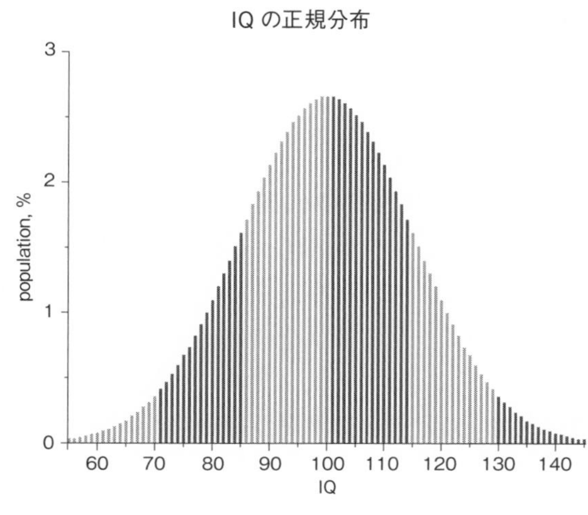

ドイツや中国でも飛び級制度は一般的に実施されているが、イギリスでは日本と同じように**理論的には可能（theoretically possible）**であっても、実態として行われていないようだ。この制度が一般的に運用されるには、**原級留置（留年）（grade retention [repetition]）**も合わせて導入され、児童・生徒の**勉強の進み具合（academic progress）**に応じて**学年を移動できる（grade-skipping and retention）**ような**柔軟な対応（a flexible approach）**が望ましい。1つのクラス内で**習熟度に合わせた指導（competence-based teaching）**を行うには、**補助教員（assistant teachers）**などの配置が必須であることを考えれば、飛び級は個々の生徒のニーズに柔軟に対応できる制度であると言えるだろう。

しかし、制度が一般化されなければ、**高校や大学卒業資格（a high school/college diploma）**が認められず、入試や就職に不利に働きかねない。また、同級の友人ができにくい、周りからの**過度な期待（excessive expectations）**といった問題に対する精神面でのフォローも必要となるだろう。特に我が国では、そもそも飛び級制度が必要であるかどうかを含めた議論が引き続き行われることが望まれる。

教育問題アーギュメント力 UP！

Should exceptionally good students be allowed to skip grades? （並はずれて優秀な生徒は飛び級を許されるべきか？）	
Pros（賛成側の主張）	
1. 飛び級は、上級クラスの生徒と競い合うことで、学習効率を高め、才能ある生徒の能力を最大限に引き出す。	Grade-skipping will maximize the potentials of gifted students by enhancing the effectiveness of their learning through competition with other students in advanced class.
2. 才能ある飛び級の人たちは偉大な科学者や発明家、芸術家になり、社会に多大な貢献をするだろう。	Gifted grade-skippers will be more likely to become great scientists, inventors, and artists, who make great contribution to society.
3. 飛び級は教育効率を高め、指導を楽にするため、優秀な生徒に注意を払わなければならないという教師の負担を取り除く。	Grade-skipping will enhance teaching effectiveness and facilitate teaching, thus relieving teachers of the burden of paying attention to outstanding students.
4. 飛び級により、特によくできる生徒を持つ家庭は教育費の節約になる。	Grade-skipping will save educational expenses for the families of especially good students.
Cons（反対側の主張）	
1. 年上の同級生と付き合うのは大変で、しばしばいじめの対象になり、飛び級の生徒にとって飛び級はストレスの原因となる。	Grade-skipping will cause emotional stress to grade-skippers who have difficulty in interacting with their older classmates and often become the target of bullying.
2. 飛び級は、子どもの健やかな心の発達に必要な知能指数と感情指数のバランスを損なう。	Grade-skipping will undermine the balance between IQ and EQ development, which is necessary for healthy mental growth of children.
3. 飛び級は平等主義的教育を重んじる現在の日本の教育システムを損なう。	Grade-skipping undermines the current education system of Japan that values egalitarian education.

■ ユニバーサルでは不十分⁉子ども一人ひとりに輝く未来を！

特殊教育（special education）あるいは**特別支援教育（special needs education）**の歴史は浅く、障害を持つ人々は長きにわたり適切な教育を受けられず、家庭や施設で暮らすことを余儀なくされていた。世界で最初の特殊学校は、1760年イギリスで開設された**聴覚障害者（a person with hearing loss or hearing difficulties）**のための学校や、1784年開設のパリの国立青年盲学院などとされる。我が国では1878年、京都盲唖院の設立に始まり、第二次世界大戦後の1947年に**教育基本法（the Basic Act on Education）**と**学校教育法（the School Education Act）**が公布され、**盲学校（a school for the visually impaired）**、聾学校（※2007年よりともに「特別支援学校」となった）への就学が義務化された。

その後、2006年に国連で**障害者の権利に関する条約（Convention on the Rights of Persons with Disability）**が採択され、締約国は障害者を**包容するあらゆる段階の教育制度（inclusive education systems）**を確保することと定められた。2020年現在、182か国が批准または加盟している。

現在、特殊教育の対象となるのは、**肢体が不自由（orthopedically-impaired）**であったり、視覚・聴覚・**精神発達障害（intellectual developmental disorders）**のある（**アスペルガー症候群（Asperger's syndrome）**や**注意欠陥多動性障害（attention deficit hyperactivity disorder［ADHD］）**、**自閉症スペクトラム障害（autism spectrum disordr）**なども含む）児童・生徒だけでなく、広義には、通常の教育課程では必要な教育効果が認められないとして、前述のギフテッドや居住国の言語を習得していない外国人移民も含まれる。

国連の権利条約でも示されているように、現在の特殊教育は**インクルーシブ教育（inclusive education）**という枠組みで語られることが多いが、その実情は国によって異なる。これまでは、**特殊学校、特殊学級、通常の学級（a special school, a special class and a regular class）**のいずれかで行われてきたが、インクルーシブ教育ではすべての子どもが共に学ぶのである。イタリアのように特殊学校を廃止し**フル・インクルージョン政策（the full inclusion policy）**を採る国もあれば、ドイツやベルギーのように**特殊学校への就学比率が高い（a high rate of enrollment in special schools）**国もある。そしてイギリスやオーストラリア、アメリカ、日本は両者が混在し、多様なアプローチを採る国であると言える。

インクルージョンという概念は世界的に浸透しつつあるが、その実践には課題も多い。すべての子どもが共に学ぶ**授業のユニバーサルデザイン化（universal design for learning[UDL]）**は**教育の画一化（standardised [cookie-cutter] education）**をもたらすとも言われている。しかし、現在の教育システムには各児童・生徒に個々に対応できる**専門家（education specialists）**数、教員の増員、**クラスの少人数化（class size reduction）**・**療育機関（child care institutions）**や地域コミュニティーとの連携など、課題は多い。

これからの学校教育は、障害の有無にかかわらず、子どもたち**それぞれの個性の違いを認めつつ（respect and accept each other's differences）**、彼らすべてが生き生きと活躍できる**共生社会（an inclusive society）**の基礎づくりを担うものでなくてはならない。「**国家百年の大計（a plan for the long-term future of the nation）**」と言われる教育の在り方は未来の幸福な社会に直結する。

【世界の教育クイズ】

1. 教育先進国である北欧4国（デンマーク、フィンランド、ノルウェー、スウェーデン）の教育費における私的支出（初等教育から高等教育まで）の割合は？　**答え**：いずれの国も5％以下。

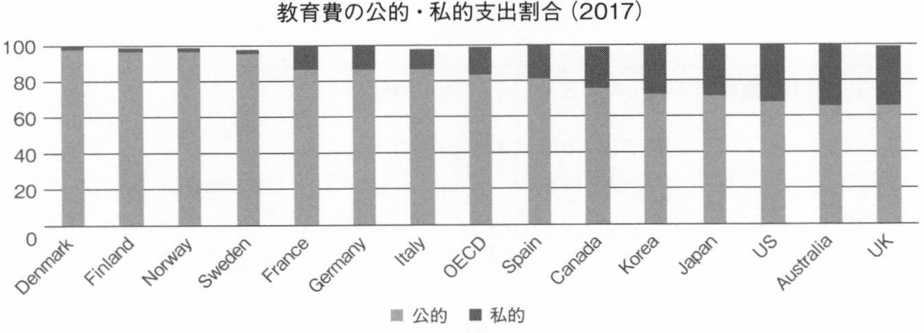

2. 授業時間外にデジタル教材等を用いて知識習得を済ませ、教室ではその確認や問題解決学習を行う授業形態を何と言うか。

答え：反転授業（flipped classroom）。これにより、児童・生徒は個々のペースで学習を進め、教室では活発なディスカッションや**グループ学習（group study）**が可能になる。現在、世界中で各種教育機関から無料の**オンライン教材（free online materials）**が提供されており、アメリカでは非営利組織**カーンアカデミー（Khan Academy）**の教材が小中学校で活用されている。

3. 子どもの自立性ややり抜く力を養うことを目的とした、20世紀初頭にイタリアの心理学者によって開発された教育法は？

答え：モンテッソーリ教育（the Montessori method）。イギリス王室をはじめとする世界の著名人にもこの教育機関出身者が多い。同時期にオーストリアの哲学博士ルドルフ・シュタイナーによって開発されたのが**シュタイナー教育（Steiner education）**で、自由な人間の育成を主眼としており、モンテッソーリ教育と並んで特に幼児教育の分野で注目を集めている。

このような教育法は、いずれも教育者と児童・生徒が直接関わりを持つことを前提としているが、コロナウイルスの蔓延がそれを不可能にし、子どもの精神発達面に大きな影響を与えている。TIME誌（Apr. 12/19, 2021）では**コロナ禍により学校や自分の好きなものへの情熱を失った（This pandemic has really killed my ambition for school and other stuff I had a passion for）**という生徒の声を取り上げ、**対面授業（face-to-face teaching）**やキャンパスライフの意義、児童・生徒の精神面での負担についてさらなる配慮が必要であると指摘している。

発信力UP重要表現をマスター！「教育一般」

- □ 高校の卒業証書　**a high school diploma**
- □ 高等学校卒業程度認定試験（高認）　**Certificate for Students Achieving the Proficiency Level of Upper Secondary School Graduates**
- □ プロジェクト取り組み型授業　**project-based learning**（「問題解決型授業」は**problem-based learning**（課題に取り組み、問題解決方法を学ぶ学習））
- □ 体験発見型教育　**heuristic education**
- □ ゆとり教育　**more relaxed and flexible liberal education**
- □ 英才教育　**special education for the gifted**（「飛び級」は**grade-skipping**）

□ 優等生 **an honor student**（「優等で卒業した人」は **cum laude**）
□ 課外活動 **extracurricular activities**
□ 画一的な教育 **standardized education**（「画一的な学校教育」は **uniform school education**）
□ 学級崩壊 **classroom disruption [chaos]**
□ 学校制服着用の義務化 **mandatory school uniform**
□ 丸暗記 **rote memorization**
□ 詰め込み教育 **cramming education**（「一夜漬け」は **overnight cramming**）
□ 講義形式のクラス **a lecture-oriented class**（「講義・暗記式教育」は **lecture-and-rote-memorization-oriented classes**）
□ 義務教育 **compulsory education**
□ 教育委員会 **the board of education**
□ 個性と創造性を損なわせる **stifle individuality and creativity**
□ 試験中心の教育 **an exam-centric education**
□ 集団の和を重んじる社会 **group-harmony-oriented society**
□ 選択方式試験 **a multiple-choice exam**（「○×式問題」は **true-false questions**）
□ 代用教員 **a substitute teacher**（「教員免許状」は **a teaching certificate**）
□ 単位制高校 **a credit-system high school**（「全寮制の学校」は **a boarding school**）
男女共学 **co-education**（「女子校」は **all-girl school [girls' school]**）
□ 中高一貫教育 **unified lower and upper secondary school education**
□ 追試験 **a make-up test [retake, make-up exam]**
□ 適性テスト **an aptitude test**（「クラス分けテスト」は **placement test**）
□ 特別認可校 **a charter school**（保護者や教師が認可を受けて公費で運営する）
□ 発散的思考 **divergent thinking**
□ 飛び級の生徒 **grade-skippers**
□ 必修科目 **required courses** ⇔ 選択科目 **elective courses**
□ 補習 **remedial education**
□ 野外研究 **a field study**（「実習コース」は **laboratory course**）
□ 履修単位の互換性 **credit reciprocity**
□ 外国語嫌い **a linguistic xenophobia**
□ 共通語、通商語 **lingua franca**
□ 異文化コミュニケーション **intercultural [cross-cultural] communication**
□ 英語運用力 **a command of English / English proficiency**
□ 即興のスピーチ **an impromptu [offhand] speech**

6 ジェンダーギャップの正体（The Truth about Gender Discrimination）

■ジェンダー間に見る格差の正体とは!?

ジェンダー（性差：gender）とは、生物学的な**性別（sex）**に対して、社会的・文化的な性別をいう。世界的に**男女平等（gender equality）**が叫ばれる一方で、今なお地域の価値観や伝統による**ジェンダーによる差別や偏見が根強い（deep-rooted gender bias and discrimination）**。ここでは、世界のジェンダー問題を4つに分類して述べていくことにしたい。

1．女子への性暴力・虐待の実態

世界の人身売買の7割以上が女性で、**性的搾取（sexual exploitation）**、**強制労働（forced labor）**、**臓器売買（organ trafficking）**などが主な目的である。また、**偽装結婚（fake marriage）**、**強制結婚（forced marriage）**などもあり、さらに、15～19歳の女子の20人に1人が**レイプ被害を受け（rape victims）**、特に貧困や児童結婚が多い地域、女性の身分が低い地域で多発している（2016年ユニセフ調査）。

性的虐待の中でも、アフリカを中心に2億人以上の女児を対象に行われる**女性器切除（female genital mutilation）**は、とりわけ深刻な問題だ。これは、宗教上の伝統として2500年以上続く**成人儀礼の割礼（adult ritual circumcision）**にあたるものだが、女性器切除によって、**感染症や出血による死亡（death from infection or bleeding）**の可能性がある。すでに、ケニア（2001年）、エチオピア（2004年）、エジプト（2008年）、ウガンダ（2010年）をはじめ20か国以上で廃止されているが、今なお、ソマリア、マリ、カメルーンなど多くの国では女性器切除を禁止する法律もなく広範囲に行われている。

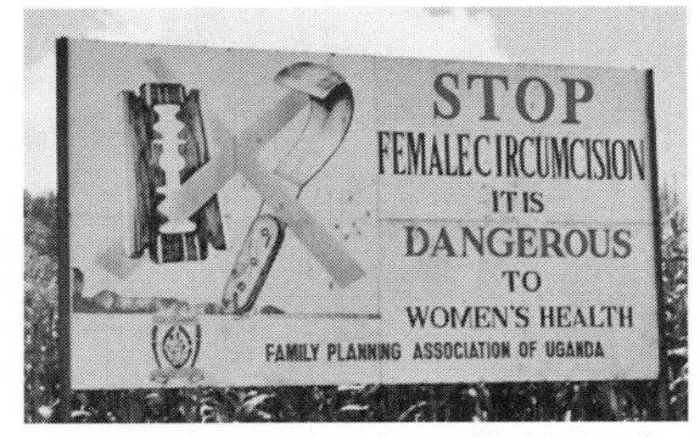

女性器切除禁止を訴える路上の看板（ウガンダ）

2. 児童婚の現状

児童婚（child marriage）（18歳未満の結婚）もジェンダー差別の典型である。ユニセフ（2019年）によると、世界で約6億5000万人の女子（年間推定1200万人）が児童婚をしている。地域的には、**南アジア（South Asia）**が40％以上（2億8500万人）と最も多く、次に高いのは**サハラ以南のアフリカ（sub-Saharan Africa）**（1億1500万人、18％）である。児童婚の最大の原因は貧困で、**教育・就労の機会が奪われ（loss of educational and job opportunities）**、**家庭内暴力（domestic violence）**、**若年出産による死亡（death due to young childbirth）**など様々なリスクが発生する。

一方、世界の児童婚は過去10年間で15％減少した、というポジティブな兆しもあり、これは**女子の就学率アップ（an increase in female school enrollment rate）**、**政府による青少年女性支援（the government's support for young women）**、**メディアの児童婚反対キャンペーン（media campaigns against child marriage）**などによるものである。特に南アジアでは、インドにおける児童婚の大幅減少によって、この10年で約4割減少したが、アフリカでは人口が大幅に増加し続けているため、2050年までに2倍以上（2015年比）になるといわれている。

児童婚は**高所得国（wealthy countries）**でも起こっており、2017年現在EUでは、結婚最低年齢が18歳と規定されている国は4か国だけで、アメリカではほとんどの州で**合法（legal）**、半数の州では**婚姻最低年齢（the minimum age for marriage）**さえ定められていない。**持続可能な開発目標（Sustainable Development Goals [SDGs]）**の1つである「2030年までに児童婚根絶」には程遠い。

3. 雇用・賃金格差の現状

男女の雇用・賃金格差（employment and wage gaps between men and women）も世界的な問題だ。**国際労働機関（the International Labor Organization [ILO]）**の調査によると、世界の女性の収入は男性の約8割で、**賃金の完全平等（perfect wage equality）**を達成している国は皆無であるが、この男女賃金格差は全世界的には縮小傾向にある。OECD（2019）によると、フランスやスウェーデンの男女格差は10％前後で最も少なく、アメリカやイギリスでは20％以下である。日本は、1990年の4割以上から2019年には23.5％まで低下したものの、賃金平等と言える日はまだ遠い。これらの格差は、女性の**教育や職業訓練の機会が限られ（limited opportunities for education and vocational training）**、**家事・育児・介護のために断続的な就業パターン（intermittent employment patterns due to housework, childcare, and nursing care）**があるためである。また、女性は賃金や社会的地位が低い分野に就業し、**家庭内労働が長く（long domestic work）**、**有償労働時間が短く（short paid work hours）**なりがちである。

世界各国の**ジェンダー先進国（gender-developed countries）**を見てみよう。まず、「**世界ジェンダー・ギャップ指数（the Global Gender Gap Index）**」（2020年）で**11年連続首位（ranking first for 11 consecutive years）**のアイスランドは、現在の首相を含めて過去50年間で女性の首相は3人おり、計21.9年間の在職期間と断トツだ。**国会議員の女性比率（the ratio of female parliament members）**は38.1％（日本は10.1％）、**企業の役員（corporate executives）**の女性比率も41.5％（日本は14.8％）と高く、法律で男女比率を一定以上に定める「**クォータ制度（the quota system）**」で「最低4割」を義務付けたことが功を奏している。さらに、男性の**育休取得率（paternity leave rate）**はなんと85％である（日本は6.2％）。これは、法律により9か月の育休期間のうち、3か月は母親、3か月は父親が取得し、残り3か月は両親のどちらでも取得可と定める政策を2000年に導入した成果だ。

一方、アフリカのジェンダー先進国はルワンダである。「世界ジェンダー・ギャップ指数」9位の同国では、女性議員の割合が61.3％と、世界第1位（2018年）で、**女性閣僚の割合（the ratio of female ministers）**は約48％で、**下院議長（the Speaker of the House）**の要職は女性で占められている。外国企業を呼び込むためのイメージ戦略の色合いが強いという声もあるが、アフリカのジェンダー先進国のトップであることは間違いない。

4．教育格差の現状

世界レベルでは、教育における**ジェンダーギャップ（gender gaps）**はこの数十年で大幅に改善していると言える。**世界経済フォーラム（World**

Economic Forum［WEF］）が2006年から毎年発行しているレポートによると2020年、**教育水準（educational standard）**の点では対象となる153か国中35の国で**男女平等（gender equality）**が達成されている（日本はスコア0.983で91位）。ほとんどの国で女性の大学進学率が男性を上回っている一方で、我が国では**大学や大学院に進学する女性の割合が低い（women's low college and graduate school entrance rate）**。

G7参加国で比較すると、**日本の出生時の男女比（sex ratio at birth）**や**識字率（literacy rate）**、**初等教育就学（enrollment in primary education）**ではいずれも1位であるものの、**政治家・経営管理職（legislators, senior officials and managers）**、**高等教育就学（enrollment in tertiary education）**、**国会議員の女性比率（the percentage of women in Diet members）**は参加国全体で見ても100位以下である。

ジェンダーギャップのランキング下位であるということは、その国の女性はいくら高度な教育を受けたとしても、それを経済活動や**政治的発言力（political voice）**に生かせていないことを意味する。我が国ではこれに加えて、社会的な**性的役割（gender roles）**に対する**固定観念（a stereotype）**などからくる**ambition gaps**が大きく影響している。男性が一家の**大黒柱（a breadwinner）**となり、女性は**家事や育児、介護（housekeeping, child-rearing, and nursing care）**をするという考えは女性の中にも根強く、管理職になることで過度のストレスを受けたり、**ワークライフバランス（a work-life balance）**が崩れることを嫌う声は多い。

また、政府が2003年に設定した「2020年に女性管理職比率30％」の目標も「2020年代できるだけ早期に」延長された。**管理職を目指す女性の割合（the percentage of women seeking advancement to managerial posts）**はいまだ2割を超えないが、**キャリア志向の女性（career-minded women）**は多くなってきている。特に、**副業や兼業（second jobs and**

side jobs）、**テレワーク（telework）**を推進している職場では、女性の管理職志向は高い。また、**女性の起業（women entrepreneurship）**に関しては、必要な**資本へのアクセスが限定的である（limited access to finance）**ことが問題視されている。

一方で、たとえ専門的な技術を要する職に就いたとしても、**それを十分に生かせていない職種（occupations where women with required skills are under-utilized）**が存在しているとも指摘されている。女性が、**意思決定を下す立場にある政治家や事業経営者（politicians and business executives with decision-making power）**といった職種を積極的に志向し、ハイテク産業などこれまで**男性優位であった業界（male-dominated industries）**でも活躍するには、働き方に対する社会構造や意識の変革が必要で、教育が担う役割は極めて大きい。

■ ジェンダー差別の主な原因とは？

ジェンダーによる差別は、宗教的要因が色濃く影響している。**イスラム社会（Islamic society）**では、伝統的に**一夫多妻制（polygamy）**や**男性後見（male guardianship）**に代表される**男性優位社会（a male-dominated society）**で、女性への暴力が容認される傾向にあり、女性の行動は制限され、経済自立が難しくなっている。また、インドでは花嫁の実家が花婿に持参金や**家財道具（household items）**を送るというヒンドゥー教起源の「**ダウリー制度（the dowry system in India）**」がある。この制度は1961年以降廃止されたが、今なお地方には色濃く残り、**女子は負債、男子は一家の宝（girls are debt, and boys are treasure for family）**という伝統的な考えのもと、**持参金（dowry）**を払えない場合、花嫁に嫌がらせをし、自殺に追い込むような悲惨な事件が多発している。

また、「**家事（household chores）**＝女性の仕事」と考える国が多く、それが**女性の社会進出（women's empowerment）**を妨げる要因ともなっている。とりわけ貧しい国では、水の運搬、食事作り、子どもの世話などの家事に女性はほとんどの時間を費やし、教育・職業訓練・就労時間が取れずにいる。また、**共働き（double-income family）**の多い先進国でも、女性は男性の2.5倍の時間を家事にあてており、それが世界の**多くの女性の足かせ（a hindrance to many women）**となっている。

ジェンダー問題アーギュメント力 UP！①

Should society be governed by female leaders, not male leaders? （社会は男性の指導者ではなく女性の指導者によって統治されるべきか？）	
Pros（賛成側の主張）	
1. 女性の政治指導者は、世界の平和と安定により貢献する。	Female political leaders contribute more to global peace and stability.
2. 女性指導者は、社会で非常に必要とされている男女平等を推進する。	Female leaders will promote much needed gender equality in society.
3. 女性リーダーは、ますます重要になる環境保護により貢献する。	Female leaders contribute more to increasingly important environmental protection.

■コラム■

LGBT 受け入れの現状はいかに!?

現代の**性差別（sexual discrimination）**と言えば、女性差別だけではなく、**LGBT（lesbian, gay, bisexual（両性愛者）、transgender（心と体の性が一致しない）**差別の問題が重要で、それを含めた**gender equality（性の平等）**、**gender liberation（性の解放）**、**gender empowerment（性平等社会進出）**問題はますます重要性を増している。LGBTの歴史を振り返ると、まず17～18世紀に欧米で**同性交渉（same-sex sexual behavior）**や**異性の服の着用（cross-dressing）**が禁止され、**キリスト教による弾圧（oppression by the Roman Catholic Church）**を受けた。

時代は進み、1969～1974年には**the Gay Liberation movement（同性愛者権利拡張運動）**が起こったが、80年代になると**AIDSの蔓延（the epidemic of HIV）**から、同性愛をその**温床（a breeding ground）**と見なす風潮が横行した。しかし、1988年頃から**運動家（activists）**が立ち上がり、90年代には**LGBT権利拡張運動（the LGBT rights movement）**が勢いを増した。

現在、**同性婚（same-sex marriage）**および**登録パートナーシップ（registered partnership）**など、同性カップルの権利を保障する制度を持つ国・地域は世界中の約20%である。オランダは2001年4月、世界で初めて同性婚を合法化した国であり、フランスは2013年、**同性婚とその養子縁組（adoption by same-sex parents）**を合法化した。イギリスは2014年、同性婚を可決し、2019年には同性カップルに対しても**civil partnership（法的に承認されたパートナーシップ関係）**を認めた。

スペインは、トランスジェンダーが第67回ミスユニバース（2018年）に史上初の国の代表として選出されたという、公的サポート1位の国である。

アメリカは2015年、全土で合法化し、その**経済効果（economic benefits）**は38億ドル、4万5000人もの雇用を生み出したと言われている。アルゼンチンは、**トランスジェンダー天国（a transgender paradise）**で、医療による治療や、**性転換手術（sex change operations）**をしなくても、自分の性を変更することができ、変更した場合、その人自身が望めば、医療による治療や性転換手術のバックアップ（国民の税金からなされる）もある。さらにパスポートにおいて、女性はF、男性はM、不特定はXと表示できる**ジェンダーニュートラル（gender-neutral）**の国はオーストリア、オーストラリア、カナダ、デンマーク、ドイツ、インド、ネパール、ニュージーランド、パキスタンなどである。

アジアでは台湾が2019年5月、世界で26番目に合法化した。世界150か国のLGBTQ＋観光客に対する危険度/安全ランキング（ファーガソン）では、日本は、同性婚法やLGBT差別禁止法が整備されていないため、台湾、ネパール、モンゴルより安全度が低く、世界で73位となっている。しかし、日本でも2004年には、性適合手術後に法的な性別の変更を認可する「**性同一性障害特例法（the Act on Special Cases in Handling Gender Status for Persons with Gender Identity Disorder）**」が制定され、2015年には、東京都渋谷区で同区在住の20歳以上の同性カップルに婚姻関係を認める**同性パートナー条例（the Same-sex Partner Ordinance）**が成立。2016年には大阪市で、30代と40代の男性カップルを東アジア初の**養育里親（foster parents）**として認定するなどのポジティブな動きも見られている。

ジェンダー問題アーギュメント力 UP！②

Should gay marriage be legally accepted? **（同性結婚は法制化するべきか？）**	
Pros（賛成側の主張）	
1. 同性婚により養子の数が増え、恵まれない孤児のためになる。	Gay marriage can increase the number of child adoptions, which is highly beneficial to underprivileged orphans.
2. 同性婚法制化は、同性カップル間の長く共に歩む責任と家族の価値を促し、社会の安定化につながる。	Legalization of gay marriage encourages commitment to long-term relationships and family values among gay couples, thus stabilizing the society.

3. 同性カップルも異性カップルと同様に、結婚と結婚にともなう優遇措置を受ける権利を持つべきだ。	Gay couples should have the same rights as heterosexual couples, including the right to marriage and marriage benefits.
Cons（反対側の主張）	
1. 同性婚の法制化により、同性カップルに社会的な優遇措置が与えられ、納税者の経済負担が増える。	Legalization of gay marriage, which provides gay couples with social benefits, would make an additional financial burden on taxpayers.
2. 同性婚の法制化はゲイの関係を助長し、出生率の低下につながる。	Legalization of gay marriage encourages homosexual relationship, thus leading to a decline in birthrate.
3. 同性婚の法制化で、子どもは男女の役割を混乱し、伝統的な家族の価値観が損なわれる。	Legalization of gay marriage will cause confusion among children about gender roles, and undermine traditional family values.

意識調査によると、夫婦別姓賛成派は63％、反対派は26％で、女性は家事に向いているかという質問に対しては、肯定は31％、否定は54％となっている。また、女性の職場での差別の有無に関しては、肯定が64％、否定が28％、女性の社会進出による社会の向上については、肯定が54％、否定が32％であった。

第9章

世界の医療

Medical Issues in the World

1 感染症の脅威とは!?（The Threat of Infectious Diseases）

新型コロナウイルス（SARS-CoV-2）の感染によって引き起こされた**新型コロナウイルス感染症（COVID-19）の世界的流行（pandemic）**は、2019年末から始まり、中国、スペイン、イタリア、アメリカなどで拡散し、その感染拡大を阻止する過程で世界の**社会経済構造（socioeconomic structure）**が激変し、2020年の世界全体の債務は、GDP比355％の281兆ドルになった。

新型コロナのワクチン接種会場

実際、**反グローバリズムや反民主主義的な傾向（an anti-globalist and undemocratic tendency）**に走り、**ロックダウン（lockdowns）**や**入国制限（immigration restrictions）**、オリンピック延期・縮小などにより、外食、**観光（sightseeing）**、レジャー、**興行（showbusiness）**、**公共交通（public transportation）**などは壊滅的な打撃を受け、**巣ごもり（social withdrawal）**の状況は実体経済を着実に蝕んだ。しかし、テレワークや**都会から地方への移住（moving from urban areas to rural areas）**、社会生活のオンライン化が進み、いわゆる「**ニューノーマル（new normal：人間活動の新たな状態）**」への適応が始まっている。NASAによれば、中国東部と中部の**工業地帯（industrial districts）**では**CO_2の濃度が3割減少（a 30％ reduction in CO_2 concentration）**し、エコフレンドリーの世の中になったという。

新型コロナウイルス感染症をはじめ、様々な**感染症（infections）**を引き起こす**病原体（pathogens）**には、**ウイルス（virus）**、**細菌（bacteria）**、**原虫（protozoa）**などがある。ウイルス感染症には、COVID-19、重症化することが少ないインフルエンザ、**デング熱（dengue fever）**、**ノロウイルス感染症（norovirus infection）**、**麻疹（measles）**などがある。細菌感染症には、重症化する危険性は高くないが集団発生を起こしやすい経口感染症の**赤痢（dysentery）**、**コレラ（cholera）**、**腸チフス（typhoid fever）**などがあり、原虫感染症には**マラリア（malaria）**がある。そして、赤痢、コレラ、腸チフス菌などは**腸や便（intestines and feces）**の中に、新型コロナウイルス*、結核菌*、インフルエンザウイルスは**呼吸器（respiratory organs）**に、マラリア原虫は**血液（blood）**中にいる。（＊新型コロナウイルスは血中にも、結核は全身にも移行）

ところで、強毒性の「コロナ3兄弟」と呼ばれるものがある。すなわち、①2002年11月に爆発的に感染を広げ、5大陸の33か国・地域で8439人の感染者と812人の死者を出し、2003年7月に収束した「**重症急性呼吸器症候群（SARS[severe acute respiratory syndrome]）**」、②2012年9月、サウジアラビアなどの中東地域に居住、あるいは渡航歴のある人の間で**集団感染（group infection）**し、中東諸国を含む27か国で2494人の感染者が報告された（858人が死亡）「**中東呼吸器症候群（Middle East Respiratory Syndrome [MERS]）**」、そして③2019年発生の**新型コロナウイルス（novel coronavirus）**である。自然界には未知のウイルスが170万種存在し、その約5割が人間に有害となり得ると言われているが、近い将来に「新々型コロナウイルス」が出現する可能性は高い。

医学問題アーギュメント力 UP！

Agree or disagree: Infectious diseases will become a bigger problem in the coming decades （感染症は今後数十年でより大きな問題になるか？）	
Pros（賛成側の主張）	
1. 世界人口の増加は、感染症の蔓延を悪化させている。	A growing global population is exacerbating the spread of infectious diseases.
2. 世界規模での移動の増加は、発生を追跡し、感染症の蔓延を食い止めることをより困難にしている。	Increasing global mobility is causing more difficulty in tracking the outbreak and in stemming the spread of infectious diseases.
3. 地球温暖化は、病気を運ぶ動物や昆虫の範囲を拡大している。	Global warming is expanding the range of disease-carrying animals and insects.

発信力 UP 重要表現をマスター！「医療」①

□ 新型コロナウイルス **novel coronavirus**

□ コロナウイルスの変異株 **variants of the coronavirus**

□ 集団感染の発生場所 **cluster**

□ 集団免疫 **herd immunity**（人口の一定割合以上が免疫を持つと、感染患者が出ても 他の人に感染しにくくなること）

□ マスク着用の義務付け **mask mandate**

□ 3密 **3Cs（closed space, crowded place, close contact）**

□ ウイルス感染 **viral infection**（「空気感染」は **airborne infection**）

□ 感染経路 **infection routes**

□ 飛沫感染 **a droplet infection**

□ 病原体 **pathogen**

□ 医療崩壊 **healthcare collapse**

□ 医療の逼迫、逼迫する医療制度 **overburdened medical care system**

□ 遺伝性疾患 **hereditary disease/genetic disorders**（「先天性疾患」は **congenital disease**、「慢性疾患」は **chronic disease**）

□ 生活習慣病 **lifestyle-related diseases**

□ 肥満に起因する病気 **obesity-related diseases**

□ 心臓病 **cardiac diseases**（「心停止」は **a cardiac arrest**）

□ 狭心症 **angina pectoris**

□ 心的外傷後ストレス障害 **PTSD (post-traumatic stress disorder)**

□ 神経症 **neurosis**（「ノイローゼ」は **a nervous breakdown**）

□ 自閉症 **autism**

□ 自律神経失調症 **autonomic imbalance**

□ 注意欠陥・多動性障害 **ADHD (attention deficit hyperactivity disorder)**

□ 神経性無食欲症 **anorexia nervosa**（「過食症」は **bulimia**）

□ 統合失調症 **schizophrenia**（「幻聴」は **auditory hallucinations**、「多重人格」は **multiple [split] personality**）

□ 不眠症 **insomnia**（「うつに関連する不眠」は **depression-associated insomnia**、「過眠症」は **hypersomnia**、「睡眠時無呼吸症候群」は **sleep apnea syndrome**）

□ うつ病 **depression**

□ 抗うつ剤 **antidepressant**

2 細菌と抗生物質（Microbiota and Antibiotics）

ヒトの体は**非常に多くの細菌と共存している（contains countless bacteria）**。**皮膚（skin）**、**歯垢（dental plaque）**、**唾液（saliva）**、**胃（stomach）**、**小腸（small intestine）**、**大腸（colon）**におびただしい数の細菌が存在して**常在菌叢（normal bacterial flora）**を形成しているのだ。ヒトの体を構成する細胞は約30兆個であるが、ヒト常在細菌の種類は1000種類以上、数はなんと100兆個にもなる。**ヒト遺伝子（human genes）**の総数が2万数千個に対し、常在細菌の遺伝子総数は300万個で、実にヒト遺伝子の100倍以上の細菌遺伝子が私たちの体内で常時発現しているのだ。このように細菌とヒトという、**分類学上異なる生き物（taxonomically different organisms）**が1つの集団として存在しているため、個々の人間はヒトの細胞と常在細菌からなる**キメラ（chimera）**のような存在であり、それを**超個体（superorganism）**と呼ぶ概念がある。

■ 人体に重要な役割を果たす腸内細菌とは!?

ヒトの腸内には1000種類、100兆個、総重量数キログラムの**腸内細菌（intestinal bacteria）**が生息し、ヒトが持つ最大の**細菌叢（microbiota：定着している細菌）**である**腸内細菌叢（gut microbiota）**を構成している。腸内細菌は、**生体の恒常性維持に非常に重要（essential for maintenance of the body's homeostasis）**で、いわゆる**善玉菌（good bacteria）**と呼ばれる**乳酸菌（lactic acid bacteria）**や**ビフィズス菌（bifidobacterium）**が作り出す**乳酸（lactic acid）**や**酢酸（acetic acid）**は、酸性環境の苦手な**悪玉菌（bad bacteria）を減少させる**。

また腸内細菌はヒトが消化できない**食物繊維を分解して短鎖脂肪酸を産生する（dissolve dietary fibers and synthesize short-chain fatty acids）**。この短鎖脂肪酸はヒトのエネルギー源として利用されるとともに**免疫・代謝システムに欠かせない物質（an essential substance of the immune and metabolic system）**として働き、また腎臓や肝臓の機能に影響を及ぼしている。これら多彩な働きから腸内細菌叢は「**もう1つの臓器（another organ）**」とも呼ばれている。

■コラム■

> **脳腸相関（brain-gut axis）とは!?**
> 脳は腸と**迷走神経（vagus nerve）**やホルモンを介して相互に影響しており、これを脳腸相関と呼ぶ。ストレスによる腸の症状を引き起こす**過敏性腸症候群（irritable bowel syndrome）**は腸脳相関の一例だ。また腸内細菌叢が関連していると考えられる精神・神経疾患として、**自閉症スペクトラム障害（autism spectrum disorder）**、睡眠障害、**パーキンソン病（Parkinson's disease）**、**アルツハイマー病（Alzheimer's disease）**、**多発性硬化症（multiple sclerosis）**などがある。

このように人体に大切な役割を果たしている腸内細菌叢であるが、各人によってその特徴は異なる。様々な種類の細菌がバランスよく存在している状態は**頑健性（robustness）**が高く病気になりにくく、反対に病気にかかるとその**多様性（diversity）**が低下するのだ。腸内細菌叢のバランスを変化させる要因には次のようなものがある。

善玉菌（good bacteria）が増える要因	悪玉菌（bad bacteria）が増える要因
食物繊維（dietary fiber） **植物性タンパク質（plant protein）** **母乳（breast milk）** **地中海食（Mediterranean diet）** **日本食（Japanese food）** **野菜、果物（vegetables and fruits）** **運動習慣（regular exercise）** **概日リズム（circadian rhythm）維持**	**高脂肪食（high-fat diet）** **動物性タンパク質（animal protein）** **糖分、塩分（salt and sugar）** **ストレス、喫煙（stress and smoking）** **西洋食（Western food）** **食品添加物（food additive）** **人工甘味料（artificial sweetener）** **抗生物質（antibiotics）**

腸内細菌叢のバランス異常（dysbiosis）は、消化器疾患だけでなく、肥満、**糖尿病（diabetes）**、**大腸がん（colon cancer）**、**肝がん（hepatoma）**、**自己免疫疾患（autoimmune disease）**、**心血管疾患（cardiovascular disease）**、**アレルギー疾患（allergic diseases）**などの**病態（pathology）**につながる。そこで、疾患予防および健康な腸内細菌叢の維持のために、腸内細菌叢を標的にした医薬品開発が進められてきている。

例えば、**乳酸菌（lactic acid bacteria）**や**ビフィズス菌（bifidobacterium）**のような**プロバイオティクス（probiotics）**は、「**腸内細菌叢のバランス改善によって宿主の健康を改善する微生物（living microorganisms that improve the host's health by enhancing the balance of the gut microbiota）**」と言われ、**オリゴ糖（oligosaccharide）**や**食物繊維（dietary fiber）**のような**プレバイオティクス（prebiotics）**は、「**宿主の微生物によって選択的に利用され、健康上の利益をもたらす基質（a substrate selected by host microorganisms to provide health benefits）**」と言われている。

また近年、**副作用の少ない細菌学的治療（a bacteriological treatment with few side effects）**として注目されているのが、健康な人の便から抽出した腸内微生物を移植する**便移植療法（fecal microbiota transplantation[FMT]）**だ。この方法は、抗菌剤の服用によってある種の菌が異常に増えて起こる大腸での感染・炎症である**偽膜性大腸炎（pseudomembranous colitis）**に対して、非常に高い成果を示したことが2013年、世界的に権威のある***New England Journal of Medicine*** [***NEJM***] で報告された。

欧米でこの治療法が広く実施されており、アメリカやオランダや中国では健常者の便を集めた糞便バンクが設立され、患者に供給できる体制が整っていて、日本でも先進医療として進行している。FMTは**潰瘍性大腸炎（ulcerative colitis）**の効果的な治療法になりつつあり、**炎症性腸疾患（inflammatory bowel diseases）**、糖尿病、メタボリックシンドロームなど**代謝性疾患（metabolic diseases）**においても**臨床研究（clinical study）**が行われている。

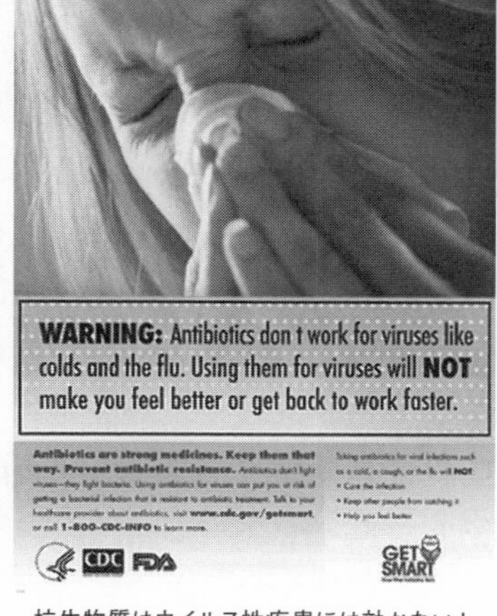

WARNING: Antibiotics don t work for viruses like colds and the flu. Using them for viruses will NOT make you feel better or get back to work faster.
CDC
FDA
GET SMART

抗生物質はウイルス性疾患には効かない！
（米疾病管理予防センターのポスター）

ヒトの健康を保ち、疾患を制御する腸内細菌は近い将来、疾患の有無や進行状態を示す目安となる**バイオマーカー（biomarkers）**として活用され、これを応用した**個別化医療や健康管理（personalized medicine and healthcare）**が開発されるだろう。

それによって**有効な薬剤やサプリメントの選択（effective choice of medicines and supplements）**ができ、**排泄物の分析（feces analysis）**で健康情報を個人に提供できるようになるかもしれない。腸内細菌研究は今後ますます発展し、私たちの健康増進に貢献するだろう。

■ 平均寿命を伸ばした驚異の抗生物質！

1900年、**世界の平均寿命（world's average lifespan）**は30歳だったが、2005年には66歳を超えた。わずか100年余りで2倍になったのである。寿命の延びは1940年代以降の**抗生物質の開発と普及（development and dissemination of antibiotics）**によるところが大きい。1943年にペニシリンの量産が可能となって以来、抗生物質の実用化は**医療の現場を劇的に変化させ（revolutionized medical practices）**、**致死率の高い感染症（infectious diseases with a high mortality rate）**を奇跡のように治癒し、外科手術を非常に安全なものにした。

■ 抗生物質のジレンマとは!?

抗生物質は感染症治療には不可欠ではあるが、**過剰使用（excessive use）**による**耐性菌の蔓延（spread of antibiotic-resistant bacteria）**が世界的に深刻さを増している。**アメリカ疾病予防管理センター（the Centers for Disease Control and Prevention[CDC]）**や**欧州疾病予防管理センター（the European Centre for Disease Prevention and Control [ECDC]）**は、**適正使用を訴えるキャンペーン（"Get Smart" campaign）**を行っており、**世界保健機関（the World Health Organization [WHO]）**は2011年の世界保健デーのテーマを薬剤耐性菌対策とし、世界的な対策の必要性を強調した。国連によると、2050年までに**薬剤耐性菌感染症が原因で1000万人が死亡（10 million deaths from drug-resistant bacterial infections）**する危険性がある。

抗生物質は現在、ヒトだけでなく家畜に大量に投与されている。動物の**成長促進効果（growth-promoting effects）**があることが発見され、生産性向上目的で低用量の抗生物質が**飼料添加物（feed additive）**として広く使われるようになったからだ。現在アメリカで販売されている抗生物質の80％は家畜に投与されていると言われているが、家畜にも耐性菌は広がっている。そして食肉が**製造過程で家畜の持つ耐性菌に汚染され（contaminated with resistant bacteria during the manufacturing process）**、食事を介してヒトに感染することが報告されている。2006年、ヨーロッパでは成長促進目的での抗生物質の家畜投与は禁止されたが、日本とアメリカではいまだに使用が続けられている。

抗生物質の開発は耐性菌との**果てしないいたちごっこ（an everlasting cat-and-mouse game）**の様相を呈しているが、新規抗生物質の開発は製薬会社への投資不足のため先行き不透明である。結局、**抗生物質の恩恵を最大限に利用するにはその使用を必要最小限にする（minimize the use of antibiotics to maximize its benefits）**しかないのである。

■ 帝王切開と腸内細菌の継承とは!?

本来、**帝王切開（a Cesarean section）**は**経腟分娩が危険である母子を救うための医学的手段（a medical means to save mothers and children from the risk of vaginal delivery）**である。過去30年で帝王切開は3倍に増え、全出産件数に占める割合はアメリカ35％、韓国45％、ブラジルでは60％と高く、その理由は**苦痛を避けて出産したい妊婦（painless deliver-seeking women）**の希望と限られた医療資源から短時間出産を望む病院側の事情がマッチしたからだと言われている。

しかし生まれる子ども側から見ると帝王切開は良いことだけとは言えない。**無菌の子宮内で発育した胎児（a fetus growing in a sterile uterus）**は、**分娩時に母親の産道で初めて細菌にさらされて（exposed to bacteria for the first time in the birth canal during delivery）**母親からの細菌が移植されるが、帝王切開ではこのプロセスが起こらず、母親からの細菌叢は子に受け継がれない。これが将来的に子どもに**肥満（obesity）**や**喘息（asthma）**のリスクが上昇する要因だといわれているのだ。

また世界四大医学雑誌の1つ『**アメリカ医師会雑誌（*the Journal of the American Medical Association*[*JAMA*]）**』によると、2000万件以上の出産を分析した結果、**自閉症スペクトラム障害（an autism spectrum disorder）**と**注意欠陥多動性障害（an attention deficit hyperactivity disorder）**の発生頻度が帝王切開で出生した子どもに高く、出生時の**細菌叢形成の攪乱（perturbation of bacterial colonization）**

が原因として指摘されている。JAMA はまた、WHO 加盟194か国の帝王切開率を分析した結果、母子の危険率が最も少なくなるのは19％で、これ以上ではメリットが認められないと報告している。

医学問題アーギュメント力 UP！

Are people relying too much on medicines? （人々は薬に頼りすぎているか？）	
Pros（賛成側の主張）	
1. 人々は病気から早く回復するため薬を服用したり医師に相談したりする傾向がある。	People tend to take medicine or consult doctors for a quick recovery from their illnesses.
2. 医師は患者のために必要以上の薬を処方する傾向がある。	Doctors tend to prescribe more-than-necessary drugs for their patients.
3. 高齢者に有利な医療制度は、必要以上の治療を受けることを奨励している。	The healthcare system favorable to elderly people encourages them to receive more medical treatment than necessary.

発信力 UP 重要表現をマスター！「医療」②

- □ 心因性の病気 **psychosomatic diseases**（「心療内科」は **psychosomatic medicine**）
- □ 閉所恐怖症 **claustrophobia**（「高所恐怖症」は **acrophobia**）
- □ 骨粗鬆症 **osteoporosis**
- □ 貧血 **anemia**
- □ 白血病 **leukemia**
- □ 白内障 **cataract**（「緑内障」は **glaucoma**、「視神経」は **optic nerve**）
- □ 網膜はく離 **a detached retina**（「角膜」は **cornea**、「瞳孔」は **pupil**、「虹彩」は **iris**）
- □ 偏頭痛 **migraine**（「クモ膜下出血」は **subarachnoid hemorrhage**）
- □ 便秘 **constipation**
- □ 歯石 **plaque**（「総入れ歯」は **a full denture**）
- □ 痰 **phlegm**
- □ 打身 **bruise**
- □ 虫歯 **a dental cavity**、**a decayed tooth**
- □ 虫垂炎 **appendicitis**

□ 結核 **tuberculosis**（「心肺機能」は **cardiopulmonary functions**）
□ じんましん **hives、nettle rash**
□ 肝炎 **hepatitis**（「肝硬変」は **cirrhosis**）
□ けいれん **convulsion**（「禁断症状」は **withdrawal symptom**）
□ こぶ **bump、lump**（「まめ」は **blister**、「たこ」は **callus**）
□ つわり **morning sickness**
□ てんかん **epilepsy**（「てんかん発作」は **epileptic seizure**）
□ 摂食障害 **eating disorders**（「拒食症」**anorexia nervosa** や「過食症」**bulimia** を指す。「過食」は **overeating**、「食欲不振」は **appetite loss**）
□ 狂牛病 **bovine spongiform encephalopathy**（BSE）
□ 重症急性呼吸器症候群 **SARS（Severe Acute Respiratory Syndrome）**（2002-2003年流行のウイルス性の呼吸器疾患。動物起源で人獣共通の感染症とされる）
□ 中東呼吸器症候群 **MERS（Middle East Respiratory Syndrome）**（2012年に発見されたウイルス性呼吸器疾患。ラクダから異種間伝播で感染）
□ 異種間伝播 **cross-species transmission**（**host jump** ともいう）

3 終末期医療の実情（An End-of-Life Care）

85歳のA子さんは**物忘れ（a memory loss）**が気になり、病院で初期の**アルツハイマー病（Alzheimer's disease）**と診断さた。A子さんは自分の母親が認知症で、かわいそうな最期を看取った経験から、「認知症が進行して自分で判断できなくなれば**延命治療（a life-support treatment）**はせず、**肺炎（pneumonia）**になっても治療せず静かに死なせてほしい」と**事前指示書（an advance directive）**を書いた。2年後、病気は進行し、**身の回りの全てに介助が必要で（need full assistance in her daily life）**、会話も成り立たない状態になった。そしてある日、A子さんは肺炎を発症し、**頻呼吸（tachypnea）**と**高熱（a high fever）**で**苦悶の表情（an expression of agony）**を浮かべ食事もとれなくなった。しかし早いうちに**酸素吸入（oxygen inhalation）**と**抗生物質の点滴（antibiotic drip）**をすれば回復して元の穏やかな生活に戻れそうである。果たしてA子さんの治療はどうあるべきだろうか。

■ 終末期医療の原則とは!?

自律的で自活していることが理想とされるアメリカでは、1970年代に医療においても患者の**自己決定権（the right to self-determination）**を尊重する考えが普及し、終末期での意思をあらかじめ文書に記しておく**事前指示（advance directives）**、**リビングウィル（a living will）**の作成を推進する**社会運動（a social movement）**が盛んになった。一方日本では、2000年代初頭に延命治療をしていた患者から**人工呼吸器（respirator）**を外した医師が**殺人容疑（a murder charge）**で書類送検される事件が社会問題化した。そのため**厚生労働省（the Ministry of Health, Labour and Welfare）**は「終末期医療の決定プロセスに関するガイドライン」を作成し、これに基づいて**臨床の場（a clinical setting）**では本人の意思を尊重して繰り返し話し合い、医療・ケアチームで対応し、緩和ケアの充実に努める「**アドバンス・ケア・プランニング（advance care planning**

[ACP])」を実践することが推進されることとなった。

■コラム■

アドバンス・ケア・プランニング(advance care planning[ACP])
ACPは、人生の最後の過ごし方と受ける医療を計画し、それを家族や親しい人や医療担当者にあらかじめ伝え、環境や体調の変化によって話し合いを繰り返すことである。「人生会議」とも呼ばれ、リビングウィルや事前指示を含み、厚生労働省は医療者からの働きかけで現状に即した形で運用できるものを目指している。**超高齢化社会(super-aged society)**を迎えた日本では、終末期医療へのニーズが高まっており、ACPの普及が必要とされている。

■ 終末期治療にかかる莫大なコスト!

日本は「**世界一の寝たきり老人大国(a country with the world's largest bedridden elderly population)**」と言われ、**寝たきりの高齢者(bedridden elderly people)**が約200万人いると推定されている。欧米では、自力で生活できなくなると、周囲は**自然死(a natural death)**の方法を考え、口から食べられないのは人間ではないと見なし、人間を人工的に生かすための胃ろうなどは「**生命への冒とく(sacrilege against life)**」であり「**老人虐待(elderly abuse)**」ととらえている。しかし、日本では普通、栄養を補給するために**点滴(an intravenous drip)**を行い、しばしば**胃ろう(gastrostoma)**を施し(胃ろうをした寝たきりは「**要介護5(nursing care level 5)**」に認定されて、月々約36万円が**介護保険(nursing care insurance)**から支給される)、腎機能が落ちれば**人工透析(kidney dialysis)**を行ったり(月々約40万円かかる)、さらに**人工呼吸器(artificial respirators)**を取り付けて最期を伸ばすこともあり、**膨大な終末期治療費(prohibitive terminal care costs)**となってしまうのである。

こうした終末期治療に関しては最近、**人間の尊厳を損なう(degrade human dignity)**とともに、**費用がかかりすぎる(too costly)**という批判の声が高まっている。日本は**国民皆保険(universal healthcare coverage)**の国であり、75歳以上の場合、後期高齢者医療制度によって窓口医療費負担は1割(2022年から年収200万円以上は2割)で、これに高額な抗がん剤や特殊治療などが加わると**高額療養費制度(high medical**

expenses system）が適用され、大体1か月の上限が4万4400円となる。**1人当たりの医療費国庫負担額（per capita national medical expenses）**は、75歳以上になると65～74歳の約4倍、介護費は約10倍に跳ね上がる。

国の医療費は1990年から2000年までの10年で20兆円から30兆円へ増加し、2000年から2010年までにさらに7兆円増え、2010年から2020年までに5兆円増えて42兆円となった。しかも新型コロナ対策に2年間で5兆円当てている。国家の歳入約100兆円のうち**税収入（tax revenue）**が60兆円とすると、残りの40兆円は**国債発行（issuance of deficit-covering bonds）**で賄ういわゆる借金である。医療費約40兆円のうち、16兆円は税収入より、5兆円は患者負担、20兆円は国民の保険料支払いからなっている。医療費が増えると、税収入や保険料あるいは患者負担を増やさなければならないので、ますます**可処分所得（a disposable income）**が下がり国民の生活は苦しくなっていく。

■ 緩和ケアの実態

緩和ケアにおいては、がん患者が最も苦しむ疼痛をはじめとする様々な症状を軽減し、**生活の質の向上（enhancing the quality of life）**を目指した**全人的医療（holistic medicine）**が求められる。1986年にWHOが提唱した「がん疼痛治療ガイドライン」は世界中の国で実践され、今も疼痛緩和治療の基本である。**オピオイド（opioid）**を含む多様な治療によって、がんの苦痛はかなりの部分が緩和可能となったが、**治療抵抗性の苦痛（treatment-resistant pain）**に対しては**鎮静剤（sedation）**が使用されることもある。

がんの疼痛は**身体的苦痛（physical pain）**、**精神的苦痛（psychological pain）**、**社会的苦痛（social pain）**、**スピリチュアルな苦痛（spiritual pain）**が相互に影響しあい、**全人的苦痛（total pain）**となる。中でもスピリチュアルな苦痛の対処が最も難しいとされるが、**臨床宗教師（interfaith chaplain）**がこの役割を担い、**布教（propagation）**・**伝道（mission）**を目的とせずに相手の**価値観（values）**や**人生観（one's philosophy of life）**、**信仰（faith）**を尊重しながら、宗教者としての経験を生かして**患者の苦悩や悲嘆に寄り添う（empathize with the agony and sorrow of the patient）**。今後、スピリチュアルケアの重要性は増すと考えられている。

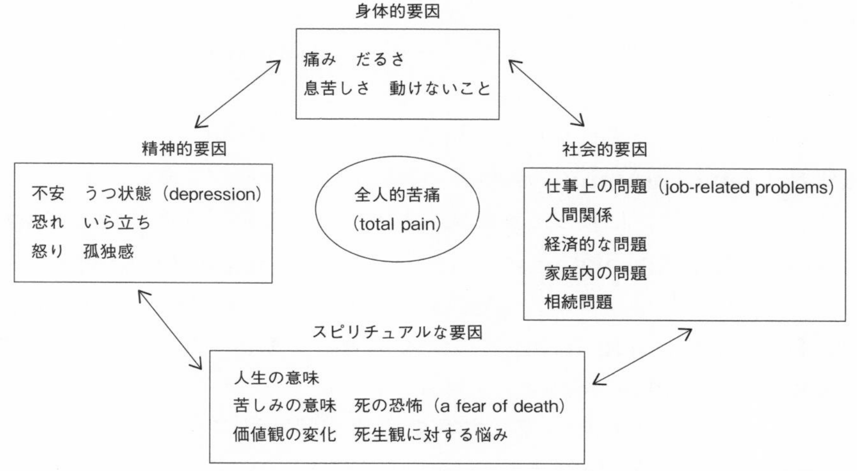

■ 安楽死の国別事情

1981年に、**世界医師会（the World Medical Association）**は、「**患者の権利に関するリスボン宣言（the Declaration of Lisbon on the Rights of the Patient）**」で「**尊厳を持って死ぬことは患者の権利（the right to death with dignity）**」と発表した。その後、欧米では、医師による**積極的安楽死（active euthanasia）**や**患者が医師に処方された致死薬を服用して自死する自殺幇助（physician-assisted suicide[PAS]）**を合法化する運動が盛んになった。

オランダでは2002年、世界で初めて**安楽死が合法化（legalization of euthanasia）**されると安楽死を選ぶ患者数は年ごとに増え、死因の5％を占めるまでになった。そしてベルギーは、**安楽死に最も寛容な国（the most tolerant country for euthanasia）**で、安楽死法に対象の年齢制限がなく子どもにも死を選ぶ権利が認められている。他にルクセンブルク、コロンビア、カナダが国家として安楽死を合法化しており、アメリカのいくつかの州でもPASが容認されている。またスイスでは安楽死法はないが、**合法的な自殺介助（legitimate suicide assistance）**が外国人に対しても行われている。同国では1982年からいくつかの**自殺を支援する民間団体（private organizations supporting suicide）**が組織され、国内外で**会員を募集している（recruit members）**のだ。会員はスイス以外にドイツ、フランス、イギリスに多く、合法的にPASを受けるためにスイスを訪れるので「**自殺ツーリズム（suicide tourism）**」と呼ばれている。

ドイツでは安楽死を希望する人が多いにもかかわらず、ドイツ医師会と**法曹界（legal community）**は安楽死に対して否定的である。それは、ドイツには**優生思想に基づくナチス・ドイツの忌まわしい過去（the Nazi Germany's infamous past based on the eugenic thinking）**があるからだ。ナチスは精神障害や知的障害を持つ7万人の患者を「**生きるに値しない（not worth living）**」として安楽死させ、600万人以上の**ユダヤ人大虐殺（the Holocaust）**に及んだのである。

一方、日本では積極的安楽死を容認する気配は見られない。**自殺幇助（assisted suicide）**や**嘱託殺人（commissioned murder）**は犯罪であり、刑事罰の対象になる。また刑法を改正してPASを認めようとする動きもない。日本医師会の「**医師の職業倫理指針（the professional ethics guidelines for doctors）**」でも積極的安楽死を禁じており、医師は**致死薬の投与に強い抵抗感（strong resistance to administering lethal drugs）**を持っているのだ。

安楽死をめぐる動きは世界各地で活発になっている。21世紀に入ってEU諸国、台湾、韓国は**終末期に延命治療を差し控える（refrain from life-prolonging treatment at the end of life）**ことを正当とする**尊厳死法（the Death with Dignity Act）**を成立させた。これは増加する高齢者や**認知症患者への終末期の対応（end-of-life care for dementia patients）**が緊急課題となってきているからである。しかし、安楽死法の制定をめぐっては、死の**自己決定権（the right to self-determination of one's own death）**を主張して法制化を望む声がある一方、高齢者や重い病気を持つ人に死の選択に圧力をかけることになると危惧する意見もある。安楽死の認定は各国の国民性や歴史的背景によって異なってくるので、**性急な法制定（hasty legislation）**によって取り返しのつかない事態にならないように、慎重な議論が必要である。

医学問題アーギュメント力 UP！

Do the benefits of euthanasia outweigh the disadvantages? **（安楽死の利点は欠点を上回るか？）**	
Pros（賛成側の主張）	
1. 安楽死は回復の見込みのない終末期患者の耐えがたい苦痛を取り除くことができる。	Euthanasia can eliminate agonizing pain of terminally-ill patients with no hope of recovery.
2. 安楽死は患者やその家族の経済負担を軽減する。	Mercy killing reduces a financial burden on patients and their family members.
3. 安楽死は医療のための政府予算の財政負担を軽減する。	Mercy-killing reduces a financial burden on the government budget for health care.
Cons（反対側の主張）	
1. 安楽死は医学の倫理に反するものであり、医師は患者の命を奪うのでなく救う義務がある。	Euthanasia runs counter to the medical ethics, which holds that a doctor's duty is to save patients' lives, not kill them.
2. 安楽死は緩和医療の発展や治療不可能な病気の治療の妨げとなり、医学の発展のじゃまとなる。	Euthanasia will undermine the development of medical science, discouraging the development of palliative care and treatment of incurable diseases.
3. 安楽死と殺人の線引きが難しいので、医師や患者の家族に多大な精神的負担をかける。	Mercy killing gives a great deal of mental burden on doctors and the patient's family members, since it is difficult to draw a line between euthanasia and murder.

これ程論争の多いトピックも少ないが、まだまだ反対側の主張が根強い。

発信力 UP 重要表現をマスター！「医療」③

- □ 終末期医療　**a terminal care、end-of-Life care**
- □ グリーフケア　**a grief care**（近親者を看取った家族が悲しみから立ち直れるように支援すること）
- □ リビングウィル、生前遺言　**a living will**（自分の尊厳死を守るため、自分への延命措置などを禁止するなど）

□ 末期がん患者 **terminal cancer patients**
□ 末期患者 **terminally-ill patients、moribund patients**
□ 延命治療 **a life-sustaining [-prolonging] treatment**（「延命装置」は **life-support system**）
□ 家族の同意 **a family's consent**
□ 悪性腫瘍 **a malignant tumor**（「良性腫瘍」は **a benign tumor**）
□ がんの告知 **notification of cancer [truth telling]** ⇔ truth concealment
□ がんの早期発見 **early detection of cancer**（「がんの転移」は metastasis [spread] of cancer）
□ 激しい苦しみ **an excruciating [agonizing] pain**
□ 緩和治療 **a palliative care**
□ 苦痛を最小限にするケア **a humane care**（「モルヒネ」は **morphine**）
□ 安楽死 **euthanasia、mercy killing、doctor-assisted death**（「積極的安楽死」**active euthanasia** ⇔「消極的安楽死」**passive euthanasia**）
□ 尊厳死 **a death with dignity**
□ 致死量の注射をする **give a lethal injection**
□ 治療不可能な病気 **incurable diseases**
□ 抗ガン剤を投与する **administer anticancer [antitumor] drugs**
□ 慢性的な痛みを抑える **a relieve chronic pain**
□ 医療過誤訴訟 **a medical malpractice lawsuit**（「誤診」は **misdiagnosis**）
□ 医療倫理 **medical ethics**
□ 疫学 **epidemiology**（感染症の予防・管理を目的にする医学）
□ インフォームドコンセント **an informed consent**
□ プライマリーケア **a primary care**（初期医療）
□ かかりつけ医 **primary care doctors**
□ 開業医 **practicing doctors**（**practitioner** とも。（「総合診療医」は **general practitioners [GP]**）
□ 健康の害 **a health hazard**（「火の元」は **a fire hazard**、「環境の害」は an environmental hazard）
□ 健康診断を受ける **have [undergo] a medical examination [checkup]**
□ 厳格なベジタリアン **vegan**
□ 催眠療法 **hypnotherapy**
□ 栄養補助食品 **food supplements**
□ 養生法 **a regimen**
□ バランスの取れた食事 **a well-balanced diet**
□ ストレスを発散［管理］する **release [manage] stress**

 依存症のメカニズム（The Mechanism of Addiction ）

■ 様々な依存症の実態とは!?

依存症（addiction）とは、**物質使用を繰り返した結果、その物質の使用をやめることができなくなった状態（a condition in which people cannot stop using a substance after its repeated use）**で、脳内ではその物質によって起こる快感や**多幸感（euphoria）**を司る**報酬系（reward system）**と呼ばれる神経系が強く反応するようになる。代表的な物質は**アルコール（alcohol）**、**たばこ（tabacco）**、**麻薬（narcotic drugs）**である。依存症は本人の健康問題だけでなく家族や社会を巻き込む問題で、様々な依存の実態が明らかになるにつれ、その影響の大きさが再認識されている。

国連はSDGs Goal3 Target5に「薬物乱用やアルコールの有害摂取を含む**物質乱用の防止・治療を強化する（strengthening the prevention and treatment of substance abuse）**」ことを掲げており、**the WHO Forum on Alcohol, Drug and Addictive Behaviours**は、公衆衛生諸機関と協力してこの目標達成を目指している。WHOは依存症の診断ガイドラインを作成しているが、**物質依存（substance dependence）**だけでなくギャンブルやゲームなどの**行動嗜癖（behavioral addiction）**も疾病として認定している。

ちなみに、**薬物依存症（drug addicts）**になる割合は、たばこ80％、**ヘロイン（heroin）**35％、**覚せい剤（stimulant drugs）**20％、**大麻（marijuana）**9％、アルコール4％で、マリファナはたばこと比べると害が少ないとして、「大麻合法論」が話題になっている。しかしWHOによると、大麻の害は**認知機能障害（cognitive impairment）**、**呼吸器障害（breathing problems）**、**生殖器障害（reproductive problems）**、**精神障害（mental problems）**などのリスクがある。

大麻の合法化（legalization of marijuana）には、用途が「**医療用（for medical purposes）**」と「**嗜好用（for pleasure）**」とに分けられるが、

アメリカで「医療用」として使用を認めている州はカリフォルニア州、ワシントン州、ニューヨーク州、アリゾナ州、ニューメキシコ州、ミネソタ州、ハワイ州など25州で、「嗜好用」としても使用が認められている州は、アラスカ州、ワシントン州、オレゴン州、コロラド州、メイン州、カリフォルニア州、マサチューセッツ州、ネバダ州の8つの州である。

■コラム■

アルコール依存（alcoholism）

WHOは2018年、世界で毎年300万人がアルコール関連疾患で死亡していると発表した。これは**エイズ（acquired immunodeficiency syndrome［AIDS］）**や**結核（tuberculosis）**の死亡者数より多く、WHOは加盟各国に国策として**酒害を減らす明確な対策（specific measures to reduce alcohol harm）**を持つように提言した。これを受けて日本ではアルコール健康障害対策基本法が成立し、国は対策を総合的・計画的に推進している。

アルコール依存症の要因は**遺伝因子（genetic factors）**、**家庭環境（family background）**、社会的ストレスなど様々で、不安が強く**神経症（neurosis）**傾向のある人、そして男性より女性が罹りやすいとされている。またアルコール依存症に合併する疾患として**アルコール性肝障害（alcoholic liver diesase）**、**膵炎（pancreatitis）**、糖尿病、**神経障害（neuropathy）**、各種のがん、**うつ病（depression）**、**認知症（dementia）**など様々な身体・精神疾患が見られる。

■ オピオイド危機とは!?

薬物依存（substance dependence）は、薬物を繰り返し使っているうちに行動をコントロールすることができなくなり様々な問題が起こっている状態のことである。症状として**興奮状態（an agitated state）**、**幻覚妄想（delusions and hallucinations）**、**意識障害（consciousness disturbance）**などが見られ、**過剰摂取（overdose）**によって死に至ることもある。薬物依存問題は世界中で報告されているが、中でもアメリカの**オピオイド危機（opioid crisis）**は深刻である。**アメリカ疾病予防管理センター（the Centers for Disease Control and Prevention［CDC］）**によると、アメリカにおける薬物過剰摂取によ

モルヒネやヘロインに加工される生アヘン（raw opium）

る死亡者は年々増えており、2016年には6万3000人以上になった。**国連薬物犯罪事務所（the United Nations Office on Drugs and Crime [UNODC]）**の報告によると、アメリカでは2015年と2016年の**2年連続で平均寿命は低下（a two-consecutive-year decrease in the average lifespan）**しており、薬物関連死の影響を示唆している。

アメリカのオピオイド危機は、**がん患者への適切な処方（appropriate prescription for cancer patients）**は依存を起こさないと言われている中、非がん患者へのオピオイド処方が背景にある。1990年代に**慢性疼痛（chronic pain）**による経済的損失が誇張され、2000年に、疼痛による**医療資源の浪費（a waste of medical resources）**や**就労困難による社会的損失（a social loss due to working difficulty）**を減らすことを目指して「**痛みの10年（the Decade of Pain Control and Research）**」という宣言が採択された。だが、複数の製薬企業が医療用のオピオイド鎮痛薬では依存は起きないとPRしたため、安価で効果的なオピオイド鎮痛薬の処方が急増し、患者は**処方されたオピオイドを自己判断で多量に服薬（an overdose of prescribed opioids by self-diagnosis）**したり、家族・友人に渡したりしてオピオイド依存症が広まったのである。

■コラム■

オピオイド（opioid）

オピオイドとは**麻薬性鎮痛薬やその関連化合物の総称（a generic term for narcotic analgesics and related compounds）**で、モルヒネ、ヘロイン、オキシコドン、フェンタニルなどが含まれる。オピオイドは脊髄や脳での**神経系の情報伝達（neuronal information transmission）**に作用し、鎮痛効果をもたらす。また、多幸感を引き起こす**オピオイド受容体を活性化する（activates opioid receptors）**。歴史的には紀元前よりケシから採取された**アヘン（opium）**が鎮痛薬として用いられており、戦争時には死に直面した兵士の**苦痛を緩和する（alleviate distress）**ためにモルヒネやヘロインが使用されてきた。

オピオイド危機のもう1つの要因は、アメリカの医療保険システムの問題である。アメリカでは**医療保険の格差（social disparities in the medical insurance）**が存在する。高い医療保険に加入している人はより良い医療が受けられるが、**メディケア（Medicare）**や**メディケイド**

（Medicaid）などの公的保険にしか加入していない人は適切な治療を受けるのが困難で、鎮痛薬処方といった**症状緩和のみ（symptom relief only）**の治療が主になるのだ。

オピオイド危機対策として、2016年アメリカ連邦政府は**包括的依存症回復法（the Comprehensive Addiction and Recovery Act）**を制定し、CDCは慢性疼痛に対するオピオイド鎮痛薬の処方に関するガイドラインを公表した。またトランプ大統領（当時）は2017年、**公衆衛生上の緊急事態を宣言し（declare a public health emergency）**、オピオイド乱用防止対策に60億ドルの予算を投じた。オピオイド鎮痛薬の適正使用実現には保険医療システムによる**処方規制（prescription regulations）**、**依存症患者の治療体制の整備（developing a treatment system for addicts）**、**非合法の麻薬の取り締まり（a crackdown on unlawful drugs）**などが必要である。しかし、医療保険制度の問題と**経済格差（economic disparity）**がある限り、アメリカのオピオイド危機の克服は困難であろう。

■コラム■

ハームリダクション（harm reduction）

1980年代、ヨーロッパや北米では**薬物乱用者が注射器を使いまわす（drug abusers reuse a syringe）**ことによるHIV感染と**エイズの蔓延（the spread of AIDS）**が深刻な社会問題となっていた。これらの国では、現実的な対応策としてハームリダクションと呼ばれる**新しい治療戦略（a new treatment strategy）**が打ち立てられた。国が合法的に薬物を注射できる施設を開設し、利用者はここで**医療スタッフの監督下で自己注射（self-injection under the supervision of the medical staff）**ができるのである。現在ハームリダクションを導入している国や地域は世界に80以上あり、**医療費削減（reduction of healthcare costs）**や薬物利用者減少の成果が報告されている。

■ ゲーム障害の実態は!?

2019年、WHOは新しい**国際疾病分類（the International Classification of Diseases）**で**ゲーム障害（a game disorder）**を疾病と認定した。ガイドラインによると、ゲーム使用のコントロールができないこと、

Virtual Reality のゲーム

ゲームが生活の**最優先事項（the highest priority）**になっていること、学業・職業・家庭生活などで重大な支障が生じているにもかかわらずゲームを続けることなどがゲーム障害の**診断基準（diagnostic criteria）**とされている。

世界的には**若者のゲーム依存の有病率（the prevalence rate of gaming addiction among young people）**は4～5％と報告されているが、ゲーム依存は特に東アジアで深刻な社会問題となっている。韓国は1997年の**アジア通貨危機（the Asian Financial Crisis）**の際、国家経済破綻の立て直しのためにインターネットの**インフラ整備（infrastructure development）**に取り組んだ。これにより**経済復興（economic reconstruction）**を成し遂げたが、同時にインターネット・ゲーム依存症が増加し、2004年には青年層の20.4％が依存症であった。

これに対して韓国政府は、2011年に青少年に夜12時から午前6時までオンラインゲームの使用を禁じた「シャットダウン制」を導入して依存症予防対策に乗り出し、**認知行動療法（the cognitive behavioral therapy）**や**動機付け面接法（the motivational interview method）**などの治療を積極的に行った結果、有病率は低下傾向になった。また韓国・中国で**規制が強化（tighter regulation）**される一方で、日本での取り組みは進んでいない。日本の中高生約93万人はネット依存症の疑いがあり、その数は**5年間で倍増（a twofold increase in five years）**している。

ゲーム依存は様々な問題を伴う。欠席・欠勤、**昼夜逆転（a day-night reversal）**、**引きこもり（social withdrawal）**、家族に対する暴力など学業、仕事、家庭での**活動に支障をきたす（undermine social activities）**。健康問題では、**睡眠障害（a sleep disorder）**、**体力低下（declining physical strength）**、**骨密度の低下（a bone density loss）**、**無気力（apathy）**、イライラ感などの**離脱症状（withdrawal symptoms）**、うつ状態などが見られる。**MRI（magnetic resonance imaging）**による**画像診断（diagnostic imaging）**では、ゲーム依存は麻薬依存と同様に**神経細胞（neurons）**の変化が見られ、**脳委縮（brain atrophy）**に至ることが指摘されている。

ゲーム依存の治療は、本人がまず自分の問題を認め回復する道を選ぶことから始まるが、患者の約70％は**未成年者（minors）**で自分の問題をよく理解できないため、回復意欲も低く治療が困難である。**ゲーム依存予防対策（preventive measures for gaming addiction）**として予防教育や相談システムの構築が早急に必要である。

発信力 UP 重要表現をマスター！「医療」④

□ 受動喫煙　**passive [secondhand] smoking**
□ 副流煙　**secondhand [sidestream] smoke**（「主流煙」は **mainstream smoke**）
□ 分煙　**separation of smoking and non-smoking areas**
□ 心身一体的アプローチ　**a holistic approach**（「心身一体的医療」は **holistic medicine**。予防医学（**preventive medicine**）の1つ）
□ 人間ドック　**a complete medical check-up**
□ 人工呼吸器　**a ventilator**
□ 人工多能性幹細胞（iPS 細胞）　**iPS cells [induced pluripotent stem cells]**（臓器の他、人体の様々な細胞を作る）
□ 腎臓透析　**a kidney dialysis**（**renal dialysis** とも言う）
□ 性器　**genitals、genital organs**（「鼠径部、股」は **groin**）
□ 生体バンク、生体貯蔵所　**a biobank**
□ 生体情報科学　**biomimicry**（生物の構造や機能から着想を得て、それらを人工的に再現する技術）
□ 精神科　**psychiatry**
□ 製薬業界　**the pharmaceutical industry**
□ 薬事法　**the Pharmaceutical Affairs Law**
□ 薬学部　**the Faculty of Pharmaceutical Sciences**
□ 臓器移植を受ける　**have [receive] an organ transplant**
□ 臓器提供意思表示カードを携帯する　**carry a donor card**
□ 臓器密売　**organ trafficking**
□ 内視鏡的治療　**endoscopic treatment**（「内視鏡手術」は **an endoscopic operation**、「胃カメラ」は **a gastroscopy**）
□ 内分泌系　**the endocrine system**
□ 脳死者　**a person diagnosed as brain dead**
□ 脳出血　**a cerebral hemorrhage**（「脳卒中」は **a stroke**、「脳梗塞」は **a cerebral infarction**）
□ 発がん物質　**a carcinogen**
□ 禁煙ガム　**antismoking gum**
□ 臨床試験　**a clinical trial**（人体投与による実験段階）
□ 鍼灸　**acupuncture**（「鍼灸師」は **an acupuncturist**、「灸」は **moxibustion**

5 ゲノム医療のメカニズム（The Mechanism of Genomic Medicine）

ゲノム（genome）とは「**ある生物が持つ遺伝情報の総体（the entire genetic information of an organism）**」であり、**遺伝子（gene）**に「集団、かたまり」を意味する接尾語 -ome が付いた言葉である。ヒトの体は、約37兆個もの細胞からなっており、**細胞の中に核（nucleus in a cell）**と呼ばれる部分があり、その中に**遺伝子を乗せた染色体（chromosomes with genes）**が入っている。染色体を構成する重要な成分であるDNAは、4種類の「**塩基（base）**」（cytosine［C］、guanine［G］、adenine［A］、thymine［T］）と呼ばれる分子のブロックが**一列に並んでできている長い分子（long molecules in a row）**で、この4種類の塩基配列が単語や文章のように決められた意味を持っていて、私たちの遺伝情報を構成しているのだ。

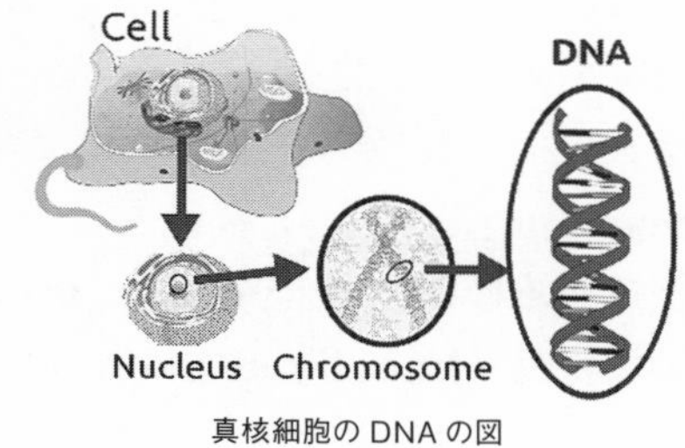

真核細胞のDNAの図

1990年から2003年に、ヒトのゲノムの**全塩基配列（the entire base sequence）**を明らかにする世界規模の「**ヒトゲノム計画（the Human Genome Project）**」が実施され、約30億の塩基対の中に約2万2000種類の遺伝子が見つかった。この計画は病気の原因解明と治療法発見につながると期待されたが、解明遺伝子の総数は予想よりはるかに少なかった。この時、ヒト1人の**ゲノム解読（genome sequencing）**には13年と3500億円の費用がかかったが、技術の進歩により最近では2週間と10万円で1人のゲノムが判読できる。

■コラム■

セントラルドグマ（central dogmas）

遺伝子は生物の設計図（genetic blueprints of organisms）と言われるが、遺伝子そのものは生体内で何ら活動していない。**代謝（metabolism）**、運動、**免疫**

(immunity)などの**重要な生命活動（vital activities）**を担っているのは遺伝子が作り出す**タンパク質（protein）**である。遺伝子が発現し、mRNAを介して**タンパク質を合成する流れ（the process of synthesizing proteins）**は、地球上のどの生命にも共通しており「**セントラルドグマ（central dogmas）**」と呼ばれる。

■ ゲノム編集とは!?

「**ゲノム編集（genome editing）**」とは、**生物のゲノム（遺伝情報全体）にDNAを挿入、削除、変更、または置換する遺伝子工学の一種（a type of genetic engineering in which DNA is inserted, deleted, modified or replaced in the genome of a living organism）**のことである。**農業での品種改良（improvement of breeds in agriculture）**では、従来は、農作物の**交配を重ねて突然変異（mutation after multiple breeding）**が起きた品種を見つける方法が主であったが、1990年代に**遺伝子組み換え技術（genetic modification technology）**によって、**有益な特性（beneficial properties）**を持つ遺伝子を細胞の中に入れることができるようになった。しかし、不正確で非効率であったので、ゲノム編集が登場した結果、**遺伝子操作の精度（the accuracy of gene manipulation）**が劇的に向上し、様々な品種が簡単に生み出せるようになった。**肉量を大幅に増やした家畜や魚（livestock and fish with a high amount of meat）**、**栄養価の高い野菜（highly nutritious vegetables）**などの開発が成功している。

ゲノム編集は今や、**白血病（leukemia）**や**血友病（hemophilia）**、**パーキンソン病（Parkinson's disease）**など**様々な治療困難な疾患の治療に応用され（applicable to the treatment of various intractable diseases）**、臨床試験が進んでいる。しかし、ゲノムに**意図しない突然変異が導入される**問題（オフターゲット効果）**（transfer of unintended mutations）**があり、**安全性や有効性（the safety and efficacy）**についてはさらなる研究が必要である。

■コラム■

クリスパー・キャス9（CRISPER-Cas9）

代表的なゲノム編集の技術がクリスパー・キャス9だ。この技術は**非常に汎用性があり（highly versatile）**、ゲノムの狙った場所を切断したり、遺伝情報を挿入することが容易で、今では**生命科学研究に不可欠のツール（an essential tool for research in biological science）**となっている。開発者のジェニファー・ダウドナ博士とエマニュエル・シャルパンティエ博士は2020年、**ノーベル化学賞（the Nobel Prize for Chemistry）**を受賞した。

■がんゲノム医療の実態はいかに!?

従来のがんの標準治療（conventional standard treatments for cancer）である**手術（surgery）**、**放射線治療（radiation therapy）**、**化学療法（chemotherapy）**に加えて、ゲノム医療が開発されてきている。がんの原因は遺伝子の変異で、**がん関連遺伝子の変異の蓄積（accumulation of mutations in cancer-associated genes）**である。**がんゲノム医療（cancer genomic medicine）**は患者ごとに異なる遺伝子変異にアプローチし、1990年代に**登場した分子標的薬（molecular-targeted drugs）**は、ガン関連遺伝子が発現して作られる異常タンパク質を標的に、**がん細胞に選択的に作用（selective action on cancer cells）**する。また、**がん遺伝子パネル検査（cancer gene panel tests）**によって有効とされる分子標的薬や**免疫チェックポイント阻害薬（immune checkpoint inhibitors）**もスクリーニングできるようになった。これによって遺伝子レベルでがんの特徴をとらえ、それに合わせてがんを分類して治療する薬の開発が進んでいる。

2015年、当時のオバマ米大統領は**一般教書演説（the State of the Union Address）**の中で、100万人規模の患者の遺伝情報と医療記録を含む大規模なデータベースを作り、**個別に最適な医療（personalized optimum medicine）**を提供し、病気の予防法を確立しようという壮大なプロジェクト、**精密医療イニシアティブ（the Precision Medicine Initiative）**を発表した。アメリカはこのプロジェクトに年間2億ドル以上の予算を投じており、世界のゲノム医療をリードしている。またイギリスでもゲノム医療計画「**Genomic England**」が進行しており、10万人規模のデータベースに5年間で6億ポンドの予算を投じている。

■コラム■

リキッドバイオプシー（liquid biopsy）

ゲノム医療ががんの診断でも応用されているのは、血液や**体液に含まれる微量のがん細胞由来のDNA（small amounts of DNA derived from cancer cells in body fluid）**を検出できるようになったからだ。従来の**腫瘍組織検査（tumor tissue tests）**は体への負担が大きく検査結果が限定されていたが、ゲノム異常を解析できる「リキッドバイオプシー」によって、**低侵襲でより迅速で有効な治療薬（faster, more effective, less invasive treatment）**を判定することが可能になった。これは**がんの超早期発見（very early detection of cancer）**や**治療効果判定（therapeutic effect assessment）**、**再発診断（diagnosis of recurrence）**にも有効なツールである。

■ ゲノム編集の功罪とは!?

ゲノム編集技術の開発は、人類が初めて火を扱えるようになったことに匹敵するほどの**画期的な出来事（an epoch-making scientific breakthrough）**である。ゲノム編集によって発症や進行を止められなかった**先天性疾患（congenital diseases）**が治療可能となり、この進歩はがんの予防、早期発見、**副作用の少ない効果的治療（effective treatments with fewer side effects）**という精密医療を可能にする。また、**糖尿病、高血圧、認知症などの生活習慣病（lifestyle-related diseases such as diabetes, hypertension and dementia）**も、関連遺伝子を改変することによって進行を防ぎ、**困難な合併症対策（complex treatment of complications）**は必要なくなるかもしれない。老化を防止する究極のアンチエイジングさえゲノム編集で可能になるかもしれないのだ。

しかし、ゲノム編集は果たして人類に**夢のような恩恵（dream-like benefits）**を与えるだけなのだろうか。近い将来、誰でも将来発症するかもしれない自分や子どもの病気に関する情報をたやすく手に入れられるようになるのは都合の良いことばかりではない。就職、結婚、保険加入などの社会生活上の障害になったり、**新たな差別を生み出す（create new types of discrimination）**可能性がある。

さらにゲノム編集技術は、**生殖細胞の遺伝情報を改変（modification of the genetic materials of reproductive cells）**することによって、より優秀な子どもを作り出すことさえ可能にするだろう。現在行われている

出生前検査（prenatal diagnosis）でも、**受精卵の遺伝子検査の結果によって妊娠させないという選択（opt out of implantation of fertilized eggs based on genetic test results）**が可能で、**優生学的な差別を助長する（promote eugenic discrimination）**危険をはらんでいる。果たしてデザイナーベビーを持つことは許容されるのであろうか？科学技術の進歩は常に人間の良識への挑戦でもある。

発信力UP重要表現をマスター！「医療」⑤

- □ ES細胞 **Embryonic Stem cells**（胚性幹細胞）
- □ 自然治癒力 **natural healing power**
- □ 免疫療法 **immuno therapy**（「治療効果」は**a therapeutic effect**）
- □ 糖質制限（低炭水化物ダイエット） **a low-carb diet、a low-carbohydrate diet**
- □ トランス脂肪酸 **trans fatty acids (TFA)**
- □ プロバイオティクス **probiotics**（腸内細菌バランスを改善することにより、ヒトの健康に有益な働きをする微生物）
- □ 後期高齢者 **late-stage elderly people**
- □ 国民皆保険 **universal health care**（「国民皆保険制度」は**universal healthcare system**）
- □ 骨髄バンク **the bone marrow bank**（「骨髄移植」は**a bone marrow transplant**）
- □ アメリカ疾病予防管理センター **CDC (the Centers for Disease Control and Prevention)**
- □ 手術用マスク **a surgical mask**
- □ 治療薬 **therapeutic medication**
- □ 擬似薬効果 **a placebo effect**（「万能薬」は**panacea [cure-all]**）
- □ 商標未登録の薬 **a generic drug**（「医薬部外品」は**a quasi-drug**）
- □ 経口避妊薬 **oral contraceptives**
- □ 抗生物質 **antibiotics**（「解毒剤」は**an antidote**、「鎮静剤」は**a sedative**）
- □ 小児科医 **a pediatrician**（「産婦人科医」は**an obstetrician**）
- □ 再生医療 **regenerative medicine**（「生体組織工学」は**tissue engineering**）
- □ 遺伝子操作 **genetic manipulation**（「遺伝子操作された家畜」は**genetically engineered livestocks**、「形質転換動物」は**transgenic animals**、「優生学的思想に基づくヒトの遺伝子操作」は**eugenics manipulation of human genes**）

6 老化防止の謎に迫る！（Exploring the Anti-aging Mechanism）

東京大学医科学研究所グループは、世界で初めて、細胞レベルで**老化細胞（senescent cells）**を検出・解析可能なマウスを作製し、老化細胞は様々な臓器で存在し、加齢に伴いその数が増大することを証明した。また、老化細胞は臓器や細胞の種類によって多様で、老化細胞を**加齢個体（an aging body）**から除去すると**肝硬変（cirrhosis）**や**肝臓がん（liver cancer）**の原因となる疾病、**非アルコール性脂肪性肝炎（non-alcoholic steatohepatitis［NASH］）**を改善し、加齢が抑制され、様々な**老年病（geriatric diseases）**の発症を予防でき改善することを示した。この研究によって老化を制御する分子基盤が明らかとなり、さらに加齢現象や加齢による「がん」や**動脈硬化（arteriosclerosis）**など様々な老年病の予防・治療技術の開発が期待されている。また、2021年5月のニューズウィーク日本版によると、今や巨額の投資マネーが**老化科学（geroscience）**に流れ込んでいる。

人間は高齢になると、**免疫系の働きが弱まって（weakening of the immune system）慢性炎症（chronic inflammation）**が起こり、様々な病気が起こる。**幹細胞（stem cells）**が不活発になって筋肉が減り、骨ももろくなる。しかし、有名な**糖尿病薬（diabetes drugs）**である**メトホルミン（Metformin）**は、**インスリン感受性（insulin sensitivity）**を高め、代謝とエネルギー消費のペースに影響を与え、体力の衰えを阻止する可能性がある有力候補の1つとうたわれている。

また、ハーバード大学医学大学院の遺伝学の教授で、**『Lifespan（ライフスパン：老いなき世界』**の著者である**デビッド・A・シンクレア（David A. Sinclair, PhD）**は次のように述べている。

1. **適度なストレスが長寿遺伝子を働かせる（Moderate stress or eustress stimulates the workings of longevity genes.）**：定年退職によってストレスのない人生を送ると老け込むわけだ。

2. **運動はテロメアを長くする（Regular exercise will increase the length of telomeres.）**：テロメア短縮（telomere shortening）が細胞を老化（cellular senescence）させることは広く受け入れられている。
3. **食事制限は寿命を確実に長くする（Decreasing food consumption by one-third will definitely increase your lifespan.）**：食べることでも飲むことでも自分の欲求を満たさないことで100歳まで生きられる可能性がある。
4. **アンチエイジングは経済効果があり、科学研究費や教育費を増やすことにつながる（Anti-aging efforts has economic benefits, increasing the budget for scientific research and education.）**：高齢者医療費は国を財政破綻へと向かわせる。

■ **アンチエイジング努力は極めて重要！**

日本人の**平均寿命（average lifespan）**は2020年、男性81.64歳、女性87.74歳で、その数字は毎年伸び続けている。そして、**1人当たりの医療費国庫負担額（per capita national medical expenses）**は、65～74歳から75歳以上になると約4倍、介護費は約10倍に跳ね上がり、要介護1の場合、介護サービスを利用する際に支給される額は月額16万7650円となっている。しかし、要介護1以上の期間は男性は5.1年、女性8.3年なので、男性は平均75歳、女性は80歳ぐらいまでは自立して生きられると考えられる。厚生労働省の調査によると、要介護者の発生率は、65～69歳では2.9％だが、80～84歳では27.0％、85歳以上では59.3％となっている。ということは、**年金危機問題（pension crisis）**や**医療危機問題（healthcare crisis）**の可能性を考えて、最低75歳、できれば80歳まで健康で働き、介護は85歳から受けるように**健康寿命**を伸ばすことが望まれる。

人生100年時代を唱える『**LIFE SHIFT 100年時代の人生戦略（*The 100-Year Life*）**』の著者、**リンダ・グラットン**は、「100年ライフを過ごす上で、3つの「**無形の資産（intangible assets）**」の重要性を述べている。つまり、人を幸福にし、①「**生産性（productivity）資産**」：仕事に役立つスキルで、情熱を注げ、**経済的な価値を生み出す希少性（economic and scarcity value）**があるもの、②「**活力（vitality）資産**」：やる気を高める健康や、良好な家族・友人関係」、③「**変身（transformation）資産**」：変化に応じて自分を変えていく力の3つが重要であり、これら3つの「見えない資産」に投資を続け、自らを再創造（リクリエーション）することが、充実した100年ライフを送るためのカギとなると力説している。

著者紹介

植田 一三（うえだ・いちぞう）

英悟の超人（amortal philosophartist）、英語の最高峰資格8冠突破「アクエアリーズ」学長。英語の勉強を通して、人間力を鍛え、自己実現と社会貢献を目指す「英悟道」Let's enjoy the process!（陽は必ず昇る！）をモットーに、38年間の指導歴で、英検1級合格者を2500名、資格5冠（英検1級・通訳案内士・TOEIC 980点・国連英検特A級・工業英検1級）突破者を125名以上育てる。ノースウェスタン大学院修了後、テキサス大学博士課程に留学し、同大学で異文化間コミュニケーションを指導。著書は英語・中国語・韓国語・日本語学習書と多岐にわたって100冊を超え、その多くはアジア5カ国で翻訳されている。

由良 毅（ゆら・たけし）

東京大学で理学博士号取得後、テンプル大学で経営学修士（MBA）を取得し、有機化学者として外資系の製薬企業で管理職を務める。同時に日英独に堪能なトリリンガルで、英検1級（優秀賞）、国連英検特A級（外務大臣賞）、IELTS 9.0を取得し、研究社主催のボキャブラリーコンテストで3年連続優勝の英語力を活かして、アクエアリーズの英検1級合格・IELTS高得点突破対策本執筆スタッフとしても活躍中。

寺田 秀雄（てらだ・ひでお）

医療機器総合メーカーで貿易業務・国際規格規制技術系英文ライティングに携わり、15年以上の米国駐在・国際会議経験を有する。同時に、英検1級、TOEIC満点、工業英検1級取得、タイム誌全ページ読破6年以上・タイムレター投稿5回以上掲載の英語力を活かして、アクエアリーズの国連英検特A級・英検1級・英字誌＆世界情勢クラスを担当。

上田 敏子（うえだ・としこ）

アクエアリーズ英検1級・国連英検特A級・IELTS講座講師。バーミンガム大学院修了（優秀賞）後、ケンブリッジ大学で国際関係論コース修了。日本最高峰資格、国連英検特A級（優秀賞）、工業英検1級（文部科学大臣賞）・TOEIC満点取得。鋭い異文化洞察と芸術的鑑識眼を備え、英語教育を通して人類の未来を切り開く英語教育界のワンダーウーマン。主な著書に『英語で経済・政治・社会を討論する技術と表現』、『英検ライティング大特訓シリーズ』、『英検面接大特訓シリーズ』がある。

浦 勇樹（うら・ゆうき）

大手非鉄金属メーカーに勤務後、開発援助機関にて6年アフリカで勤務。英検1級、ケンブリッジ英検CPE、国連英検特A級、IELTS 8.0点取得以外に、スワヒリ語と写真撮影技術に秀で、Sony World Photography Awardsを受賞。『スーパーレベル類語使い分けマップ』（ベレ出版）、『英検(R) 1級8日間で一気に合格！』（明日香出版社）を執筆。

◉——カバーデザイン　竹内 雄二
◉—— DTP・本文図版　株式会社 文昇堂
◉——校正協力　仲 慶次

世界の経済・政治・社会問題の知識と英語を身につける

2021年 9月25日　初版発行
2024年 4月23日　第3刷発行

著者　植田 一三・由良 毅・寺田 秀雄・上田 敏子・浦 勇樹

発行者　内田 真介

発行・発売　ベレ出版
〒162-0832　東京都新宿区岩戸町12 レベッカビル
TEL.03-5225-4790　FAX.03-5225-4795
ホームページ　https://www.beret.co.jp/

印刷　三松堂 株式会社

製本　根本製本 株式会社

ISBN 978-4-86064-667-7 C2082　編集担当　脇山和美